HISTOIRE
DE LA POSSESSION

ET

DES ACTIONS POSSESSOIRES

EN DROIT FRANÇAIS

LIBRAIRIE GÉNÉRALE DE JURISPRUDENCE

DE COSSE

SUCCESSEUR DE COSSE ET DELAMOTTE

Place Dauphine, n° 27

HISTOIRE
DE LA POSSESSION

ET

DES ACTIONS POSSESSOIRES

EN DROIT FRANÇAIS

PRÉCÉDÉE D'UNE INTRODUCTION SUR LE DROIT DE PROPRIÉTÉ

PAR ISIDORE ALAUZET

CHEF DE BUREAU AU MINISTÈRE DE LA JUSTICE

MÉMOIRE COURONNÉ PAR L'INSTITUT

(ACADÉMIE DES SCIENCES MORALES ET POLITIQUES)

PARIS

IMPRIMÉ PAR AUTORISATION DU GOUVERNEMENT

A L'IMPRIMERIE NATIONALE

M DCCC XLIX

INTRODUCTION.

« Qu'il me face entendre, par l'effort de son discours, dit Montaigne en parlant de l'homme, sur quels fondemens il a basty ces grands advantages qu'il pense avoir sur les aultres créatures. Qui luy a persuadé que ce bransle admirable de la voulte céleste, la lumière éternelle de ces flambeaux roulants si fièrement sur sa teste, les mouvements espoventables de ceste mer infinie, soyent establis et se continuent tant de siècles pour sa commodité et son service[1]. »

En créant l'univers, Dieu n'a-t-il, en effet, songé qu'à l'homme? La terre même est-elle son domaine exclusif? Que de cataclismes en ont, à diverses reprises, renouvelé la face, avant que l'homme y ait apparu. Pendant combien de siècles, des monstres en ont-ils été les seuls dominateurs? Sans doute, il a fait reculer devant lui les bêtes fauves qui pouvaient lui en disputer l'empire; mais

[1] *Essais,* liv. II, ch. XII.

son droit le meilleur n'est-il pas la force? Quand parfois elle lui manque, ne paye-t-il pas de sa vie le tort d'être, à son tour, le plus faible?

Si dans l'état sauvage la possession de la terre est au plus fort, dans l'état civilisé, comment le partage a-t-il dû en être fait entre les hommes, et sur quels fondements s'appuie le droit de propriété?

« Quemadmodum theatrum, cum commune sit, recte « tamen dici potest ejus esse eum locum quem quisque « occuparit, sic in urbe mundove communi non adver- « satur jus quominus suum quidque cujusque sit. » Cette comparaison, que Cicéron avait empruntée aux Grecs, a fait fortune; elle a servi à l'orateur romain pour fonder le système que Locke a soutenu dans les temps modernes; Puffendorf l'emploie pour prouver que l'origine de la propriété réside dans l'occupation appuyée d'une convention; Barbeyrac s'en empare, à son tour, pour combattre Puffendorf.

« Tous les hommes ayant naturellement le même droit aux biens du monde, dit Puffendorf, on ne conçoit pas qu'un simple acte corporel, tel que celui du premier occupant, puisse être valable en faveur de quelqu'un, au préjudice du droit des autres, sans le consentement de ceux-ci, c'est-à-dire sans quelque convention faite entre eux à ce sujet[1]. »

Son traducteur et commentateur Barbeyrac, et un grand nombre de philosophes cités par lui, adoptant la

---

[1] Puffendorf, *Droit de la nature et des gens*, liv. IV, ch. IV.

règle proclamée par la loi romaine[1], prétendent que le principe de Puffendorf est faux : « Cet exemple même, dit-il, devait faire voir qu'il n'est besoin d'aucune convention pour acquérir un droit particulier sur ce qui est d'ailleurs commun, puisque chacun se met comme il peut sur le théâtre, sans le consentement des autres, qui ont droit aussi bien que lui de prendre la première place vacante[2]. »

Mais d'où chacun tire-t-il son droit, peut-on demander à Barbeyrac, et qu'est-ce qui le protége, quand il en a usé, contre tout retardataire qui voudrait lui enlever sa place ? Une règle admise par tous; une loi qu'une autorité quelconque fait respecter : c'est là sa sauvegarde et son titre. Dans le monde primitif, si chacun naît avec un droit égal à l'une des places qu'offre ce vaste théâtre, pourquoi donc abdiquerai-je en faveur de celui qui est né avant moi? Pourquoi même serai-je contraint de lui céder la meilleure place à perpétuité, pour lui et pour ses descendants? Si mon droit existe, il est absolu, et je cherche en vain comment le fait d'un autre, auquel je suis resté complètement étranger, a pu me l'enlever. Si la convention dont parle Puffendorf n'a jamais eu lieu, il faut une loi positive en faveur du premier occupant, rendue par une autorité légitime et la force qui la fait respecter.

Barbeyrac et tous ceux qui suivent cette école posent,

---

[1] D. l. I, *De adq. vel amitt. poss.* (16, 2.)
[2] Barbeyrac sur Puffendorf, liv. IV, ch. IV, § 9, note 1.

comme condition nécessaire ajoutée au fait de la possession que nul ne doit dépasser les bornes de la modération et prendre au delà de ses besoins ; il usurperait, dans ce cas, ce qui appartient aux autres hommes, tous nés, suivant Barbeyrac, avec un droit égal aux biens de ce monde.

De pareilles maximes sont subversives de l'état social.

Qui donc, en effet, déterminera la limite des besoins de chacun ? Pour les prodigues, c'est un besoin de dissiper ; pour l'avare, c'en est un d'amasser ; le sage seul consomme dans une juste mesure. Si la portion de biens dont je me suis emparé pourvoit à mes besoins par un travail doux et facile, je ne puis, sans injustice, rejeter mon semblable sur une terre aride, qu'il devra arroser de ses sueurs pour en arracher sa subsistance. Si la convention primitive de Puffendorf, si cet ancien pacte, dont on ne sait où retrouver les traces, répugne tant à ses adversaires, qu'ils nous disent comment leur partage pourra être respecté, nous ne disons pas par les passions des hommes, mais même par leurs légitimes prétentions ? Tous ne voudront-ils pas, au moins, avoir leur part sous les climats les plus doux, les plus favorisés ? On n'a pas oublié les guerres d'invasion accomplies par les peuples du Nord ; s'ils avaient voulu être modérés, ne rien prendre au delà de leurs besoins, le pays qui les avait vus naître aurait dû leur suffire.

Quant à nous, nous croyons avec Wattel que la nature n'a pas établi la propriété des biens, et particulièrement celle des terres[1]. La nature n'a fondé ni la communauté, ni le partage égal, ni l'appropriation telle qu'elle est admise par nos lois. La propriété n'est pas un droit naturel ; elle n'est pas un droit imprescriptible, absolu, pas plus que la liberté, l'égalité, la sûreté, ces droits si précieux qu'on lui a souvent comparés, et que nous mettons sans hésiter sur la même ligne, pour les deshériter tous également des prérogatives dont à tort, selon nous, on les a gratifiés.

La liberté n'est pas un droit absolu, puisque la morale et les lois civiles la limitent à l'envi ; l'égalité n'est pas un droit naturel, puisqu'elle n'existe, à quelques égards, que dans l'état social ; la sûreté n'est pas un droit imprescriptible, car la liberté et la vie du criminel que l'on détient ou que l'on mène à la mort, lui sont aussi précieuses qu'à tout autre : c'est avec justice, cependant, qu'il peut en être privé.

Une liberté entière, nous n'essayerons pas de le prouver, serait la négation de toute société ; elle doit donc être restreinte par les lois dans de certaines limites. Il y a plus ; une école philosophique, l'école allemande, qui a fait de la liberté de l'homme l'objet des recherches les plus approfondies, et qui compte avec orgueil dans ses rangs les hommes les plus éminents, disait : « Hier, en promettant, j'ai pu mentir, la loi morale me réprouve ; mais la loi juridique ne m'en punit point. Aujourd'hui et toujours, la notion de liberté exclut l'exécution for-

---

[1] *Droit des gens*, liv. II, ch. XI, n° 141.

cée. Et de même que la convention n'oblige point l'individu, la loi ne lie point la nation. Si vous vous attachez à l'existence réelle, à l'identité de la personne, pour déclarer les contrats obligatoires, la controverse recommence sur l'objet du contrat. Que les droits acquis, nés d'un fait, soient aliénés par un fait contraire, cela se conçoit aisément; mais que dire des *droits naturels innés*? Si vous les déclarez aliénables, vous justifiez tout jusqu'à l'esclavage. Si vous les déclarez inaliénables, tout commerce devient impossible entre les hommes; car il n'est pas de contrat, quel que soit son objet, qui ne restreigne, au moins sous un certain rapport et dans une certaine mesure, la liberté naturelle de nos actions[1]. »

L'égalité, elle n'existe que par les lois civiles; mais est-ce à dire que ces lois ne puissent, à aucun égard, établir entre les hommes aucune différence? Puisque la nature a fait celui-ci plus grand, plus fort que son prochain, pourquoi la loi civile ne ferait-elle pas celui-là plus puissant, plus riche, plus honoré, si elle le peut sans porter atteinte à la justice ni aux droits naturels de qui ce soit?

« Dans l'état de nature, a dit M. Proudhon, ou d'étrangeté, les hommes les plus adroits et les plus forts, c'est-à-dire les mieux avantagés du côté des propriétés innées, ont le plus de chances d'obtenir exclusivement

---

[1] Stahl, ap. Klimrath, *Traités sur l'histoire du droit*, t. II, p. 475.

les propriétés acquises[1]. » La Société n'a donc pas pour mission de se rapprocher de l'état de nature; elle n'est organisée au contraire que pour corriger les inégalités qui en résultent, pour venir au secours des faibles et leur donner aide et protection dans une juste mesure. Mais où s'arrête ce que la justice exige? Faudra-t-il que la société agisse en raison inverse de la nature et se montre plus prodigue à mesure que celle-ci a été plus avare? Suffira-t-il d'une égalité absolue entre tous? Pour l'établir il faudrait, avant tout, faire disparaître les frontières qui séparent les nations; car Dieu n'a pas donné la France aux Français, aux Russes la Russie; dresser le cadastre de l'univers et le dénombrement de ses habitants; compenser les portions données en Italie, en Grèce, en Syrie, avec celles attribuées en Suède, en Sibérie, au Groënland; partager aussi toutes les richesses mobilières: n'y a-t-il pas en effet de nos jours, tel millionnaire ne possédant ni un pouce de terre, ni souvent même un écu de valeur métallique dans sa caisse; et la tâche achevée, recommencer à chaque naissance qui se produit sur le globe, à chaque décès qui serait constaté: « A mesure qu'un spectateur entre ou sort, dit M. Proudhon, les places se resserrent ou s'étendent pour tout le monde dans la même proportion[2]. Toutes les fois qu'il naît une personne douée de liberté, dit-il encore, il faut que les autres se serrent[3]. » Et

---

[1] Premier mémoire, p. 60.
[2] *Ibid.* p. 53.
[3] *Ibid.* p. 65.

M. Proudhon a raison ; s'il cesse de parler au nom d'un principe absolu, tout le système s'écroule : c'est une pétition de principe, il est vrai ; mais les déductions au moins sont irréprochables.

Quant à nous, nous ne pouvons découvrir la base de ce droit que tout homme apporterait en naissant ; que la nature ne lui donne aucun moyen de faire valoir ; que rien n'impose à la société le devoir de faire respecter ; que la conscience humaine repousse, car il a pu justifier de tout temps le brigandage et la rapine ; qui rencontre dans la force des choses d'insurmontables difficultés. S'il est téméraire de conclure de ce qui est à ce qui doit être, il est plus légitime sans doute d'argumenter de ce qui n'a jamais été, de ce qui est complétement impraticable, à ce qui ne doit pas exister. Dieu n'a pu vouloir et ne pas vouloir.

Si la loi civile établit que tel propriétaire jouira d'avantages que n'a pas son voisin, sera exempt des charges que celui-ci supporte, la loi sera inique. Naboth peut n'être propriétaire que d'une misérable vigne en face d'un Achab, dont les possessions sont immenses ; mais si Achab usurpe ce coin de terre, que la loi vienne au secours de Naboth ; qu'elle protége sa propriété comme elle protégerait celle de son oppresseur, de la même manière, au même titre, c'est l'égalité ; c'est la justice[1].

---

[1] « Ainsi le pauvre et le riche, dit M. Proudhon, sont dans un état respectif de défiance et de guerre ! Mais pourquoi se font-ils

Parlerons-nous de la sûreté? Si elle était un droit imprescriptible, elle s'opposerait à l'action de la justice pénale? La peine infligée (désormais qui l'ignore?) ne trouve pas sa justification dans le droit de légitime défense. Quand l'attaque a cessé, quand l'ennemi est hors d'état de nuire, ce droit est épuisé. On ne peut infliger *une peine* à l'ennemi vaincu; lui, de son côté, ne peut *expier* son attaque, et, tant qu'il est dangereux, revendiquer sa liberté. Au droit de légitime défense, correspond celui de guerre et non celui de justice pénale. Est-ce un devoir pour vous, sentinelle avancée, de tomber victime pour le salut de tous? Non, quoi qu'on en ait dit, si le droit de sûreté est absolu. Dans l'état de nature, il n'y a point de patrie, il n'y a que des individus.

la guerre? pour la propriété. En sorte que la propriété a pour corrélatif nécessaire la guerre à la propriété.... » La sûreté de chacun est protégée également, est garantie de la même manière; l'égalité, à cet égard, est entière dans notre état social; M. Proudhon le reconnaît: cela empêche-t-il les crimes contre les personnes? Supposez, par impossible, un partage égal des biens. Aurez-vous chassé du monde toutes les mauvaises passions? Chaque homme n'aura-t-il au fond du cœur que l'amour de la justice? Le bien du prochain deviendra-t-il à toujours et pour tous l'arche sainte que personne ne touche? M. Proudhon peut le croire, mais il n'a même pas essayé de le prouver. Il peut soutenir, il est vrai, que dès ce moment l'attaque à la propriété sera injuste. Mais si nous soutenons, quant à nous, et avec la conscience du genre humain, qu'elle est injuste dès à présent, la question n'aura pas fait un pas.

INTRODUCTION.

Nous ne voyons, dans le monde, d'absolu que la voix de la conscience; de nécessaire que l'état social. Quand donc, après tant d'autres, quelques modernes publicistes auront prouvé que la propriété n'est pas de droit naturel, la question qu'ils prétendent résoudre n'en sera pas plus avancée : tous les droits de l'homme doivent être recherchés et appréciés dans l'état social; car, nous le répétons, il n'y a de nécessaire que la société, d'absolu que la conscience.

Une chose, en effet, apparaît évidente à tous les les yeux, c'est que le caractère essentiel de l'espèce humaine, c'est qu'une nécessité de sa nature, est de vivre en société. C'est peut-être un devoir; c'est sans doute un droit; à quoi bon le démontrer du moment que la société est un fait universel, une nécessité à laquelle les hommes n'ont jamais pu, ne pourront jamais se soustraire. La société, à des degrés de civilisation divers, est la condition providentielle de l'homme; et Dieu a voulu qu'il en fût ainsi, parce que, dans l'état social seulement, l'homme peut arriver au développement le plus complet de ses facultés intellectuelles et morales; à la plus grande garantie possible des biens que, d'un commun accord, on regarde comme les plus précieux, la liberté, l'égalité, la sûreté. Si nous donnons cet appui au droit de propriété, nous aurons trouvé pour base quelque chose de nécessaire, d'absolu.

Le corrélatif de société n'est point propriété; nous le savons : mais ce n'est que là où nous voyons la propriété assise sur les bases que nos lois ont admises, que la civilisation est parvenue à son plus grand développement; que l'homme jouit de la plus grande liberté, de la plus grande sûreté, de la plus grande égalité possible. C'est de l'histoire; nous ne raisonnons pas, nous racontons. « La propriété, a dit M. de Lamartine, est le fondement de toute sociabilité durable et régularisée. » Attaquer ces principes, c'est donc se mettre en révolte contre la seule loi qui puisse, à juste titre, être appelée *naturelle*.

Il nous reste à dire encore sur quelles bases la propriété doit être assise dans un état civilisé.

Le travail donné comme origine de la propriété n'a pu être accepté que par suite d'une confusion.

Le chasseur qui, par son habileté, se rend maître d'un gibier; le pêcheur qui prend un poisson, en deviennent propriétaires; l'homme qui cueille un fruit, celui dont l'industrie fait pousser une récolte, peuvent faire valoir un droit exclusif à ces objets. Mais, quelque habile que soit le chasseur, devient-il maître de la forêt? le pêcheur s'empare-t-il du parage, où ils ont su l'un et l'autre trouver des produits dont avant eux on n'avait pu se saisir? Celui qui cueille un fruit devient-il maître de l'arbre? Celui qui abat un bois deviendra-t-il maître du sol? Comment l'agriculteur s'approprierait-il une terre parce qu'il en fait sortir une récolte?

Si ce principe était vrai, la terre devrait au moins appartenir à celui qui saurait la rendre le plus fertile; il faudrait la mettre au concours. Si l'on refuse d'admettre cette règle, encore faudrait-il au moins déterminer un degré, si ce n'est relatif, au moins absolu.

Quelle serait la somme de travail nécessaire pour produire l'appropriation? La même étendue de terres qui fait vivre cinq cents chasseurs, nourrirait dix mille pasteurs et suffirait à trois cent mille agriculteurs : qui donc se sera approprié la terre par son travail?

La prescription ou la simple possession ont aussi quelquefois été données comme fondements du droit de propriété.

Le temps n'a par lui-même aucune vertu efficiente; *vim nullam effectricem non habet*, a dit Grotius[1] : le temps ne pourrait donc fonder un droit; la prescription, si elle n'empruntait pas le secours du droit civil, ne pourrait légitimer la propriété.

M. Troplong fait observer que, malgré l'élévation de son esprit, Grotius s'est mépris; que dans la prescription le temps n'intervient que comme mesure[2]; mais que le droit fondé par la prescription prend sa base dans le fait de l'homme, dans la possession. Cela est vrai; mais la possession elle-même fondera-t-elle un droit de propriété sans le secours de la loi? Toute autre possession que celle dont la loi a pris soin de déterminer les conditions est sans effet; la possession juridique elle-même perd sa valeur, dans certain cas, contre un mineur, par exemple; la simple possession naturelle, par cela seul que la loi ne l'a pas reconnue, ne peut être invoquée.

M. Cousin, à qui l'on doit la théorie sur laquelle est

---

[1] *De jure pacis et belli*, lib. II, cap. IV, n° 1.
[2] *Prescription*, t. I, n° 1.

fondée la doctrine adoptée par M. Troplong[1], résumant les principes qu'il a établis, disait devant l'Académie des sciences morales : « La personne humaine, intelligente et libre, et qui, à ce titre, s'appartient à elle-même, se répand successivement sur tout ce qui l'entoure, se l'approprie et se l'assimile, d'abord son instrument immédiat, le corps, puis les diverses choses inoccupées, dont elle prend possession la première et qui servent de moyen, de matière ou de théâtre à son activité. Ainsi doit être expliqué le droit de premier occupant, après lequel vient le droit qui naît du travail et de la production.

« Le travail et la production ne constituent pas, mais confirment et développent le droit de propriété. L'occupation précède le travail, mais elle se réalise par le travail. Tant que l'occupation est toute seule, elle a quelque chose d'abstrait, en quelque manière, d'indéterminé aux yeux des autres, et le droit qu'elle fonde est obscur ; mais quand le travail s'ajoute à l'occupation, il la déclare, la détermine et lui donne une autorité visible et certaine. Par le travail, en effet, au lieu de mettre simplement la main sur une chose qui n'appartenait encore à personne, au lieu d'y toucher, pour ainsi dire, en passant, nous y imprimons notre caractère, nous nous l'incorporons, nous l'unissons à notre personne. C'est là ce qui rend respectable et sacré aux yeux de tous la propriété sur laquelle a passé le travail libre et intelligent de l'homme. Usurper la propriété qu'il possède en qualité de premier occupant est une

[1] *Prescription*, t. I, n° 3.

action injuste ; mais arracher à un travailleur la terre qu'il a arrosée de ses sueurs, est, aux yeux de tous, un crime manifeste[1].

Cette théorie est brillante ; elle est au plus haut point philosophique ; mais elle ne suffit point encore à elle seule, car elle deviendrait un embarras en présence de la règle qui admet la prescription, *cette patrone du genre humain*. Nous laissons de côté la question souvent controversée de l'assimilation complète établie dans ce système entre un objet mobilier que l'homme saisit, détient, occupe, dans toute l'étendue du mot, qui n'est qu'une matière qu'il façonne et métamorphose par son travail, et la terre, qui donne un produit, mais en reste distincte. Nous ne rechercherons pas d'avantage s'il est juste, dans ce système, qu'un homme né trop tard soit privé de tout instrument pour exercer son activité libre : nous restreignons la question autant que possible.

M. Troplong, essayant de faire disparaître l'incompatibilité qui existe entre la prescription et cette théorie qu'il adopte et donne pour base au droit de propriété, pose plusieurs espèces qui pourraient s'accommoder plus ou moins à ce système : mais il faut bien convenir que le possesseur de mauvaise foi qui s'est emparé, en l'absence du maître, d'une terre richement cultivée, s'il l'a métamorphosée en jardin d'agrément, en une forêt, en un étang, l'aura bien et dûment prescrite après trente ans. La possession seule, suivant nos lois, a donc plus de puissance qu'on ne lui en attribue ; non-

---

[1] *Revue de législation*, 1848, t. II, p. 315.

seulement elle suffit à fonder un droit, mais elle suffit aussi à le détruire; le législateur, en le décidant ainsi, n'a pas outre-passé ses pouvoirs.

La communauté entière et complète du sol a existé chez les peuples chasseurs, comme les Américains du Nord; chez les peuples pasteurs, comme les Scythes, les Tartares : les uns et les autres, ces derniers surtout, ont formé des sociétés puissantes, et arrivées même à un certain degré de civilisation. Si, au milieu de ces associations gouvernées par des lois particulières, un homme voulait enclore un espace de terre, le cultiver, le couvrir des plus belles moissons, se le serait-il légitimement approprié, lorsque les lois suivies par le peuple qui l'a reçu prohibent et les enclos et la culture? Ces lois seraient-elles tyranniques parce qu'elles s'opposeraient au développement de son activité libre, qui ne pourrait se montrer qu'en le rendant propriétaire là où les règles établies par le pouvoir légitime ne veulent pas admettre le droit de propriété?

César, Tacite, faisant connaître les lois des Germains, si différentes, en ce qui touche le droit de propriété, de celles qui étaient suivies à Rome, n'ont pas dit qu'elles fussent injustes et contraires au droit divin. Chacun s'abstiendra, sans doute, comme ils se sont abstenus.

Mais ces lois, dont nous rappelons les principes, n'étaient pas les meilleures, parce qu'elles n'étaient pas les plus utiles; parce que d'autres règles devaient amener, chez les peuples qui voudraient les adopter, un degré de civilisation plus grand. Aussi les Germains, maîtres des Gaules, ont renoncé à leurs antiques traditions, et se sont ralliés au principe de l'appropriation particulière et permanente, et de la prescription.

« Enfin, le sentiment du bien-être qu'assurait la vie des champs l'emporta, dit Sismondi. Les nations garantirent à chacun de leurs concitoyens la propriété des travaux par lesquels ils bonifiaient le sol; et, comme ces travaux ne pouvaient jamais se détacher du sol, la propriété perpétuelle du sol s'ensuivit. Alors l'homme dompta la nature et renouvela entièrement sa face; alors on put reconnaître la différence entre la richesse que la terre peut produire et la pauvreté de ses dons naturels; mais aussi on put reconnaître que ce qui donnait à l'homme l'intelligence et la constance dans ses travaux; que ce qui lui faisait diriger tous ses efforts vers un but utile à sa race, c'était le sentiment de la perpétuité. Les terrains les plus fertiles sont toujours ceux que les eaux ont déposés le long de leur cours; mais ce sont aussi ceux qu'elles menacent de leurs inondations ou qu'elles corrompent par des marécages. Avec la garantie de la perpétuité, l'homme entreprit de longs et pénibles travaux pour donner aux marécages un écoulement, pour élever des digues contre les inondations, pour répartir, par des canaux d'arrosement, des eaux fertilisantes sur les mêmes champs, que ces mêmes eaux condamnaient à la stérilité. Sous la même garantie, l'homme, ne se contentant plus des fruits annuels de la terre, a démêlé parmi la végétation sauvage les plantes vivaces, les arbustes, les arbres qui pouvaient lui être utiles; il les a perfectionnés par la culture; il a changé, en quelque sorte, leur essence et il les a multipliés. Parmi les fruits, en effet, on en reconnaît que des siècles de culture ont seuls pu amener à la perfection qu'ils ont atteinte aujourd'hui, tandis que d'autres ont été importés des régions les plus lointaines. L'homme, en même temps, a ouvert la terre jusqu'à une grande profondeur, pour renouveler son sol et le fertiliser par le mélange de ses parties et les impressions de l'air; il a fixé sur les collines la terre qui s'en échappait, et il a couvert la face entière de la campagne d'une végétation partout abondante et partout utile à la race humaine. Parmi ses travaux, il y en a dont il ne recueillera le fruit qu'au bout de dix ou de vingt ans; il y en a d'autres dont ses derniers neveux jouiront encore dans plusieurs siècles. Tous ont concouru à augmenter la force productive de la nature, à donner à la race humaine un revenu infiniment plus abondant, un revenu dont une portion considérable est consommée par ceux qui n'ont point part à la propriété territoriale, et qui cependant n'auraient point trouvé de nourriture sans ce partage du sol, qui semble les avoir déshérités. Ainsi la propriété perpétuelle de la terre a été inventée, a été garantie pour l'avantage de tous[1]. »

Nous pouvons donc établir, en principe, que la propriété est d'institution humaine et de droit positif : les lois auxquelles elle est soumise seront toujours justes si,

[1] *Études sur l'économie politique*, t. I, p. 165.

égales pour tous, elles sont utiles; toujours utiles, si elles concourent d'une manière efficace au développement de la civilisation. De nos jours, c'est désormais au même titre que chacun reçoit et acquiert la propriété; aux mêmes conditions qu'il l'a détient; mais ces conditions, la loi civile a pu les imposer légitimement; elle a créé la propriété pour le plus grand avantage de tous; elle a donc pu la réglementer; et tous acceptent, sans murmurer, les entraves, les sujétions, les restrictions que l'intérêt social a exigées.

Les lois seules règlent le droit de tester; elles l'ont restreint quelquefois en faveur des héritiers naturels; elles ont pu l'étendre de la manière la plus large à leur détriment; elles ont pu le soumettre à toutes les formes, à toutes les règles qu'il a plu au législateur de fixer, et nul n'a pu les taxer d'injustice ou d'usurpation.

Les lois ont également déterminé l'ordre des successions naturelles; elles ont pu préférer un parent éloigné, inconnu du mourant, à ses amis les plus chers, à sa femme, la compagne la plus intime de toute sa vie. «Vous imaginez-vous, dit Pascal à un fils de famille, que ce soit par quelque voie naturelle que ces biens ont passé de vos ancêtres à vous? Cela n'est pas véritable. Cet ordre n'est fondé que sur la seule volonté des législateurs, qui ont pu avoir de bonnes raisons pour l'établir; mais dont aucune certainement n'est prise d'un droit naturel que vous ayez sur ces choses. S'il leur avait plu d'ordonner que ces biens, après avoir été possédés par les pères durant leur vie, retourneraient à la République après leur mort, vous n'auriez aucun sujet de vous en plaindre.......

« Je ne veux pas dire qu'ils ne vous appartiennent pas légitimement, et qu'il soit permis à un autre de vous les ravir; car Dieu, qui est le maître, a permis aux sociétés de faire des lois pour les partager : et quand une fois ces lois sont faites, il est injuste de les violer[1]. »

Les lois attribuent au fisc, sous le nom d'impôt, une large part du produit de la propriété; sous le nom de droits de mutation, une part de la propriété même; la quotité en a été changée à diverses reprises dans le cours du demi-siècle qui vient de s'écouler; elle pourra l'être encore, si l'intérêt public l'exige[2].

Les lois sur la propriété sont encore le nœud gordien qu'il faut dénouer pour arriver au triomphe; mais plus heureux que le Macédonien, nous sommes sur la voie, et nous pourrons le défaire sans le trancher. Quand, au sortir de l'époque barbare, le droit de propriété s'établit au sein d'une société neuve encore, il s'y développe à un point de vue absolu ; il est jaloux à l'excès de ses prérogatives et refuse de rien céder des avantages qui

---

[1] *Pensées*, 1re partie, art. 12.

[2] Les revenus de toute nature sont évalués, en France, à dix milliards; ceux que donne la terre n'entrent dans cette somme que pour seize cents millions; ils supportent à eux seuls évidemment la part la plus lourde des impôts. L'impôt des patentes s'adresse à une autre source de richesses; mais il est établi d'après des règles de proportionnalité d'une imperfection, pour ne rien dire de plus, qui frappe tous les yeux.

lui sont attribués : s'il est permis de s'exprimer ainsi, c'est le droit de propriété à l'état sauvage. Si parmi nous le principe de l'appropriation personnelle, qui représente la civilisation à son plus grand développement, est admis et inébranlable aux attaques dirigées contre lui, d'un autre côté, l'impôt sous toutes ses formes, qui met en commun une part enlevée à chaque propriétaire, en tant que principe, n'est pas contesté. La tâche désormais est donc facile ; les règles essentielles sur lesquelles repose la société, non-seulement sont justes, les meilleures possibles, mais elles sont acceptées.

Comment croire en effet que les souvenirs de l'histoire du monde, vieille de tant de siècles, n'aient pu nous apprendre encore nos véritables intérêts ni les moyens de les satisfaire ? L'humanité aurait-elle marché si longtemps de progrès en progrès, pour arriver à un état social dont les fondements mêmes doivent être renversés, dont les principes sont radicalement mauvais ? Au XIX° siècle, devons-nous bâtir sur un sol tout uni, ne conservant aucune trace du vieil édifice de notre société ? L'expérience est assez longue pour être plus profitable ; le caractère distinctif de notre époque doit être enfin le respect des lois établies et une confiance entière dans les moyens pacifiques, mis entre nos mains par le progrès des âges pour y apporter les modifications successives dont la nécessité sera démontrée.

Le char lancé sur cette pente où depuis des milliers d'années il court sans s'arrêter, lorsque par un dernier bond il touche enfin le but, ne pouvait s'y fixer tout à coup et devait être emporté quelques pas sur la pente opposée qui mène au précipice : il aura bientôt retrouvé son aplomb. C'est ainsi que d'aventureux publicistes ont offert, pour couper court aux conflits dont la propriété depuis si longtemps est la cause, de la supprimer : le moyen est héroïque, s'il n'est pas nouveau ; mais nous sommes loin de croire à son efficacité. Le lendemain du jour où, par impossible une guerre acharnée amènerait un pareil résultat, la guerre recommencerait pour reconstruire l'édifice si péniblement renversé.

Les principes absolus au nom desquels on essaye encore aujourd'hui de bouleverser le monde, divers par le but qu'ils se proposent, se ressemblent par certains caractères ; tous exigent le complet sacrifice de l'individu au profit d'un être collectif qu'on appelle *humanité*. De pareils principes, déjà soutenus dans l'antiquité, ont reçu une dénomination nouvelle : abusant d'un mot qu'ils détournent de sa noble et pure signification, nos modernes réformateurs ont appelé leur système *la fraternité*.

La fraternité c'est l'amour ; que ceux qui l'éprouvent le donnent ; mais on ne peut, même en retour, l'exiger de personne. Pour nous, la fraternité ne rendrait ni plus légitime, ni moins insupportable cette étouffante tyrannie complète, sans limites, qu'un homme, qu'une assemblée, que la majorité imposerait au nom d'un système prêché par un apôtre sans mission. Entre la société et l'individu les devoirs sont réciproques : sans doute les droits de la société sont plus saints, puisque en mainte occasion l'individu sacrifie et son bien et sa vie même à l'intérêt général ; mais ce n'est pas au nom d'un droit absolu ; mais il y a des limites qu'on ne peut dépasser, ou des conditions qu'on ne peut négliger. Ce principe protecteur est pour chacun la plus précieuse sauvegarde, comme le principe contraire, la plus terrible menace. Mais où placer la limite? quelle est la condition? C'est le problème à résoudre depuis tant de siècles ; c'est la science sociale que de faire une juste part à l'État et à l'individu ; c'est la solution qu'il faut chercher encore et qu'une histoire complète de la propriété rendrait sans doute plus facile à trouver.

Dieu nous préserve de vouloir établir en système l'abaissement du génie de l'homme ; de nier ces sublimes instincts qui souvent le dirigent ; de nous refuser à croire qu'un plus noble mobile que le culte des intérêts matériels ne le fasse souvent agir ; mais chez tous les peuples, dans tous les temps, ces intérêts ont dû avoir une part légitime d'influence : dans l'histoire du monde, cette part est représentée par l'histoire de la propriété.

La loi première, qui partout fonde l'état social, est celle qui est relative à la propriété : différente selon les peuples, selon les temps, elle conserve son importance prédominante ; elle marque par ses variations les progrès de la civilisation, et qu'elle soit l'effet ou la cause des formes politiques et sociales qui régissent les nations, il y a toujours coïncidence entre certains principes admis pour la propriété et les formes politiques et sociales, nous l'avons dit, du peuple qui s'y soumet.

Si l'appropriation est restreinte à ses plus extrêmes limites, c'est un peuple chasseur, c'est l'état complétement sauvage ; c'est la vie errante au milieu des bois; la nation est à l'état de tribu.

Si l'appropriation commence à s'étendre, mais ne s'applique encore qu'aux objets mobiliers, c'est un peuple pasteur, avec les mœurs particulières aux nations pastorales, leurs qualités et leurs défauts [1].

Au contraire de la communauté, chez les peuples musulmans, toute la terre, en principe, appartient au souverain ; c'est le despotisme.

Le gouvernement de l'aristocratie ne peut exister qu'en resserrant la propriété dans un petit nombre de mains ; qu'en la comblant de priviléges ; qu'en en défendant l'accès par mille entraves.

L'histoire de la propriété se mêle à l'histoire des discordes intestines comme à celle des guerres entre nations ; elle y joue le même rôle.

Nous laissons de côté l'antiquité proprement dite : Athènes et ses discordes ; Sparte et ses lois fameuses ; Rome, ses longues guerres civiles et le rôle qu'y a joué la propriété ; nous arrivons aux invasions barbares. Là le culte des intérêts matériels est prédominant et seul peut-être les dirige. Le vasselage n'a pas d'autre fondement que la propriété. L'histoire des conquêtes des Barbares, le caractère de leur établissement dans les anciennes provinces romaines se résument tout entiers, pour ainsi dire, dans l'histoire de la propriété sous leur

[1] Voy. Gibbon, *Histoire de la décadence et de la chute de l'empire romain*, ch. XXVI, XLIV et XLV.

domination et des lois qu'ils lui ont imposées. La condition des personnes, si multiple dans ces temps reculés, sera clairement établie, parfaitement expliquée, quand on aura dit quels sont les droits qui appartiennent à chacun relativement à la propriété; le reste est l'accessoire; et le fondement vénéré de cette loi fameuse qui, pendant tant de siècles, a transmis la couronne de France et maintenu l'intégrité et l'indépendance de notre territoire, est une loi sur la propriété.

L'histoire des alleus, des bénéfices, des propres, des acquets, des droits attachés, sous les Francs, à la propriété territoriale, des devoirs qu'elle imposait, c'est l'histoire politique de la première race; les modifications successives qu'a éprouvées cet état de choses, la création des fiefs, c'est l'établissement en France et en Europe de la féodalité.

L'asservissement entier, complet de la propriété, sous le système féodal, amena, en même temps, l'asservissement universel des personnes. Quand on voulut réagir contre cet état de choses, la première liberté que l'on revendiqua, ce fut celle de la terre. Est-ce un reproche que nous adressons à nos pères? Leur ferons-nous un crime de n'avoir point songé à de plus nobles intérêts? Non certes; c'est un champ de bataille qu'ils avaient choisi et c'était le meilleur; si parfois on a vu la terre esclave encore quand l'homme est libre, jamais, dans le long cours des âges, la terre n'a été affranchie sans que celui qu'elle porte ne le fût en même temps. Si avant la liberté politique nous voulons la liberté civile; si les droits du foyer sont plus précieux que les droits du forum; disons aussi que les uns suivront de près les autres. Quand s'agitent les intérêts des masses, quand de grands mouvements existent dans les couches profondes de la société, il est sans exemple qu'ils ne fassent pas bouillonner à la surface les questions purement politiques.

Nous avons vu les communes revendiquer contre les seigneurs féodaux le droit de posséder; bientôt nous les trouverons aux États généraux, dignes prédécesseurs des éloquents tribuns de nos révolutions modernes, parlant au nom de nouveaux besoins; à chaque jour sa tâche.

La lutte a été longue; elle s'est continuée, tantôt violente et tantôt apaisée, avec des chances diverses. Mais les derniers vestiges d'un état politique contraire à toute liberté résidaient, en 89, dans les lois relatives à la propriété. Lorsque les droits féodaux de toutes sortes attachés à la terre eurent été renversés; quand le niveau des impôts passa, sans s'arrêter, sur toutes les propriétés; quand la loi civile les divisa sans privilége à tous ceux qui pouvaient y prétendre, sur quoi donc l'ancien régime eût-il appuyé sa résistance? qu'elle force lui restait-il? La liberté n'avait-elle pas enfin triomphé? Quand Napoléon, ivre de gloire, tenta de revenir en arrière, il ne se contenta pas de rétablir la noblesse, vain hochet! il rétablit les fiefs.

HISTOIRE
DE LA POSSESSION

ET DES

ACTIONS POSSESSOIRES

EN DROIT FRANÇAIS.

CHAPITRE PREMIER.

Les anciens dominateurs de Rome, les farouches Gaulois, avaient subi à leur tour le joug un moment imposé par eux à la ville éternelle; et leurs nombreuses peuplades, à la suite d'une guerre acharnée, s'étaient courbées l'une après l'autre sous l'épée victorieuse de Jules César. Longtemps ils supportèrent avec impatience la perte de leur indépendance; mais peu à peu leur férocité s'amollit, leurs mœurs s'adoucirent; ils sentirent mieux les bienfaits d'une civilisation élégante et polie; et, plus qu'aucun autre peuple conquis peut-être, ils adoptèrent les lois, les usages et les goûts des Romains. Aussi lorsque, environ quatre siècles après sa réunion à l'empire, la Gaule en fut violemment détachée, sans aucun doute, ainsi que l'a dit M. Charles

Giraud, « tous les intérêts, tous les rapports civils, toutes les sources du droit ancien étaient changés : les relations des personnes, l'ordre des juridictions, les principes du droit positif, l'organisation de la propriété, les ressources de l'industrie. Il ne restait pas plus de place pour le droit gaulois dans les provinces romaines qu'il n'y en aurait aujourd'hui, parmi nous, pour le droit féodal du XIIIe siècle [1]. »

L'opinion qui admet la persistance du droit gaulois, soutenue avec force par quelques auteurs, nous semble donc dénuée de tout fondement. En effet, il ne faut pas confondre, ainsi que le fait observer le savant académicien que nous venons de citer, avec la permanence prétendue des coutumes gauloises sous la domination romaine, le développement du droit coutumier, qui se manifeste postérieurement à l'invasion germaine.

La question pourrait être un instant douteuse pour l'Armorique ; conquise plus tard, occupée moins complétement, elle recouvra assez promptement son indépendance, abdiquée par une honorable adjonction à l'empire des Francs, lorsque Clovis eut reçu le baptême. Mais l'influence romaine, pour avoir été moins générale dans cette contrée, n'en fut pas moins prédominante. L'ancien droit celtique était appuyé tout entier sur le druidisme ; s'il résista aux Romains et aux vicissitudes auxquelles l'Armorique fut en proie, quelle place lui resta-t-il lorsque la religion chrétienne, pénétrant au fond des forêts dont le sol était couvert, eut converti ceux mêmes que les armes des légions n'avaient pu soumettre ?

---

[1] M. Ch. Giraud, *Essai sur l'histoire du dr. fr. au moyen âge*, t. I, p. 56.

Quelques parties de la Gaule avaient été occupées à des époques très-reculées par des colonies grecques; M. Charles Giraud, après avoir recherché quelle a pu être l'influence exercée par elles, se résume en disant : « Il ne reste plus aujourd'hui d'autre trace de la civilisation hellénique sur les côtes méridionales de la France que quelques mots grecs conservés dans les idiomes populaires, des monnaies rares, un petit nombre d'inscriptions et d'autres faibles débris d'antiquité [1]. »

Nous n'avons donc pas à nous préoccuper de la célèbre et puissante colonie phocéenne établie à Marseille; il ne nous reste rien de ses lois originaires; et les emprunts que les Gaulois ont pu faire à des codes désormais perdus n'ont pas laissé de trace dans une législation presque tout entière elle-même tombée dans l'oubli. Ces réflexions doivent s'appliquer sans réserve, tout au moins, à l'objet très-restreint de nos travaux.

A la domination romaine succéda celle des Germains. Conquis une seconde fois, à la haine qu'inspire toujours un vainqueur, les Gaulois devaient ajouter le mépris de l'homme civilisé pour des barbares. Mais la culture des arts, la supériorité des lumières, la pratique des belles-lettres, les richesses et les raffinements du luxe ne sont rien sans la vertu guerrière, qui sait défendre tous ces trésors; et les Francs, après quelques tentatives, s'établirent d'une manière permanente, sous la conduite de Clovis, dans les champs fertiles de la Gaule.

On est loin d'être d'accord sur le caractère des Francs et sur les circonstances qui accompagnèrent leur établissement

---

[1] M. Ch. Giraud, *Essai sur l'histoire du dr. fr. au moyen âge*, t. I, p. 2.

dans les Gaules. « Selon les systèmes absolus qui successivement dominèrent avant ce siècle, dit M. Augustin Thierry, la conquête fut considérée tantôt comme une délivrance de la Gaule, dont les indigènes appelèrent à leur aide les Franks contre les Romains, tantôt comme une cession politique du pays faite par les empereurs romains aux rois franks, officiers héréditaires de l'empire, tantôt comme une extirpation violente, mais salutaire, de tout ce qu'il y avait de romain dans les institutions, les lois et les mœurs, et comme l'avénement d'une société et d'une constitution nouvelles, toutes formées d'éléments germaniques[1]. » On est arrivé aujourd'hui à des idées plus saines et plus vraies, mais on est loin encore d'avoir résolu tous les problèmes que soulèvent les conquêtes des Francs dans la Gaule.

Quelques savants ont prétendu que ces barbares avaient enlevé aux habitants des contrées par eux soumises une partie de leurs propriétés, à l'exemple des Visigoths et des Bourguignons. Un fait aussi considérable a laissé des traces dans les lois de ces deux peuples; on les cherche vainement dans les monuments législatifs qui appartiennent aux Francs ou dans les historiens contemporains. L'argument tiré de ce que la loi salique place les Romains, par la différence des compositions, dans une situation politique inférieure à celle des vainqueurs, est loin de nous paraître concluant.

Les terres immenses appartenant au fisc romain, une partie peut-être des biens des cités, ceux des familles détruites ou expatriées, les bénéfices des magistrats, des chefs et des soldats romains, suffirent sans doute, dans les pre-

---

[1] M. Aug. Thierry, *Récits des temps mérovingiens.* — *Considérations*, etc. t. I, ch. v, p. 215.

miers moments au moins, à satisfaire l'avidité des guerriers, en assez petit nombre, qui accompagnaient Clovis. Peut-être aussi mirent-ils quelques bornes à leur rapacité, non par esprit de justice, mais par crainte de pousser au désespoir les populations, comparativement très-nombreuses, au milieu desquelles ils étaient presque campés. Nous ne parlons pas des violences privées, qui furent loin, sans doute, d'être toujours réprimées, mais dont la fréquence et l'étendue ne peuvent arriver à constituer un système.

Chaque soldat, nous le croyons du moins, quoique le fait ait été contesté, reçut sur ces terres un lot, à charge de service militaire, mais sous la dépendance du roi, chef de l'État, et dont les comtes n'étaient que les officiers.

Les Allemands, les Bavarois, les Visigoths, les Bourguignons vinrent successivement se fondre dans l'empire des Francs. A côté de ces barbares, et répandus sur tout le territoire, vivaient les anciens habitants, confondus sous le nom générique de Romains. Chacun de ces peuples conserva ses lois particulières. « Ces lois, dit Montesquieu, ne furent point attachées à un certain territoire : le Franc était jugé par la loi des Francs, le Bourguignon par la loi des Bourguignons, les Romains par la loi romaine; et, bien loin qu'on songeât à rendre uniformes les lois des peuples conquérants, on ne pensa pas même à se faire législateur du peuple vaincu[1]. » Ce n'était pas le régime des coutumes diverses se partageant le sol, mais bien l'empire de la personnalité des lois dominant chaque individu, quel que fût le lieu de sa résidence : c'est un des faits historiques les plus connus et les mieux avérés. En ce qui concerne les Ro-

---

[1] *Esprit des lois*, liv. XXVIII, ch. II.

mains, la personnalité était restreinte sans doute aux seules lois civiles [1].

La tribu des Francs saliens obéissait à un corps de coutumes réunies sous le nom de *loi Salique*. On ignore l'époque précise où cette loi fut rédigée. Les manuscrits parvenus jusqu'à nous sont nombreux et tous écrits en latin ; quelques chapitres qui existent dans les uns manquent dans les autres, et indiquent des additions successives jusqu'à la *lex emendata*, qu'on doit à Charlemagne. Mais à aucune époque ce code barbare n'a compris toutes les coutumes ayant force de loi qui existaient chez les Francs. Des textes positifs appuient cette proposition [2], sur laquelle nous aurons besoin de revenir.

Un passage de ce code a paru à quelques auteurs présenter le point de départ des actions possessoires en France. Cette opinion, après les critiques dont elle a été l'objet, ne peut être encore sérieusement soutenue ; elle s'appuie sur le titre XLVII, qui est ainsi conçu :

« *De eo qui villam alienam occupaverit, vel si duodecim mensibus eam tenuerit.* »

Ou :

« *De migrantibus.*

« 1. Si quis super alterum in villa migrare voluerit, et
« aliqui de his qui in villa consistunt eum suscipere volue-
« rint et vel unus ex ipsis extiterit, qui contradicat, migrandi
« licentiam ibidem non habeat.

« 2. Si vero contra interdictum unius vel duorum, in ipsa

---

[1] M. Pardessus, *Loi Salique*, p. 447.
[2] *Idem, ibid.* p. 416, et les autorités citées par lui.

« villa consedere præsumpserit, tunc interdictor testari illi
« debet cum testibus, ut infra decem noctes inde exeat; et
« si noluerit, iterum ad ipsum cum testibus veniat, et teste-
« tur illi ut infra alias decem noctes secedat. Quod si nolue-
« rit, iterum tertio placito, ut infra decem noctes exeat, de-
« nuntiet. Si vero triginta noctes impletæ fuerint, et nec tunc
« voluerit exire, statim illum manniat ad mallum, et testes
« suos qui ad ipsa placita fuerant, secum præstos habeat. Si
« autem ipse cui testatum est venire noluerit, et eum aliqua
« sunnis non detenuerit, et secundum legem supradictam
« testatus fuerat, tunc ipse qui ei testatus est, super fortuna
« sua ponet, et grafionem roget, ut accedat ad locum, et
« ipsum inde expellat et si ibi aliquid elaboravit, quia legem
« noluit audire, amittat, et insuper MCC dinariis qui faciunt
« solidos XXX culpabilis judicetur.

« 3. Si vero quis alium in villam alienam migrare roga-
« verit, antequam conventum fuerit, MDCCC dinariis qui fa-
« ciunt solidos XLV culpabilis judicetur.

« 4. Si autem quis migraverit in villam alienam et ei ali-
« quid infra duodecim menses, secundum legem contestatum
« non fuerit, securus ibidem consistat sicut et alii vicini. »

Fr. Pithou traduit ces mots du titre *de eo qui villam*, etc.
par « de complainte en cas de saisine et nouvelleté dedans
l'an; » et il ajoute : « Ut fallantur qui D. Ludovicum regem
« aut Simonem de Bucy jus istud antè nescitum, intra Fran-
« ciam proquiritasse tradunt[1]. » Sur ce passage du texte : *ut
accedat ad locum*, il met en note : « exécution et fournissement de complainte sur le lieu[2]. »

---

[1] Baluze, t. II, p. 697.
[2] *Idem.*

Cette opinion assez étrange de Pithou a été adoptée de nos jours et soutenue par Henrion de Pansey [1].

MM. Pardessus [2] et Troplong [3] ont prouvé qu'elle était dénuée de tout fondement.

Sous la domination romaine, les cités possédaient des terres : les unes consacrées au service public, les autres devant être assimilées à des propriétés particulières et donnant des revenus. On a mis en doute quelquefois que cet état de choses ait continué d'exister après les invasions des Barbares, et particulièrement dans la Gaule sous la domination des Francs.

MM. Pardessus [4] et Troplong [5] ont examiné l'un et l'autre cette question; ils pensent, tous les deux, qu'une partie de ces biens, les plus fertiles peut-être, durent être confisqués par les conquérants : mais le pays était vaste et les habitants peu nombreux; il est à croire qu'une assez grande étendue de terres conserva la qualité de propriété communale, et continua d'appartenir, même après la conquête, aux agglomérations d'habitants que la loi Salique désigne encore sous le nom de *villa*, mot qui présente toutefois un double sens. On a considéré quelquefois ces propriétés communales comme provenant de la libéralité de seigneurs puissants; à notre point de vue, ce problème historique est sans importance.

Tous les habitants de la *villa* avaient un droit égal à la propriété indivise de ces biens et un intérêt évident, par suite, à ce qu'un étranger ne vînt pas, en se mêlant à eux,

---

[1] *Compétence des juges de paix*, ch. XXXIII.
[2] *Loi Salique*, notes 529 et 530.
[3] *Prescription*, n° 291.
[4] *Loi Salique*, p. 544 et 545.
[5] *Rev. de législation*, t. I, p. 8 ; *Prescription*, p. 471 et suiv.

augmenter le nombre des copartageants. Le principe de la garantie collective, si l'organisation des *centenes*, ainsi que cela semble probable, remonte jusqu'à cette époque reculée, pouvant faire peser sur la communauté la responsabilité des méfaits de l'étranger, était une raison nouvelle pour donner à chacun de ses membres le droit de le repousser.

Ce droit légitime avait besoin d'une sanction, le chapitre XLVII a pour but de la créer.

Le consentement de tous devait suffire, toutefois, pour faire adopter un nouveau venu ; on put admettre que le silence pendant un espace de temps déterminé, serait considéré comme un assentiment tacite : lorsque douze mois sont écoulés sans aucune réclamation, la loi décide que l'émigrant vivra tranquille désormais et sera assimilé aux anciens habitants. Si la disposition eût été écrite pour protéger la propriété privée, le consentement du propriétaire seul eût suffi ; celui de tous les autres n'eût pu le suppléer.

Un examen superficiel suffit donc pour démontrer que rien dans ce texte n'a trait au droit de possession. Ou l'étranger deviendra propriétaire assimilé en tout aux habitants ses voisins, *ibidem consistat sicut et alii vicini ;* ou il sera simple détenteur, non-seulement sans droit d'aucune espèce, mais passible d'une peine et chassé, sans qu'on lui tienne même compte des travaux d'amélioration qu'il a faits.

Tout en soutenant l'opinion que nous croyons devoir adopter, M. Pardessus fait observer que le chapitre IX du 3ᵉ capitulaire de 819 pourrait être invoqué contre lui : « Mais je crois, ajoute-t-il, que le souvenir des usages constatés par la loi Salique était effacé[1]. »

---

[1] *Loi Salique,* note 530, p. 390.

Ce texte est ainsi conçu : « In quacumque die invasor illa-
« rum rerum interpellatus fuerit, aut easdem res quærenti
« reddat; aut eas si potest, juxta legem, se defendendo, sibi
« vendicet [1]. » L'observation de M. Pardessus est juste, sans
doute; on peut croire encore que la disposition de la loi
Salique, mal interprétée ou étendue hors de ses termes,
donnant lieu à des abus, il fut peut-être nécessaire d'y porter remède; mais, quant à nous, la seule conséquence que
nous ayons à tirer de ce texte, et elle y est clairement indiquée, c'est que l'action possessoire était encore, à l'époque
où il fut écrit, complétement ignorée.

On peut rattacher la disposition du titre XLVII de la loi
Salique à d'autres lois du moyen âge. A une époque beaucoup plus rapprochée de nous, lorsque des chartes furent
données aux communes, quelques-unes déterminèrent les
conditions nécessaires pour acquérir le droit de bourgeoisie; le séjour d'un an sans contradiction fut établi comme
règle.

Ainsi, dans les Coutumes de Lorris, on lit, art. IV : « Et
« quicumque in parrochia Lorriaci *anno et die* manserit,
« nullo clamore eum sequente, neque per nos, sive per pre-
« positum rectitudinem prohibuerit; deinceps liber et quie-
« tus permaneat [2]. »

Ces coutumes, successivement confirmées par Louis VI
et Louis VII, passaient pour les plus anciennes du royaume :
dans le procès-verbal de leur rédaction officielle, en 1531,
elles sont qualifiées *plus anciennes, fameuses et renommées
coutumes qu'aucunes autres de France.*

---

[1] 3ᵉ cap. de 819. *De interpr. legis Salicæ,* ch. IX. D. Bouquet, t. VI,
p. 422.

[2] *Ordonnances,* t. IX, p. 200.

Des lettres de Louis VII, de 1153, accordant des coutumes aux habitants de Seaus en Gâtinais, portent également, art. 9 : « Quicumque vero in villam venientes per « *annum et diem* ibi in pace manserint, nec per regem, nec « per præpositum, nec per monachum, justiciam vetuerint; « ab omni jugo servitutis deinceps liberi erunt [1]. »

On lit des dispositions analogues dans les priviléges de la Chapelle-la-Reine, accordés par Philippe-Auguste en 1186 [2], et dans la charte de la ville de Sens, donnée par le même roi en 1189 [3].

Nous ne pousserons pas plus loin ces recherches; la trace des anciens principes germaniques, qui résulte de la conformité de ces règles avec les textes de la loi Salique, apparaît clairement dans tous ces documents; mais on ne peut confondre de pareilles règles ni avec celles de la complainte, ni avec celles de la prescription.

La loi Salique est le droit germanique presque pur; en la prenant pour point de départ, notre travail doit être complet et la marche en deviendra plus nette et plus claire; nous ne pouvons pas oublier, en outre, que cette loi était celle du peuple dominateur et des souverains.

Les codes des Bourguignons et des Goths ne représentent, au contraire, qu'une époque de transition, et ont fait déjà de nombreux emprunts au droit romain. A aucun moment ils n'ont pu être considérés comme droit commun de la France.

Quelles qu'aient été les modifications que les usages comme les mœurs des Francs aient subies par suite de leur

---

[1] *Ordonnances* t. IX, p. 199.
[2] *Ibid.* t. IX, p. 239.
[3] *Ibid.* t. IX, p. 262.

établissement dans les Gaules, le contact plus immédiat avec la civilisation romaine n'amena de longtemps dans les transactions l'emploi forcé de l'écriture. La dernière rédaction de la loi Salique, faite sous le règne de Charlemagne, ne contient pas une seule disposition qui laisse supposer en aucune circonstance la nécessité d'un écrit dans les transactions privées. A une époque assez avancée, les jugements eux-mêmes pouvaient n'être pas constatés par des titres authentiques, car le chapitre x du capitulaire de 803 semble s'en remettre à la preuve testimoniale pour prouver leur existence si elle est contestée [1]. Mais il était impossible cependant que les Francs vécussent longtemps mêlés aux Romains sans connaître au moins les preuves écrites et en apprécier l'utilité dans une certaine mesure. Il reste à bien juger le degré d'importance qu'ils y attachèrent à différentes époques, et à se rappeler qu'à côté des Francs, les Gaulois avaient conservé leurs mœurs, leurs coutumes et leurs traditions, et continuaient à être régis par la loi romaine.

Les actes écrits usités chez les Francs purent recevoir tout d'abord la division sous laquelle nous les rangeons de nos jours : ils étaient authentiques ou privés [2]; mais faisons observer tout de suite que l'authenticité n'appartenait qu'aux seuls actes émanés de l'autorité publique [3], et que la valeur des autres était insignifiante.

---

[1] « Si quis causam judicatam repetere præsumpserit in mallo, ibique « testibus convictus fuerit, aut quindecim solidos componat, aut quinde- « cim ictus ab scabineis, qui causam prius judicaverunt, accipiat. » (Cap. de 803, X. Baluze, t. I, p. 387.)

[2] M. Pardessus, *Loi Salique*, p. 635.

[3] Formules 1 à 7, 22, 23 de l'App. de Marculfe; 6 de Bignon; 10, 11, 24, 28, 29, 30, 52 de Mabillon. *Loi Salique*, tit. XXVIII et XLVIII.

On trouve dans les *Diplomata* deux pièces dont le but unique semble avoir été de viser et de rendre authentiques, par l'autorité du plaid, des actes de vente antérieurement consentis [1]. Les textes qui nous restent de cette époque reculée établissent que de pareils titres étaient produits en justice et y jouaient le rôle qui leur a appartenu dans tous les pays civilisés. Ce qui prouve la créance qu'on y avait, c'est qu'on en créait de faux [2]. En présence d'un acte de cette nature, l'adversaire n'avait, comme de nos jours, pour moyen de défense, que de s'inscrire en faux : *falsare chartam*. C'était à lui à faire la preuve.

Il n'existait ni archives ni greffes où l'on conservât la minute des chartes ou des actes judiciaires; l'original même était remis à la partie intéressée. Aussi ne peut-on s'étonner que les actes faux fussent en grand nombre, et Montesquieu rapporte à cet abus, si ce n'est la création, la grande extension, au moins, du combat judiciaire [3].

La loi, avons-nous dit, n'obligeait pas à rédiger par écrit les conventions entre particuliers, qui forment la classe nombreuse des actes privés. Cette forme était inutile pour obliger les parties et ne dispensait pas de la preuve par témoins pour constater l'existence du contrat; une formule de Marculfe le prouve, tout en montrant qu'il était du nombre de ceux qui protestaient contre la loi [4]. Les scribes qui rédigeaient les actes que les particuliers jugeaient à propos de

---

[1] Plaid de Childebert III, 709 ; *Diplom.* 1re éd., CCLXVII, p. 382; Thierry, IV, 726 ; CCCXXII, p. 347.

[2] Voy. le plaid de Chlotaire III, 663 ; *Dipl.* 1re éd. CLVII, p. 245.

[3] *Esprit des lois*, liv. XXVIII, ch. XVIII.

[4] « Ratio et consuetudo exposcit ut inter emptorem et venditorem « scriptura confirmet. » (Formule 14 de l'App. de Marculfe.)

passer entre eux, ne pouvaient leur imprimer aucun caractère authentique, et il n'existait aucun officier public auquel les particuliers pussent s'adresser à leur défaut : ni les référendaires de la chancellerie royale, ni les greffiers, qui, dès les temps les plus reculés, ont été attachés aux *mâls* présidés par les comtes, n'auraient pu leur prêter leur ministère.

La preuve orale en matière civile était donc admise sans aucune restriction chez les Francs. Les lois barbares ne sont pas très-explicites sur les formes suivies pour les témoignages, pour le nombre des témoins exigé, pour les incapacités, pour les récusations. Un plaid de Thierry III, relatif à une revendication, exige l'affirmation de six témoins[1]; un autre, de Childebert III, l'affirmation de douze[2]. Les Capitulaires, plus tard, s'occupèrent à différentes reprises de ce sujet, sans qu'il soit possible d'en déduire une règle fixe; mais le principe n'est pas contesté.

A côté de la preuve testimoniale existait celle par conjurateurs, qu'il ne faut pas confondre avec la première : les conjurateurs n'étaient pas interrogés sur le fait même objet du procès, mais sur la moralité du plaideur. Cette preuve était principalement usitée en matière criminelle. M. Pardessus pense toutefois que l'emploi en était autorisé également en matière civile[3].

Avec de pareils usages, il peut sembler étrange que, dès les temps de la première race, presque tous les contrats pratiqués de nos jours fussent déjà connus parmi les Francs. On voit par les documents et les formules parvenus

---

[1] *Diplom.* 1re éd. p. 290.
[2] *Ibid.* p. 328.
[3] M. Pardessus, *Loi Salique*, p. 631.

jusqu'à nous, qu'ils employaient les donations[1]; les institutions d'héritiers et les testaments[2]; les conventions matrimoniales et les conventions de dot[3]; les échanges[4]; le prêt avec ses divers modes[5]; le gage ou nantissement et le séquestre[6]; le cautionnement[7]; les partages[8]; les transactions, si communes en matière criminelle, et dont il est inutile de rapporter les preuves; enfin, les ventes.

Les ventes durent être fréquentes dans les Gaules à partir de la conquête; en effet, tous les Francs, compagnons de Clovis, reçurent une certaine étendue de terre et les Capitulaires prouvent qu'au VIIIe siècle, un grand nombre d'entre eux déjà devaient être rangés parmi les prolétaires: *proprium non habent* disent les textes. Nous ne trouvons toutefois dans les diplômes de la première race que quatre actes de vente[9], tous consentis à des monastères ou aux abbés qui les représentent; la rédaction n'en est pas uniforme. On doit croire que l'usage des actes pour constater

---

[1] *Diplomata*, 2e éd. t. I, p. 134, 146, 148, 227; 1re éd. p. 137, 331, 348, etc. Les donations sont les actes qu'on trouve en plus grand nombre.

[2] *Ibid.* 1re éd. p. 313, 361, 451. Formule 15 du livre II de Marculfe.

[3] Formule 37 de l'App. de Marculfe; 14 de Sirmond; 5 de Bignon; 34 de Mabillon.

[4] *Diplomata*, 1re éd. p. 237, 325. Formule 24 du livre II de Marculfe.

[5] *Loi Salique*, tit. LII et LIV. Formule 59 de Mabillon; 36 de l'App. de Marculfe.

[6] Formule 50 de l'App. de Marculfe; 18 de Sirmond; 12 de Mabillon; *Loi Salque*, tit. XXXIX et XLIX.

[7] *Diplomata*, 1re éd. p. 328, 433. Formules 18, 25 et 27 du livre II de Marculfe.

[8] *Diplomata*, 1re éd. p. 136; 2e éd. t. I, p. 129. Formule 14 du livre II de Marculfe.

[9] *Diplomata*, 1re éd. p. 289, 369, 380, 460.

les ventes, était peu fréquent, surtout en dehors des ecclésiastiques, qui cherchèrent, autant que cela était en eux, à conserver les formes romaines.

La société franque présentait donc après la conquête ce spectacle bizarre d'un peuple où étaient usités tous les contrats connus chez les Romains à leur plus haut point de civilisation, et aujourd'hui même, parmi nous; où les principes sur lesquels se fonde une propriété régulière étaient admis; où les liens de famille et les degrés de parenté, en ce qui concerne la transmission des biens, étaient protégés par les lois, sans qu'on eût placé, à côté de ces institutions, les formes protectrices qui semblent en être la garantie nécessaire.

Cet état de choses subsista longtemps malgré ses vices; ce fut bien plus tard, dit Montesquieu, que : « on établit des registres publics dans lesquels la plupart des faits se trouvaient prouvés, la noblesse, l'âge, la légitimité, le mariage. L'écriture est un témoin qui peut être difficilement corrompu. On fit rédiger par écrit les coutumes. Tout cela était bien plus raisonnable; il est plus aisé d'aller chercher dans les registres de baptême si Pierre est fils de Paul, que d'aller prouver ce fait par une longue enquête[1]. »

Il ne pouvait exister qu'un seul remède aux inconvénients résultant d'une pareille législation; c'était une courte prescription, telle qu'on la trouvera chez tous les peuples encore barbares, venant promptement consolider et rendre désormais inattaquables des conventions et des faits dont la trace était si fugitive. La loi Salique ne contient sur cette matière que la disposition du titre XLVII que nous avons rapportée; il

---

[1] *Esprit des lois*, liv. XXVIII, tit. XLIV.

statue pour un cas tout particulier, qui eût eu besoin sans doute d'une disposition expresse, lors même que des dispositions générales eussent existé. Dans les autres monuments du droit mérovingien, nous trouvons la prescription mentionnée à diverses reprises; mais ils sont loin d'établir, sur les conditions nécessaires à son accomplissement, des règles uniformes.

Clotaire exige la possession de trente ans, *intercedente justo possessionis initio* [1]; le *Decretum* de Childebert, celle de dix ans entre personnes habitant la même circonscription judiciaire; il prolonge le délai jusqu'à vingt ans pour les orphelins, tout en mentionnant, en outre, la prescription trentenaire [2]. Un diplôme de 680 [3] et les formules de Marculfe parlent de trente et un ans [4]; les formules de Sirmond, de trente ans seulement sans condition [5].

Il existerait entre ces divers documents l'accord dont ils sont si complétement dépourvus, que nous n'y verrions pas encore la preuve d'une règle précise, suivie d'une manière constante et régulière, la multiplicité des lois sur un même objet pendant l'époque mérovingienne étant loin d'être un indice que les dispositions en soient bien exécutées; mais nous avons à examiner une question plus féconde en résultats. Ces dispositions diverses, quelle que soit leur valeur, ont-elles été écrites pour les Barbares, ou bien pour les

---

[1] *Constitutio generalis;* Baluze, t. I, p. 7 ; D. Bouquet, t. IV, p. 115; *Diplomata,* 2ᵉ éd. t. I, p. 120.

[2] *Decretum Child.;* Baluze, t. I, p. 17; D. Bouquet, t. IV, p. 111; *Diplomata,* 2ᵉ éd. t. I, p. 171.

[3] D. Bouquet, t. IV, p. 659.

[4] Formule 33 de l'Appendice de Marculfe.

[5] Formule 40 de Sirmond.

hommes vivant sous cette loi romaine, dont, à quelques égards, elles rappellent les principes?

Clotaire s'exprime ainsi : « Quicquid ecclesia, clerici, vel « provinciales nostri, intercedente tamen justo possessionis « initio, per triginta annos, inconcusso jure, possedisse pro- « bantur, in eorum ditione res possessa permaneat : nec actio « tantis ævi spatiis sepulta, ulterius contra legum ordinem « sub aliqua repetitione consurgat, possessione in possessoris « jure sine dubio permanente[1]. »

La disposition n'est applicable qu'à l'église, aux clercs, qui suivaient la loi romaine, et aux hommes désignés sous le nom de *Provinciales,* mot que Savigny[2] et M. Troplong[3] traduisent sans hésiter par *Romains;* c'est aussi le sens que lui donne Ducange[4].

La disposition du *Decretum Childeberti*[5] doit être également regardée comme particulière aux Romains[6].

On peut conjecturer que le diplôme de 680, relatif à une contestation élevée entre Acchildis, fille de Bertana, et Amalgarius, s'applique à des individus vivant sous la loi romaine ou *Provinciales* : là, toutefois, comme dans la for-

---

[1] *Constit. gen.;* ut supra, art. 13.

[2] Savigny (*Hist. du dr. rom.* t. II, p. 78) fait observer, en parlant de cette constitution, que « cette condition (*intercedente tamen justo possessionis initio*) n'était pas exigée pour la prescription de trente ans, mais pour l'usucapion et la *longi temporis prescriptio.* » Savigny s'étonne de cette addition faite aux règles posées par le droit romain; M. Troplong pense qu'elle est le résultat de l'ignorance plutôt que d'un dessein prémédité; nous pensons qu'elle doit être attribuée à l'influence de l'Église.

[3] M. Troplong, *Prescription,* t. I, n° 21.

[4] *Glossarium,* v° *Provincialis.*

[5] *Decretum;* ut supra, art. 3.

[6] *Diplomata,* 2ᵉ éd. t. I, p. 171. Note 3 de M. Pardessus.

mule de Marculfe, la possession nécessaire pour prescrire, ainsi que nous l'avons dit, est fixée à trente et un ans : « Ipse Amalgarius, dit le texte, taliter dedit in respunsis, « eò quod ipsa terra..... de annis triginta et uno.... semper « tenuerant et possiderant[1]. »

Dans la formule de Marculfe, on lit : « Ego terram suam.... « per fortiam nunquam proprisi aut pervasi ; sed de ista parte « triginta et uno anno ferè amplius semper exinde fui ves- « titus[2]. »

La formule de Sirmond, enfin, plus explicite dans ses termes, contient une mention décisive : « taliter debeat con- « jurare quod ipsam hereditatem, quam ipse homo contra « ipsum repetebat per annos xxx inter ipsum et memoratos « parentes suos, qui ipsam hereditatem morientes ei dere- « liquerant, semper ipsam tenuissent et per ipsos annos xxx « *secundum legem* plus sit ipsa hereditas ei habendi debita « quam ipsi homini reddendi ; » et plus haut : « ..... De an- « nis xxx inter ipsum et parentes suos, qui ipsam [heredita- « tem] ei dereliquerunt, ipsam tenuisset et *secundum legem* « ei sit debita[3]. »

La prescription trentenaire est invoquée dans Sirmond *secundum legem ;* on ne trouve pas dans ces passages, comme dans quelques autres que l'on pourrait citer, *legem romanam* explicitement écrit[4] ; mais la loi invoquée à plusieurs reprises ne peut être la loi barbare : c'est la règle inscrite au code théodosien publié dans les Gaules sous Valentinien.

---

[1] *Diplomata*, 1re éd. CXCV, p. 290.
[2] Formule 33 ; *ut supra.*
[3] Formule 40 ; *ut supra.*
[4] Sirmond ; formule 32 et autres.

Ce code était obligatoire pour les seuls individus soumis à la loi romaine. Cette interprétation donnée au mot *legem* employé par Sirmond n'a jamais été contestée.

Sans nous occuper des peuples qui habitaient au sud de la Loire et des lois qui les régissaient, nous trouvons encore parmi la population franque répandue au nord de ce fleuve une distinction à faire entre les Francs orientaux ou Neustriens, appartenant à la confédération des Saliens, et les Francs occidentaux ou Austrasiens, qui formaient la confédération des Ripuaires. Clovis chercha, sans y parvenir, à fondre entièrement ces deux fractions d'un même peuple, chez lesquelles on trouvait les mêmes mœurs et, à bien peu de chose près, les mêmes lois. Les deux nationalités restèrent distinctes et souvent même hostiles pendant la période mérovingienne; l'avénement de la seconde race, qui appartenait aux Ripuaires, et à laquelle se soumirent les Francs orientaux, opéra enfin la fusion entre les deux peuples au commencement du viiie siècle, et cette ancienne distinction s'effaça bientôt tout à fait.

Ce changement de dynastie fut à peine une révolution politique, mais à coup sûr cet événement n'a rien de ce qui constitue une révolution sociale : les lois civiles restèrent ce qu'elles étaient. Si elles avaient dû éprouver de ce fait quelques modifications, c'eût été par un retour aux principes du droit germanique pur; en effet, cette fraction des Francs qui devenait dominatrice, était restée en contact bien plus immédiat avec son ancienne patrie; et plus nombreux, formant une masse plus compacte parmi les Romains, ils s'étaient laissé bien moins pénétrer par leurs mœurs, leurs usages et leurs lois.

Les règles que nous avons rappelées ne furent donc point

modifiées par les Capitulaires : quelques-uns se sont occupés de la prescription ; mais ils sont pour nous sans intérêt. Ainsi, le chapitre xvii d'un capitulaire de 801, mentionnant la prescription trentenaire, est purement ecclésiastique[1] ; D. Bouquet a dû l'omettre dans sa collection. Nous ne nous arrêterons pas davantage à un autre document attribué à Louis le Débonnaire, également omis avec intention par D. Bouquet, et que Baluze n'a inséré que précédé d'un avertissement et par excès de scrupule[2] : celui-ci au reste est un simple extrait littéralement copié dans la loi des Bourguignons[3]. La loi des Visigoths avait également adopté la

---

[1] Baluze, t. I, p. 537 ; Sirmond, *Conc. Galliæ*, t. II, p. 249 ; Cap. Episc. 801, ch. xvii : « Ut qui possessionem Ecclesiæ vel parochiam « per triginta annos sine alicujus interpellatione tenuerit, jure perpetuo « possideat. Si verò indè crebrò repetitum fuerit, fiat diligens inquisitio. « Et si eum qui repetit, justè quærere potuerit, adhibitis veracibus et « nobilibus testibus, quod repetit confirmando vindicet. » Aux termes de ces capitulaires ecclésiastiques, les barbares eux-mêmes ne purent se défendre, mais contre l'Église seule, que par la prescription trentenaire, et encore avec la condition de bonne foi, ainsi que les ecclésiastiques étaient parvenus à le faire décréter par la *Const. gen.* On sait que cette prescription fut plus tard prolongée jusqu'à cent ans : ces règles constituaient des priviléges en faveur de l'Église.

[2] Baluze, t. I, p. 673.

[3] La *lex Burgundiorum* a un titre spécial intitulé : *De prescriptione temporum* ; c'est le lxxix°, où l'on établit, mais comme chose nouvelle, *præsenti placuit lege constitui*, la prescription de trente ans. Ce délai remplaçait celui de quinze années précédemment en vigueur : « 2. Si quis verò « terram ab altero violenter dixerit et convicerit fuisse sublatam prius- « quam xxx annorum numerus compleatur, res quam constiterit occupa- « tam et requiri poterit et repetentis partibus reformari. 3. Ceterum si « impletis xxx annis terra, a quocumque etiam pervasa fuisse dicatur, « non fuerit restituta, nihil sibi reddendum cognoscat. » Et le texte ajoute

prescription trentenaire[1] : c'est à cette circonstance qu'il faut rattacher le capitulaire de 813, rendu par Charlemagne, pour la protection des Espagnols fugitifs[2] et qui ne peut être cité lorsqu'on s'occupe du droit des Francs.

Les documents de la seconde race, confusément cités dans bien des occasions, sans qu'on cherchât à les expliquer, n'apportent à la question aucune lumière nouvelle ; il ne peut exister de doute que le droit canonique n'ait adopté les longues prescriptions, dont il rendit seulement les règles plus sévères ; et nous avons dit que nous ne nous occuperions pas des législations plus ou moins rapprochées de la loi romaine, telles que celles des Bourguignons et des Visigoths, qui ne constituent pour nous que des exceptions : à nos yeux, le droit commun, c'est le droit germanique pur, dont la loi Salique est l'expression.

Quant aux dispositions des monuments juridiques des premiers siècles de la monarchie, elles sembleraient en contradiction avec cette règle, que la prescription d'un an et un jour aurait été en vigueur chez les Francs, si l'on ne prenait soin de bien définir la portée des édits mérovingiens. Selon nous, ils doivent être entendus en ce sens, que les prescriptions de dix, de vingt et de trente ans, empruntées à la loi romaine, étaient exclusivement applicables à l'Église et au peuple vaincu : cette distinction explique une contradiction apparente.

Le principe de la personnalité des lois aurait dû rendre

plus bas : « Quia satis unicuique ad requirendum et recipiendum quod « ei debitum fuerit, supra scriptus annorum numerus constat posse suf- « ficere. »

[1] Liv. X, tit. II, § 4.
[2] Baluze, t. I, p. 499.

inutile pour les Romains l'établissement de règles déjà écrites dans leur législation. Mais il est aisé de répondre que ce principe protecteur était sans doute violé souvent à leur égard ; on peut en voir une preuve dans le soin pris par Clotaire de le rappeler : « inter Romanos, dit-il, negotia « causarum romanis legibus præcipimus terminari [1]. » Une disposition législative était nécessaire, dans tous les cas, puisque les règles de la loi romaine étaient modifiées. Enfin, l'on peut ajouter qu'aucune disposition correspondante sur cette matière n'existant dans la loi écrite des Francs, les vaincus n'auraient peut-être pu se prévaloir, en cette occasion, de leur droit particulier.

On ne saurait admettre que les Romains aient pu se défendre en invoquant la prescription, et que le même avantage n'appartînt pas aux Barbares : leur condition était en toute circonstance, non-seulement aussi bonne, mais préférable à celle du peuple vaincu. Pour la prescription, comme en toute matière, ils devaient être régis par leurs lois ou leurs coutumes. Les lois sont muettes ; on suivait donc une coutume, et l'on ne pourra s'étonner qu'elle leur assurât un avantage sur les Romains.

Les lois barbares n'affichent nullement la prétention d'être complètes ; la loi Salique particulièrement prouve par son texte même qu'il existait des usages ayant force de loi, qui n'avaient pas trouvé place dans ce code : la prescription était du nombre. L'embarras ne pourrait commencer que pour en déterminer les conditions précises, en l'absence de tout document écrit.

Les peuples barbares n'ont pu adopter les longues pres-

---

[1] *Const. gen.* art. 4, *ut supra*.

criptions, qui ne s'établirent à Rome même qu'à des époques fort avancées; de nombreux documents, venant à l'appui d'hypothèses qui, par elles-mêmes, ont un grand degré de vraisemblance, permettront de croire que le délai pour prescrire a été fixé chez les Francs à un an et un jour.

La simple occupation, n'entraînant après elle aucune idée de propriété permanente, était encore le droit commun des Germains, quand Tacite écrivit son ouvrage : son témoignage et celui de César ne permettent pas de douter que les terres chez eux ne changeassent de possesseur chaque année.

L'occupation temporaire donnait à celui qui détenait le sol la jouissance exclusive de ses produits; mais, l'année expirée, ses droits disparaissaient : la terre retombait dans la communauté. L'intervention des magistrats prévenait les inconvénients les plus graves qui auraient pu résulter d'un pareil état de choses.

Vivant presque uniquement de laitage ou de viande, la chasse et le pâturage, dans une contrée où la population était fort disséminée, suffisaient aux besoins des habitants.

Lorsque les Germains, plus civilisés, commencèrent à se livrer aux travaux de l'agriculture par eux-mêmes ou par leurs esclaves, au lieu de cette communauté qui avait existé jusqu'alors, ils durent adopter le principe de la propriété immobilière. Ce changement ne fut pas sans doute brusque, général, sans transition.

Entre l'époque où écrivait Tacite et celle où fut rédigée la loi Salique, qui suppose admise l'idée de propriété territoriale, un long espace de temps s'est écoulé, sur lequel nous avons bien peu de documents. Nous savons toutefois qu'avant la conquête des Gaules, les empereurs avaient concédé à des corps de Germains de vastes étendues de terres de ce côté du Rhin, sous la condition de défendre la frontière contre les incursions d'autres Barbares. Bien avant la bataille de Soissons, les Francs avaient fait des conquêtes dans la Gaule : s'il est difficile de voir dans l'envahissement des plaines de l'Artois, sous la conduite de Clodion, la fondation proprement dite de la monarchie franque, il n'est pas permis toutefois de passer un pareil fait sous silence. Grâce aux concessions des empereurs ou par la force des armes, les Germains avaient donc formé, bien avant Clovis, des établissements permanents dans les Gaules.

Sur ces nouvelles terres, les Germains continuèrent-ils à suivre les usages qui les avaient régis dans leur ancienne patrie? Nous l'ignorons; mais il vint un moment, cela est certain, où l'idée de la propriété territoriale fit son apparition au sein de cette société nouvelle. Dans les premiers temps, ceux de transition, elle ne dut pas se présenter à tous ni bien nette, ni bien claire; quelquefois il resta douteux, sans doute, si le possesseur d'une terre la détenait au seul titre qui pendant longtemps eût été connu des Germains, ou s'il prétendait se l'approprier, en faire son domaine exclusif et permanent. La marche la plus naturelle dut être de voir un signe d'appropriation dans la possession d'une terre vacante continuée au delà d'une année, terme fatal de l'ancienne détention.

Lorsque le propriétaire put invoquer un motif légitime pour appuyer sa prétention, les magistrats durent interposer leur autorité et protéger l'institution nouvelle, comme ils avaient protégé de tout temps la possession précaire résultant d'un partage annuel.

Les Barbares, une fois familiarisés avec les transactions

civiles, connurent aussi sans doute d'autres titres que l'occupation pour obtenir la propriété ; mais la possession seule constitua un droit et dispensa d'en alléguer d'autres lorsque, ainsi que le dit la loi Salique, *infra duodecim menses, secundum legem contestatum non fuerit.*

Nous ne pensons pas mettre en avant une hypothèse ni bien neuve, ni bien hardie, en disant que la possession d'une terre continuée pendant un certain temps fut regardée par la loi, ou par la coutume qui en tenait lieu, comme le fondement de la propriété. Une simple prise de possession peut suffire parfois, dans des circonstances données, pour fonder un droit aux yeux de la loi; quelque chose de plus fut nécessaire chez les Germains, parce que, depuis un temps immémorial, la possession, même continuée pendant une année entière, connue et protégée, n'entraînait pas après elle une présomption de propriété. Il fallut donc un autre signe pour indiquer le nouvel esprit du possesseur: on le trouva dans l'occupation prolongée au delà de l'année fatale. C'est pour exprimer cette idée que la coutume introduisit le délai d'*un an et un jour*: ce fut sans doute un symbole plutôt qu'une loi rigoureuse.

Si nous manquons d'un texte précis à l'appui de cette proposition, nous en avons un grand nombre qui nous montrent ce délai appliqué dans toute circonstance : Ducange en cite plusieurs exemples[1]. Les lois lombardes portaient : « Res in bannum missa si per anni et unius diei « spatium illam esse permiserit possessor ad fiscum devolvi- « tur[2]. »

---

[1] Ducange, v° *Annus et dies.*
[2] *Lex Long.* lib. II, tit. XLIII, § 3.

Estienne Pasquier, cherchant, sans pouvoir les trouver [1], l'origine et la cause de ce délai qu'il voyait appliqué partout au moyen âge, cite aussi, pour établir son antiquité, un capitulaire de Charlemagne relatif au contumax : « Cujusquam « hominis proprietas ob crimen quid idem habet commis- « sum in bannum fuerit missa ; et ille, re cognita, ne justi- « tiam faciat venire distulerit, annumque et diem in eo « banno, illam esse permiserit, ulterius eam non acquirat, « sed ipsa fisco nostro societur. » Le même délai est fixé dans les lois de Pepin, roi d'Italie : « De rebus forfactis « quæ per diversos comitatus sunt, volumus ut ad palatium « pertineant transacto anno et die. »

Lothaire l'applique à la vente : « De his qui proprietates « habent et spontanea voluntate alicui delegant et postea « fraudulenter ab aliquo alio ignorante pretium de eisdem « rebus venundatis accipiunt et is cui ipsæ res prius traditæ « fuerint, cognito negotio, anno integro, silens non contra- « dixerit, sed propter illusionem tacens fuerit ut emptorem « illudere possit, si intra patriam per anni spatium, ut « dictum est, tacens fuerit prior traditio nihil ei valeat [2]. »

Charlemagne, en revisant la loi Salique, laissa subsister la prescription écrite dans le titre XLVII. Elle passa, ainsi que nous l'avons vu, dans les priviléges des communes pour l'obtention du droit de bourgeoisie.

Dans les anciennes lois d'Écosse, on lit : *De terra tenta in pace per annum et diem :* « Quicumque tenuerit terras in « pace per unum annum et unum diem et sine calumniâ « quam fideliter emit per testimonium duodecim vicino-

---

[1] *Recherches sur la France,* liv. IV, ch. XXXII.
[2] *Cap. imp.* cap. 17 ; Baluze, t. II, p. 335.

« rum suorum : si quis eam calumniaverit post annum et
« diem.... et ipse infrà prædictum terminum, clameum
« indè non moverit super hoc, nunquam audietur [1]. »

La trace de dispositions analogues se trouve dans les plus vieux établissements de Normandie : « Se aucuns a esté dampnez à mort par jugement por son mesfet..... et ses mesons sont arses es si arbre detruit, et sa terre est tenue en la main le roi 1 an et 1 jor; et d'ilec en avant la terre est randue au segneur del fieu et si oir en sont desherité, si que il ne pueent recovrer l'eritage ne par don de segnor, ne par eschange, ne par marchié, ne par autre manière [2]. »

Ce même délai est appliqué dans les circonstances les plus diverses : « Si li homicides, dit le document que nous venons de citer, puet aquerre la pès as amis a cels que il a ocis, ce ne vaut rienz, se il n'a la pès le Duc; et se il a pès d'une part et d'autre, il ait les lettres le Duc, en que sa pès soit contenue et les port scellées à son col 1 an et 1 jor [3]. »

Au moyen âge, l'an et jour est partout. Le retrait lignager ne peut plus être exercé après un an et un jour; on ne peut revenir sur un partage fait entre cohéritiers si ce délai est écoulé; lorsque l'acheteur est resté en saisine l'an et jour, le vendeur ne peut plus lui réclamer le prix de la vente. Nous ne continuerons pas une énumération que nous pourrions rendre plus longue, mais compléter avec peine ; toutes les prescriptions particulières et exceptionnelles compatibles avec les principes du droit féodal étaient d'un an et un

---

[1] *Leges et consuetudines Burgorum*, editæ p. D. David regem Scotiæ.

[2] *Établissements et coutumes, assises et arrêts de l'Échiquier de Normandie*, etc.; *des Dampnez et des Fors-baniz*, p. 77.

[3] *Ibidem, ibidem; Des Finlis*, p. 27.

jour, sans qu'on puisse assigner à cette règle d'autre origine que le souvenir des anciennes coutumes germaniques.

L'antagonisme qui existait entre les lois romaines et les lois germaniques est résumé et se trouve clairement indiqué dans un document d'une date bien postérieure à la loi Salique, mais qui n'en jette pas moins une vive lumière sur la question qui nous occupe : « Il convient, disent les anciens usages d'Artois, à quiconques a got de hiretage par longhe tenure, qu'il l'ait tenu par le *coustume* d'aucun lieu en Artois *an et jour* tant seulement; et *par droit escrit,* dix ans entre les présens et vingt ans entre les absens[1]. »

Cette prescription d'an et jour existait déjà peut-être dans le droit celtique.

Les habitants de la Grande-Bretagne appartenaient à l'ancienne famille des Kymris d'origine celtique. Lorsque commencèrent les irruptions des Barbares, qui désolèrent cette île comme les autres parties de l'empire, mais plus cruellement encore peut-être, les Bretons, abandonnés les premiers par les faibles successeurs des Césars, ne purent opposer qu'une résistance impuissante. Un grand nombre émigra dans l'Armorique; quelques autres débris de ce peuple se retirèrent dans les pays de Galles et de Cornouailles.

Les Bretons de l'Armorique se rendirent indépendants des Romains, eurent leurs souverains particuliers; et quand ils consentirent à reconnaître la suprématie du roi des Francs, ils n'en restèrent pas moins distincts de la race germaine; mais le plus ancien document que nous ayons sur les lois de ces peuples ne remonte qu'à 1330 : il serait imprudent d'y chercher des traces de droit celtique.

---

[1] *Anc. usages d'Artois,* tit. XXVI, n° 5.

Quant aux habitants du pays de Galles, à ceux qui n'avaient pas quitté le sol national, non-seulement ils conservèrent pendant plusieurs siècles une complète indépendance; mais peu pénétrés par la civilisation romaine, professant pour les Saxons qui les entouraient une haine traditionnelle, incessamment ravivée par les guerres les plus acharnées, ils purent pendant longtemps garder leurs usages primitifs.

Au xe siècle, un de leurs rois, Houel le Bon, fit rassembler en un corps de lois les coutumes qui régissaient la nation. Il n'est pas certain sans doute que toutes les dispositions de ce code rappellent des usages antiques remontant au premier âge de la nation. Peut-on même affirmer que, de proche en proche, quelques coutumes des Saxons ne se soient pas glissées chez leurs éternels ennemis? Cela serait imprudent peut-être, en se reportant à l'époque où ces lois furent rédigées. Ce qui est positif, c'est qu'on ne trouve rien dans ce recueil qui rappelle le droit féodal, moins encore le droit romain : « Le droit cambrien, dit M. Ch. Giraud, [a son expression] dans les coutumes galloises rédigées sous le règne de Houel le Bon au xe siècle : ce n'est plus le droit celtique de César; mais les plus anciennes et les plus curieuses traditions y ont conservé leur autorité. Il y a même lieu de croire que plusieurs de ces coutumes ont été mises en pratique chez les anciens Belges de la Gaule, aïeux des Bretons d'outre-mer[1]. »

Ce recueil contient un article ainsi conçu : « Si quis alteri « per *annum et diem* feudo suo uti frui permiserit sine turba « et sine noxa et præsens fuerit, *lex dicit illum usufractuarium*

---

[1] *Essai sur l'hist. du dr. fr. au moyen âge*, p. 73.

de terra illa respondere, deinceps non teneri. Lis enim mortua est utpote intra annum et diem non contestata[1]. »

M. Laferrière, dans son Histoire du droit français, s'est emparé de ce texte pour prouver que le droit de possession avait été connu chez les Celtes, et à l'appui de son opinion il traduit ainsi le passage que nous avons souligné : « .....Le possesseur n'est point tenu par la suite de répondre *au possessoire* touchant cette terre[2]. » Quelle que soit notre déférence habituelle pour les opinions de M. Laferrière, nous ne pouvons souscrire à cette explication, non plus qu'à l'intercalation du mot *possessoire* faite pour l'appuyer; nous ne pouvons voir dans ce texte que l'indice d'une véritable prescription, donnant la propriété pleine et entière; ce serait au pétitoire, selon nous, que le possesseur serait désormais dispensé de répondre.

L'habitude d'associer l'action possessoire avec le délai d'an et jour peut expliquer l'opinion que nous combattons; mais il est évident que ces deux idées n'étaient pas corrélatives dans les législations barbares; qu'elles ne le furent pas davantage dans les premières coutumes du moyen âge, ainsi que nous aurons occasion de le dire, et que ce texte des lois cambriennes doit être regardé comme une nouvelle preuve à l'appui de notre opinion sur la prescription barbare. Dans des législations, même bien autrement avancées et presque entièrement romaines, comme celle des Goths, par exemple, rien ne laisse soupçonner qu'on eût admis l'action possessoire, et cependant chez ce peuple la prescription était trentenaire.

---

[1] *Leges Walicæ*, t. II, 17, 6, ed. Wotton.
[2] *Histoire du dr. fr.* t. II, p. 123, 2ᵉ éd.

La possession devait protéger les détenteurs; mais il serait superflu de chercher l'idée juridique de possession distincte de l'idée de propriété chez des peuples à demi sauvages : c'est le fruit d'une civilisation avancée et le cachet de la science du droit arrivée à un haut degré.

La possession était donc accompagnée des circonstances légales qui la rendaient juridique et alors elle fondait la propriété et se confondait avec elle; ou elle manquait de ces conditions, et alors elle ne créait aucun rapport de droit.

Les Francs ne connaissaient pas, ne pouvaient pas connaître ce droit intermédiaire qui est le droit de possession. L'étude la plus attentive des textes donnera cette conviction.

Toutefois, ainsi que l'a fait observer M. Charles Giraud, « cet établissement de la prescription annale en faveur de la possession est un fait précieux à recueillir dans l'histoire de notre droit français, parce que c'est de cette prescription que vient notre possession annale en matière possessoire. Lorsque plus tard on apprit à distinguer la propriété de la possession, on changea seulement en prescription provisoire ce qui, dans l'origine, était une prescription définitive[1]. »

Le vaste empire de Charlemagne, composé de tant de peuples divers soumis un moment au même sceptre, ne devait pas lui survivre longtemps; les indignes successeurs du grand empereur hâtèrent peut-être un événement sans doute inévitable. Après des guerres longues et acharnées, trois puissances distinctes, l'Italie, à laquelle on réunit divers pays que rien n'y rattachait, la Germanie, la France proprement dite, se montrèrent avec une existence politique

---

[1] Thèse; 1830, n° 14, p. 27

séparée et une physionomie distincte. Mais le démembrement ne s'arrêta pas là ; la France, dont nous nous occuperons seule, se subdivisa : les Bretons d'un côté, les Aquitains de l'autre, aspirèrent à l'indépendance et la firent reconnaître par la force des armes.

La révolution dans la France, ainsi réduite, ne fut entièrement accomplie que par l'expulsion de la dynastie germaine devenue antipathique à la population tout entière qui formait désormais la nationalité française; mais le renvoi définitif des descendants de Charlemagne isolés en France et devenus étrangers peu à peu au milieu du peuple qu'ils gouvernaient, était préparé et prévu depuis trop longtemps pour amener aucune perturbation dans les lois civiles. La France était et resta soumise aux règles féodales. Il ne sera pas sans intérêt d'examiner le rôle que pouvait jouer la possession avec les principes de cette législation. Il est curieux d'observer à cette occasion, que si des lois diverses avaient régi des peuples obéissant à la même domination, lorsque dix états différents se furent formés de l'empire de Charlemagne, chez tous, au contraire, on retrouve des lois uniformes; tous ont adopté le système féodal.

CHAPITRE II.

C'est aux législations barbares que nous sommes redevables de la distinction introduite, dans le droit, entre les propres et les acquets : le mot *allod, allodis, allodium,* alleu, désigna d'abord sans doute les propres; plus tard, la signification de ce mot s'étendit. Après la conquête, de vastes terres avaient été partagées entre les guerriers germains, et leur avaient été attribuées en toute propriété ; ils en avaient le domaine complet, et ces terres furent aussi appelées allodiales, par opposition aux bénéfices, dont nous allons parler.

Les empereurs romains avaient concédé quelquefois des terres à charge de services militaires ; les chefs, chez les Germains, faisaient à leurs compagnons des présents. On peut trouver dans ces faits de l'analogie avec les concessions de bénéfices ; elle n'est pas assez grande, en tout cas, pour qu'il y ait à craindre aucune confusion.

Dans le partage des terres, les chefs avaient obtenu des avantages considérables; celui qui prit le titre de roi avait été le plus richement doté; on avait réservé, en outre, une certaine quantité de terres, qui formaient une espèce de domaine public; de là trois sources de bénéfices : ils étaient publics, royaux ou privés.

Dans les documents de la première race, on trouve *beneficium* opposé à propriété, et employé avec la signification d'usufruit; mais l'existence des concessions faites sous les conditions qui constituèrent le bénéfice est attestée, et dès lors, elles avaient pour effet de mettre celui qui acceptait la concession dans la dépendance personnelle du donateur, dont il devenait l'*homme*. Il n'est pas douteux, du reste, que sous la seconde race le mot *beneficium* n'eût acquis la signification propre que lui attribue l'usage.

Les guerriers attachés à la personne même du monarque furent appelés *antrustions*. On les désignait encore sous le nom de *leudes*, de *fidèles*, quelquefois de *vassi*, quoique cette désignation semble avoir appartenu dans l'origine à la véritable domesticité. Quelques personnes, et à leur tête Montesquieu, ont voulu voir dans les antrustions un ordre de noblesse; cette opinion ne semble pas devoir être admise; elle n'est partagée ni par M. Guérard[1], ni par M. Pardessus[2], qui l'a particulièrement combattue.

Plusieurs priviléges étaient attachés à la qualité d'antrustion, outre les concessions d'immeubles qui leur étaient faites.

Ces concessions ou *bénéfices* étaient la récompense et en même temps le gage de leur fidélité; en quittant le service du roi, ils auraient dû abandonner les terres qu'ils avaient reçues de lui. Les bénéfices étaient donc bien distincts des terres distribuées aux vainqueurs après la conquête, et qui avaient pris le nom d'alleus. Les Francs tenaient celles-ci de leur droit à prendre part au butin, comme ils avaient pris part au combat, et non de la libéralité du roi; ils en avaient le domaine complet, perpétuel, irrévocable, et ils pouvaient en disposer à leur gré.

---

[1] *Polyptique de l'abbé Irminon, etc.* Prolégomènes.
[2] *Loi salique;* Dissertation cinquième.

Les bénéfices étaient, pour la plupart, concédés à vie, s'éteignant, non-seulement à la mort du possesseur, mais encore avec celui qui les avait donnés. Ils ne pouvaient être cédés sans le consentement du roi. Même dans le cas où la concession avait été perpétuelle, faite presque toujours à charge de services personnels, il semblait juste que le roi ne pût être obligé d'accepter toute personne que l'antrustion aurait jugé à propos de se substituer [1]. La différence essentielle et caractéristique séparant les bénéfices des fiefs, ne résiderait donc pas, ainsi qu'on l'a quelquefois prétendu, dans l'hérédité.

Il n'est pas douteux qu'il n'y eût des causes légitimes de révocation pour les bénéfices : le parjure, la trahison, un acte même de lâcheté ou de négligence pouvait suffire à justifier une pareille rigueur; mais il est resté indécis si les bénéfices étaient, sous les premiers Mérovingiens au moins, révocables à la volonté seule du donateur. Quel que fût le droit, on peut affirmer que les rois s'arrogèrent souvent le privilége de reprendre arbitrairement les bénéfices, et que les vassaux, de leur côté, firent tous leurs efforts pour les convertir en terres tout à fait indépendantes du roi.

Les seigneurs puissants que le souverain avait attachés à sa personne, eurent également autour d'eux des hommes qui se dévouaient à leur service; c'étaient ce qu'on appela plus tard des arrière-vassaux; ils portèrent dans le principe le nom de *leudes* ou de *fidèles,* qui appartenait également aux antrustions; quelquefois on les trouve désignés sous le titre de *pares,* d'*amici.* Ces titres indiquent suffisamment que les hommes libres qui acceptaient ce vasse-

---

[1] Charte de 631; *Dipl.* 1ʳᵉ éd. p. 137; formule 12, liv. 1 de Marculfe.

lage, non-seulement ne perdaient pas leur ingénuité, mais ne trouvaient rien d'humiliant pour eux dans cette position nouvelle. Les antrustions obtenaient un rang plus honoré, une illustration plus grande par leur position auprès du roi; dans une certaine mesure, il en était de même pour les *leudes* qui se dévouaient à un personnage élevé en dignité.

Les devoirs des possesseurs de bénéfices nous sont connus d'une manière vague et incomplète; peut-être jusqu'au moment où la féodalité fut organisée, ont-ils été variables et mal définis. La seule obligation bien déterminée est celle du service militaire, mais elle pesait également sur les possesseurs d'alleus. On peut croire, il est vrai, que ceux-ci n'étaient pas tenus de prendre les armes pour les querelles toutes personnelles du roi et ne lui devaient pas une assistance générale et continuelle.

Quoique des habitudes anciennes dussent contribuer à faire accepter sans répugnance l'état de vassalité aux descendants des Germains, on conçoit aisément, toutefois, qu'aux premiers temps de la conquête des propriétaires de terres, satisfaits de leur position, aient vécu dans leurs alleus, sans autre dépendance que celle imposée envers le chef de l'État, par la qualité de membres de la nation. Mais en supposant même chez les Francs, en pareille matière, un sentiment de fierté qui leur fut toujours étranger, des nécessités impérieuses l'auraient fait taire.

Les lois et les institutions existant dans l'empire des Francs, sans être parfaites, semblent suffisantes pour protéger les droits légitimes de chacun; en réalité, dans l'état de désordre et d'anarchie qui devint habituel, ces garanties n'étaient qu'une lettre morte; la loi du plus fort était seule respectée. Il était bien difficile d'obtenir une condamnation contre un homme puissant; il était impossible de la faire exécuter.

Le vasselage se présenta comme le seul remède à ces maux. Une foule d'hommes indépendants, mais d'une fortune médiocre, cherchèrent une protection que les lois étaient impuissantes à leur donner, dans la suzeraineté d'un seigneur. En effet, si le vassal se dévouait aveuglément à servir les intérêts et les passions du suzerain, celui-ci, en retour, lui prêtait son appui dans toutes ses querelles, le soutenait de son influence, et au besoin de ses armes. Le vasselage était donc une institution protectrice, la seule qui pût amener une hiérarchie respectée; et la féodalité à son début dut être populaire.

« Après s'être dénaturé de plus en plus, dit M. Guérard, l'alleu finit par disparaître presque entièrement. Déjà difficile à conserver à la fin de la première race, il ne fut pas tenable au milieu des violences de la seconde. Pour n'avoir point de seigneur, le maître de la terre avait une multitude d'ennemis, et s'il ne servait personne, personne non plus ne le protégeait. Seul contre tous, il se vit forcé, pour échapper à la spoliation, de se recommander à quelqu'un de puissant et de convertir son bien libre en fief perpétuel. Alors la terre servit la terre, de même que la personne servit la personne; tout tomba dans le servage, et noble ou non noble, on naquit l'homme de quelqu'un. On était placé non pas au niveau, mais au-dessus ou au-dessous de son voisin, et le lien social, en se ramifiant à l'infini, attachait les hommes les uns à la suite des autres, au lieu de les unir immédiatement à un centre commun [1]. »

---

[1] *Polyptique, etc.* t. 1, p. 206.

Les conditions du vasselage durent se modifier à mesure qu'il s'étendit. Si dans les premiers temps les rois et les grands étaient obligés d'acheter leurs vassaux par des concessions de bénéfices, plus tard, lorsque les possesseurs d'alleus sollicitèrent, comme une faveur, d'être admis au vasselage, ce fut au suzerain à imposer des conditions. On vit les propriétaires d'alleus donner leurs biens à celui dont ils voulaient devenir les vassaux, et les recevoir ensuite de lui comme fiefs; ou même, pour simplifier les formalités, on créa ce qui s'est appelé les fiefs de reprise.

Les principes de droit qui découlèrent d'une pareille institution étaient incompatibles avec la prescription : « Cette manière d'acquérir, dit Merlin, ne pouvait s'appliquer à des propriétés telles qu'étaient les fiefs dans leur origine : lorsqu'ils devinrent héréditaires, vers le milieu de la seconde race, lorsqu'ils passèrent absolument dans le commerce, dans les commencements de la troisième, on aurait pu, sans inconvénients, les soumettre aux lois ordinaires de la prescription; cependant on ne le fit pas; au contraire, il s'établit une règle tout opposée[1]. »

Il ne faut pas conclure des expresions de Merlin qu'aucune loi eût établi une pareille règle; elle fut le produit naturel et forcé de l'état de choses amené par la féodalité. Une fiction bizarre avait transporté à la terre les priviléges du possesseur et les devoirs qui lui étaient imposés; les terres étaient vassales et sujettes les unes des autres : il y avait enfin confusion complète entre le droit de propriété et le droit de souveraineté.

Le lien qui unissait ainsi sans interruption le roi jus-

---

[1] *Anc. et nouveau répertoire,* v° *Prescription,* sect. III, § 1.

qu'au dernier anneau de la chaîne féodale, avait un caractère trop éminemment politique, appartenait d'une manière trop évidente au droit public, pour qu'il pût être modifié ou brisé par des règles de droit civil établies pour d'autres circonstances et qui ne se trouvaient, en outre, écrites nulle part, comme loi générale.

L'intérêt réciproque du seigneur et du vassal les avait rapprochés; ni l'un ni l'autre ne devait désirer de trouver un moyen de rompre le lien qui les unissait.

Aux principes, à l'intérêt, venaient se joindre la procédure et les mœurs.

Le gage de bataille remplaçait et simplifiait étrangement toutes les formalités. Dans les Assises de Jérusalem, le meilleur commentaire du droit féodal, la longueur de la possession n'est jamais invoquée pour établir la propriété de terres tenues en fief, non-seulement dans les contestations élevées entre le seigneur et le vassal, mais encore entre eux et des tiers.

La preuve par les armes pouvait être donnée en toute occasion, sans rien perdre de sa valeur; elle était simple, claire et péremptoire; les dépositions orales et le combat fixaient les droits de chacun. « Une pareille forme de procéder, dit Merlin, qui réduisait tout à la preuve testimoniale, au combat, en un mot à une espèce de point d'honneur, devait nécessairement éloigner jusqu'à l'idée de la prescription. C'est ce qui arriva effectivement[1]. »

La discussion sur l'exactitude d'un pareil fait ne commença qu'au déclin de la domination féodale[2]. On crut avoir

---

[1] *Anc. et nouv. répert.* v° *Prescription*, sect. III, § 1.
[2] « Moribus nostris, dit Duaren, pro vassalo vel domino nulla pres-

besoin, pour appuyer cette opinion, de textes positifs; on trouva dans les livres des fiefs, ces fondements toujours respectés du droit féodal, deux passages [1] qui paraissaient favopables à une opinion pendant un long espace de temps si généralement acceptée.

A ces textes, on ajoutait les raisons de doctrine : le vassal, disait-on, ne prescrit point sa liberté, parce que le droit du seigneur est de faculté libre. Le domaine dircet et la propriété du fief demeurant au seigneur, disait-on encore, le vassal, à qui n'appartenaient que la jouissance et le domaine utile, ne pouvait changer la cause de sa possession. On ajoutait enfin que le droit de supériorité dont jouissait le seigneur ne pouvait être soumis à la prescription.

Un grand nombre de coutumes, quoique rédigées à une époque où le droit féodal était depuis trop longtemps attaqué pour n'avoir point reçu de très-graves atteintes, rappellent expressément cette règle, qu'il ne pouvait y avoir prescription entre le seigneur et le vassal.

Une vive controverse n'en existait pas moins à cet égard; le sens des textes était mis en doute; on en opposait d'autres qui paraissaient contraires; les raisons de doctrine étaient combattues, et nos plus illustres jurisconsultes, tels que Cujas et Dumoulin, ont traité ces questions.

« criptio locum habet; sed hoc jure longobardico non videtur mihi defini-
« tum. » (*In consuetudines Francorum*, cap. XVI, n° 5.)

[1] « Ad hæc quantocunque steterit vassalus, quod domino non servierit
« secundum usum Mediolanensium beneficium non amittit, nisi servi-
« tium facere tenuerit. » (Lib. II, tit. XXVIII.)
Le second texte, tiré du titre LV du même livre, s'applique à la prohibition absolue d'aliéner le fief sans la permission du seigneur : « nullius
« temporis, dit le texte, prescriptione impediente. »

Nous n'avons nullement le désir d'analyser une polémique où des intérêts trop grands étaient engagés pour qu'il soit possible d'y rencontrer une entière bonne foi, et nous ne pouvons de nos jours accepter comme sérieuse une discussion sur une pareille matière, quand elle est tout entière appuyée, comme dans les ouvrages dont nous parlons, sur des citations tirées des Pandectes. Nous ne chercherons donc pas comment quelques lambeaux des priviléges du seigneur lui furent peu à peu arrachés par la plus vive et la plus incessante controverse, il suffira de dire qu'à une époque au moins, l'imprescriptibilité des propriétés féodales fut à coup sûr acceptée par tous.

Mais il vint un moment où les rois, qui avaient favorisé l'établissement et le développement de la féodalité, comme les peuples qui y avaient applaudi, la combattirent à l'envi, les uns et les autres, il est vrai, dans un but différent. Quand les règles du droit féodal furent attaquées; que le combat judiciaire, restreint d'abord, finit par disparaître, le droit romain, le constant allié de ceux qui cherchèrent à renverser l'ordre de choses existant, servit à combattre la maxime fameuse *nulle terre sans seigneur,* et à établir la prescription, qui devait aider à ce résultat.

Dans le dernier état du droit, cette bienfaisante influence du droit romain était clairement établie.

« Il y a trois sortes de coutumes dans le royaume, dit Argou, les unes veulent que tout héritage soit réputé franc, si le seigneur dans la justice duquel il est situé ne montre le contraire. Dans ces coutumes, il n'est pas nécessaire au propriétaire d'une terre de produire des titres pour montrer qu'elle est allodiale, la loi du pays lui sert de titre : les pays qui sont régis par le DROIT ÉCRIT, sont de cette nature, et prétendent que *toutes les terres sont présumées être en franc alleu*, s'il n'y a titres au contraire. Il y a d'autres coutumes où le franc alleu n'est point reçu sans titre particulier. Dans ces coutumes, le seigneur d'un territoire est bien fondé à prétendre que *tous les héritages* qui y sont enclavés sont *mouvans de son fief,* en fief ou en censive; et ceux qui prétendent que leurs héritages sont libres, en doivent produire les titres. De plus, les héritages qui ne sont enclavés dans aucun territoire ne sont pas présumés libres, et la mouvance est censée appartenir au roi, comme au seigneur universel de tout le royaume. Il y a enfin des coutumes qui n'ont point de disposition particulière sur le sujet du franc alleu : on tenait autrefois que, dans ces coutumes, c'était au seigneur à prouver sa mouvance, lorsqu'il n'avait pas un territoire circonscrit et limité, dont toute l'étendue se trouvait dans sa mouvance : mais aujourd'hui on tient pour maxime DANS TOUS LES PAYS COUTUMIERS, qu'il n'y a point de terre sans seigneur, et que ceux qui prétendent que leurs terres sont libres, le doivent prouver, à moins que la coutume n'en dispose au contraire [1]. »

Il est à remarquer que la prescription, dont le principe finit par être universellement admis en France, pour les propriétés non féodales, ne fut jamais réglé d'une manière précise et uniforme. Même dans les pays de droit écrit, les parlements combinaient les divers délais de dix, de vingt et de trente ans avec les conditions de titre et de bonne foi, de telle manière qu'il y avait à peine deux ressorts où régnassent des règles semblables; dans les pays coutumiers, les rédactions officielles avaient consacré les règles les plus variées.

[1] Argou, *Institutes du droit français*, liv. II, ch. III.

Mais, avant l'époque où le droit romain obtint en France force de loi, on trouve la trace des essais tentés par les communes pour maintenir le principe anti-féodal de la prescription. Les chartes du xie siècle nous fournissent à cet égard des documents précieux; elles se rattachent, par leurs dispositions sur cet objet, aux anciennes coutumes que la féodalité avait refoulées, sans les faire oublier; elles nous montrent l'ancienne prescription germanique, gauloise peut-être, restée dans les mœurs et les souvenirs des peuples, et les communes cherchant à lui rendre une nouvelle vie.

En étudiant les lois de la troisième race, souvent on reconnaît que des règles qui paraissent récentes ne sont que le retour à un ancien ordre de choses disparu devant la féodalité. La même cause qui avait fait abroger ces lois les fit renaître : leur incompatibilité avec le système féodal qui s'établissait, à une époque, d'une manière souveraine; que les rois et les communes à un autre moment tentaient de renverser ou tout au moins d'affaiblir.

Nous n'avons pas à rechercher si le système municipal s'est maintenu dans les Gaules après l'invasion des Barbares, quel rôle il a joué, quelle fut sa force, dans quelles contrées on en trouve les traces. La solution de ces problèmes ne jetterait aucun jour sur notre travail. Mais lorsque le système féodal était dans toute sa vigueur et pesait d'un poids souvent intolérable sur les populations asservies, des associations se formèrent dans le but de se défendre contre la tyrannie des seigneurs; ce sont les communes.

« Le principe des communes du moyen âge, dit M. Augustin Thierry, l'enthousiasme qui fit braver à leurs fondateurs tous les dangers et toutes les misères, c'était bien celui de la liberté, mais d'une liberté toute matérielle, si l'on peut s'exprimer ainsi, la liberté d'aller et de venir, de vendre et d'acheter, d'être maître chez soi, de laisser son bien à ses enfants. Dans ce premier besoin d'indépendance qui agitait les hommes au sortir du chaos où le monde romain avait été comme englouti depuis l'invasion des Barbares, c'était la sûreté personnelle, la sécurité de tous les jours, la faculté d'acquérir et de conserver, qui étaient le dernier but des efforts et des vœux. Les intelligences ne concevaient alors rien de plus élevé, rien de plus désirable dans la condition humaine, et l'on se dévouait pour obtenir, à force de peine, ce qui dans l'Europe actuelle constitue la vie commune, ce que la simple police des états modernes assure à toutes les classes de sujets, sans qu'il y ait besoin pour cela de chartes ou de constitutions libres [1].

On se ferait donc une fausse idée du sentiment qui entraîna tant d'hommes à la révolte, si l'on croyait qu'ils combattirent pour les droits politiques, pour les droits du citoyen; les intérêts purement matériels les préoccupèrent avant tout; ce qu'ils voulaient, c'était de vivre à l'abri des extorsions et des mauvais traitements [2] : « Communio novum « ac pessimum nomen, sic se habet, ut capite censi omnes, « solitum servitutis debitum dominis semel in anno solvant; « et si quid contra jura deliquerint, pensione legali emen- « dent; cæteræ censuum exactiones quæ servis infligi solent, « omnis modis vacent [3]. »

---

[1] Aug. Thierry, *Lettres sur l'histoire de France*; let. XIV.
[2] M. Guérard, *Polyptique,* etc. Prolégomènes, t. I, p. 207.
[3] Guibert, *Abbat. de Novigento,* ap. script. rer. gall. et franc. t. XII, p. 250.

Les pays situés de l'autre côté de la Loire étaient encore, au xie siècle, complétement indépendants du roi de France, mais les villes du Nord se trouvaient sous la double sujétion de leurs seigneurs immédiats et de la suzeraineté du roi ou de l'empereur d'Allemagne. Cette position était une circonstance défavorable pour elles [1], et les obligeait à solliciter du souverain, toujours disposé à intervenir dans leurs querelles, des chartes de reconnaissance.

Cet acte souvent était chèrement acheté, et par l'impôt du sang répandu dans des luttes acharnées, et par de lourdes sommes par lesquelles les communes espéraient assurer leurs libertés. On a cité souvent pour exemple la commune de Laon, l'une des plus anciennes. Après avoir payé pour obtenir le consentement des nobles, des ecclésiastiques et du souverain, elle fut supprimée peu de temps après son établissement, parce que l'évêque offrit au roi trois cents livres de plus que les bourgeois ne consentaient à donner pour faire maintenir un droit qu'ils avaient dû croire inattaquable désormais. Il en résulta une effroyable guerre civile, et ce ne fut qu'après seize ans de combats, de désordres et de carnage, que le titre primordial fut ratifié et la commune enfin définitivement établie. Chacun sait combien de faits analogues renferment nos annales.

Les chartes contenaient deux parties bien distinctes : la confédération ou le serment, et, à la suite, l'énumération de certains droits et priviléges avec la confirmation des usages et coutumes. La première partie était l'acte fondamental, la condition sans laquelle la commune ne pouvait existér, mais la seconde partie est la seule qui nous intéresse,

---

[1] M. Aug. Thierry, *Lettres sur l'histoire de France* ; let. XIII.

puisqu'elle contient l'élément juridique; c'est là que se trouvent les règles concernant la prescription.

On lit dans la charte de Noyon, donnée par Philippe-Auguste en 1181 : « Si quis terram vel domum vel quamli-
« bet tenuituram, presente adversario suo non contradicente,
« per annum et diem tenuerit, postea sine contradictione
« possidebit¹. »

Dans celle de Chaumont de 1182 : « Concedimus etiam
« ut res quascumque juste ac legitime emerint, aut per va-
« dium acceperint, quas quidem post annum et diem in
« pace sine calumnia tenuerint, ne cuiquam inde justiciam
« vetuerint, in pace et quiete semper habeant ipsi et he-
« redes sui empta sicut empta, vadia sicut vadia². »

Dans celle de Roye de 1183 : « Si quis teneram aliquam
« in pace anno et die tenuerit, deinceps libere et quiete
« possideat, nisi aliquis extra provinciam egressus fuerit,
« aut aliquis nundum emancipatus super hoc clamorem
« fecerit³. »

Dans la charte de Pontoise de 1188: « Concedimus etiam
« ut res quascumque juste et legitime emerint, aut per va-
« dium acceperint, quas quidem postea per annum et diem
« in pace sine calumnia tenuerint, ne cuiquam inde justi-
« ciam vetuerint in pace et quiete semper habeant ipsi et
« heredes sui, empta sicut empta, vadia sicut vadia⁴. »

Dans celle de Saint-Quentin de 1195 : « Si quis aliquam
« teneaturam anno et die in pace tenuerit, postea eam in

---

[1] Charte de Noyon, art. 13; *Ordonnances*, t. XI, p. 224.
[2] Charte de Chaumont, art. 10; *ibidem*, p. 225.
[3] Charte de Roye, art. 3; *ibidem*, p. 228.
[4] Charte de Pontoise, art. 11 ; *ibidem*, p. 254.

« pace teneat, nisi aliquis dispatriaverit, aut aliquis qui est
« in manuburnia super hoc, clamorem fecerit [1].... »

Nous terminerons cette énumération, que nous pourrions rendre beaucoup plus longue, par un extrait de la charte d'Amiens de 1190, qui fixe un délai dont on se rendrait difficilement compte, si l'on ne savait qu'il n'est rien de moins uniforme que la législation du moyen âge; la règle du reste, ne change pas de caractère: « Si quis septem annis
« aliquam suam possessionem, presente adversario, in pace
« tenuerit, nunquam de ea amplius respondebit[2]. »

Ce soin pris par les communes de se faire garantir le droit de prescription, n'est point particulier à la France; on le trouve partout où il y a lutte entre les mêmes éléments. Dans la coutume de Soest, la plus ancienne loi municipale de l'Allemagne, on lit : « Quicumque de manu Schulteti,
« vel ab eo qui auctoritatem habet domum, vel arcam, vel
« manum, vel mansi partem receperit et per annum et diem
« legitimum quiete possederit, si quis in eum agere voluerit
« possessor, tactis reliquiis, sola manu obtinebit et sic de ce-
« tero sui warrandus erit, nec amplius supra prædicta gra-
« vari poterit[3]. »

Nous avons dit quel était le caractère de ces chartes arrachées par les communes; elles étaient destinées à garantir les intérêts matériels des confédérés et à les préserver des tyranniques exactions des seigneurs : si les dispositions que nous avons rapportées n'avaient pas eu ce but, elles n'au-

---

[1] Charte de Saint-Quentin, art. 7; *Ordonnances*, t. XI, p. 270.

[2] Charte d'Amiens, art. 26; *ibidem*, p. 264.

[3] Citée par M. Laboulaye dans l'Histoire de la propriété en Occident, et publiée par Eminghaus, *Memorabilia Susat.* 1755; in-4°.

raient pas été écrites. Nous croyons tout à fait inutile d'insister pour établir qu'il s'agit dans ces textes d'une véritable prescription et non, quoi qu'on en ait dit, d'une possession juridique. Mais peut-être est-il nécessaire d'expliquer quel intérêt si grand poussait les communes à faire consacrer cette règle de droit civil.

Les biens donnés en fief, inaliénables pendant un temps, soumis plus tard à des règles moins sévères, ne purent jamais être cédés, toutefois, que sous des restrictions extrêmement gênantes pour les propriétaires et tout en faveur des suzerains. Par l'ancien droit des fiefs, les vassaux ne pouvaient disposer de leurs biens sans le consentement des seigneurs, à peine de commise; nous trouvons cette règle écrite encore de la manière la plus explicite dans les Assises :

« Qui aliene tot son fié ou partie de son fié sans l'otrei dou seignor, ou autrement que par l'assise ou l'usage dou dit reiaume et le met en main de yglise ou de religion ou de comune ou d'autre, le seignor de qui il tient cel fié peut prendre ce que il a aliéné et tenir et user come la soe chose: car le seignor dou fié qui a tot ou partie aliené sanz assise et sanz usage et sanz otrei dou seignor de qui il tient le fié est por le fait que il en a fait encheu vers son seignor de perdre à tozjors, lui et ces heirs, ce que il a dou dit fié aliéné sanz assise et sanz usage et sanz otrei dou seignor; et le peut et deit aveir le seignor de qui il le teneit en fié à lui et à ces heirs come la soe preupre chose, et faire ent totes ces volentés come dou sien [1]. »

Cette règle, d'une sévérité extrême, ne se trouve pas

---

[1] *Assises de la Haute Cour*, ch. CXLIII, t. I, p. 217.

répétée d'une manière aussi explicite dans les autres chapitres du même ouvrage; mais ils s'accordent pour décider tout au moins que la vente sera nulle.

Ces principes ne devaient être appliqués qu'aux biens donnés en fief; l'ancienne prescription germanique avait continué d'exister pour les autres, tels, par exemple, que les propriétés urbaines; elles étaient prescrites si l'on prouvait qu'on avait « celui heritage eu et tenu quitement et en pais an et jor et plus [1]. »

M. Beugnot ajoute en note sur ces mots du texte : « Il était reçu en principe que quiconque avait joui pendant un an et un jour d'une chose réelle ou d'un droit immobilier par soi-même ou par ses auteurs, *non vi, non clam, non precario*, en avait par cela seul acquis la saisine et possession, et qu'il pouvait former *complainte* dans l'an et jour du trouble à lui fait. » (V. *Le Grand Coutumier*, l. II, ch. XXI, p. 138; Laurière, *Institutes coutumières*, t. II, p. 266.) Nous ne partageons pas, dans cette occasion, l'avis de M. Beugnot, quelque grave que soit l'autorité de ce savant en droit féodal; nous croyons qu'il prend, ainsi que M. Laferrière, cité par nous dans le chapitre précédent, ainsi que bien d'autres encore, la prescription pour la possession juridique donnant ouverture à la complainte, trompé par l'application qui a été faite plus tard du délai d'an et jour. *Le Grand Coutumier* et Laurière, cités par lui, ne peuvent pas toujours servir à commenter les Assises, car les règles du droit féodal avaient été bien modifiées, particulièrement en France, au XIVe siècle et plus encore au XVIe. L'an et jour, à ce moment, pouvait, en effet, ne donner en France qu'une simple possession juridique et

---

[1] *Assises de la Haute Cour*, ch. XXXVIII; *Ass.* t. I, p. 63.

ouverture à la complainte; mais il n'en était pas ainsi dans le droit des Assises, où nous voyons partout l'an et jour donner la propriété, quand les règles du droit féodal, plus antipathiques encore au principe de la possession juridique qu'à celui de la prescription, n'y mettaient pas obstacle.

Le texte cité par nous, au reste, n'est pas un témoignage isolé pour prouver que la possession annale constituait en Orient une prescription véritable.

Nous lisons dans les Assises de la Cour des Bourgeois : « Se home achete un heritage d'un autre home ou d'une feme, et il avient qu'il le puisse tenir un an et un jor sans chalonge, le droit et la raison comande que il ne le peut puis perdre par nul home ne par nule feme qui d'aage soit[1]. » Cette disposition est semblable à celles que contiennent les chartes des communes.

C'est en suivant ces principes que l'Abrégé dit: « Verité est que la teneure et l'usage ci vaut et doit valloir, c'est assavoir de l'an et dou jor; et ce il est de moins, elle vaut petit[2]. »

En cas de décès, s'il n'y avait pas d'héritiers connus, le seigneur s'emparait de la succession; le texte ajoute: « Et doit tout garder en jusques a un an et un jor. Et ce dedans celuy an et celuy jor veneit aucun home ou aucune feme qui poïst montrer par deus leaux garens qu'il fut parent ou parente de celuy mort ou de cele morte que enci est morte, la raison comande que la cort est tenue de rendre toutes les choses de celuy mort à celuy sien parent ou parente, qui est venu ce requerre avant que l'an et le jor fust passés,

---

[1] *Assises de la Cour des Bourgeois*, ch. XXXI; *Assises*, t. II, p. 36.
[1] *Abrégé des assises de la Cour des Bourgeois*, ch. XL; *Ass.* t. II, p. 271.

dès la mort de celuy sien parent. Mais se l'an et le jor estoit pacés despuis que celuy fut mort, la raison recommande et juge que puisque l'an et le jor est passé despuis la mort de celui ou de cele qui morte est, si com est dit desus, que la cort n'est puis tenue de riens rendre à nul parent, ni à nule parente qui mais y venist riens demander [1]. »

On peut trouver une application plus rigoureuse encore de cette prescription annale; le chapitre cv, en parlant d'une maison donnée à cens, dit : «...Mais se le sire dou cens esteit un an et un jor que il ne preigne son cens de celui qui tient la maison, la raison comande qu'il a perdue la chose dou il pernet celui cens [2]. »

Le droit, en tant que droit, ne pouvait donc donner lieu à discussion; mais les difficultés naissaient en foule dans l'application : il ne faut pas oublier que les fiefs, originairement restreints aux propriétés rurales, avaient fini par s'étendre à tout : « Il est à remarquer, dit Brussel, que dans le xie et le xiie siècle, tout se donnait en fief; la gruerie des forêts, le droit d'y chasser, une part dans le péage ou le rouage d'un lieu, le conduit ou escorte des marchands venant aux foires; la justice dans le palais du prince ou haut seigneur; les places du change dans celles de ses villes où il faisait battre monnaie; les maisons et loges des foires; les maisons où étaient les étuves publiques; les fours banaux des villes; enfin jusqu'aux essaims d'abeilles qui pourraient être trouvés dans les forêts [3]. »

---

[1] *Assises de la Cour des Bourgeois*, ch. cxcvi; *Assises*, t. II, p. 131.

[2] *Ibidem*, ch. cv; *Assises*, t. II, p. 76. M. Beugnot trouve cette règle tellement exorbitante, qu'il voudrait lire : *la raison comande qu'il a perdu celui cens*. Aucun manuscrit ne vient à l'appui de cette variante.

[3] Brussel, liv. I, ch. 1, § xi.

En présence d'un pareil état de choses, il pouvait donc y avoir doute dans bien des cas sur la nature de la chose transmise ; et, par suite, contestation entre le faible et le puissant, où rarement l'avantage devait rester au premier. Nous trouvons la preuve de ces difficultés dans un des incroyables chapitres que Jean d'Ibelin a consacrés à enseigner les chicanes que peut opposer un plaideur pour faire traîner un procès en longueur. « S'il est étonnant, dit M. Beugnot, qu'un jurisconsulte ait osé écrire une théorie des fraudes dilatoires, il est bien plus étonnant que la république de Venise n'ait pas retiré d'un livre qu'elle voulait revêtir de la sanction légale cette théorie[1]. »

Le chapitre xxxviii est ainsi conçu : « Et[2] se il avient que

---

[1] *Assises*, t. I, p. 59, note *a*.

[2] Nous croyons utile, pour la parfaite intelligence de ce texte, de donner la traduction italienne faite par les soins de la république de Venise, et dont l'exactitude ne peut être mise en doute, puisqu'elle a été publiée avec un caractère tout à fait officiel. « Et sel avien che la domanda è de « stabile dentro à città circundata, ò non circundata, el reo puol respon- « der in tal modo, che lui hebbe et tenne quietamente in pace quello sta- « bile anno et giorno et più ; et però vuol romagnir quieto et in pace per « l'assisa de la tenitura, se la corte el termina et metter le sue rason ; et « se l'actore dice che questo è del suo feudo, et ch' el feudo non si può « vender, nè alienar, eccetto per l'assisa de le vendite, ò per parte del « suo servitio, se l'ha più servitii, et di questo stabile non ha mai fatto « vendita, et però lo vol haver, se la corte el termina, salvando le sue « rason ; el reo responderà, che ogniun può dire, questo è del mio feudo, « et questo non si può vender, eccetto per l'assisa, guardassi bene chi lo « alienerà, ò venderà, ò donara et la corte che lo consentirà, per che « l'assisa è evidentissima, la qual dice, cher per possesso d'anno et de « giorno pacificamente et in pace haverà distrigato tal sorte de stabile, « come à ditto di soprà ; et coloro a quali vien venduto, ò donato, ò alie- « nato dentro à cità, non ponno miga saper sel è de feudo ò non ; colui

la carelle seit de héritage dedenz ville close ou desclose, le fuiant peut respondre en telle manière : que il a celui heritage eu et tenu quitement et en pais an et jor et plus, et por tant en viaut demorer quittes et en pais par l'assise de la teneur, se la court l'esgarde : et mete son retenaill. Et se le clamant dit que ce est de son fié, et que fié ne se peut vendre ni aliéner que par l'assise des ventes ou par partie de servise, se il y a plusors servises; et de cestui héritage n'i ot onques vente faite : et por tant le viaut aveir, si la court l'esgarde; sauf son retenaill. Le fuiant respondra que chascun peut dire : « ce est de mon fié, et ce ne se peut « vendre que par l'assise. » Bien se gart qui l'alienera, ou vendera, ou donra, et la court qui le soufrira; car l'assise est tote parée, qui dit, que por teneure d'an et de jor quitement et en pais, a l'on desrainié tel manière d'éritage, come est dit devant. Et se ciaux à qui l'on vent ou done ou aliene eritage dedenz ville, ne puent pas saveir se il est de fié ou non; cil qui le vent ou aliene s'en deit garder par la fei qu'il deit au seignor; car ce qui est de fié ou de servise ne dei l'on pas aliener franchement, ne la court où il est aliené ne le deit soufrir, se ce est de fié, por quoi elle le sache[1]. »

Ce chapitre, en prouvant une fois de plus que la prescription annale était restée comme règle pour les biens non donnés en fief, montre en même temps qu'il y avait intérêt pour les bourgeois, exposés de la part des seigneurs à des

« chel vende, ò aliena, se diè guardar per la fede che deve al signor, « per che, quel ch' è di feudo, ò di servitio, non lo deve miga alienar « liberamente, el la corte dove si aliena, non lo deve consentir sel è di « feudo el quella el sà. »

[1] *Assises de la Haute Cour*, ch. xxxviii; *Assises*, t. I, p. 63.

revendications se résolvant sans doute le plus souvent en une véritable spoliation, à proclamer et à faire reconnaître cette règle. Pour rendre les contestations impossibles désormais, les chartes mentionnent que la prescription s'applique à toutes les choses aliénées, quelles qu'elles soient. C'était une véritable conquête sur le droit féodal et une garantie précieuse pour les communes.

Jusqu'à présent, il semble que nous écrivions l'histoire de la prescription plutôt que celle des actions possessoires; mais nous ne pouvions oublier la relation intime qui existe entre la possession juridique et la prescription. Nous avons vu, en outre, la première confondue si souvent avec l'an et jour dont elle est inséparable aujourd'hui, qu'il nous a bien fallu entrer dans ces détails pour arriver à déterminer le moment précis où ces deux choses devinrent en effet corrélatives. Nous allons aborder maintenant le fond même de notre sujet, parler des actions possessoires dans le droit anglo-normand, de la saisine, montrer la complainte dans les Assises et les *Olim,* et arriver enfin à la possession juridique et à ses conséquences dans les Établissements et Beaumanoir.

CHAPITRE III.

Dans les lois dont jusqu'ici nous avons analysé les règles nous n'avons rien trouvé qui rappelât les principes de notre possession juridique. Mais la détention, la possession à l'état de simple fait, ne pouvait pas n'être pas admise : les lois civiles ne s'en étaient point occupées ; dans une certaine mesure, elle trouva protection dans les lois criminelles.

Les Francs, après la conquête, firent peu de changements aux divisions territoriales qu'avaient établies les Romains ; ils se contentèrent d'en modifier l'organisation en plaçant à la tête de chaque arrondissement un chef, que la loi salique appelle *grafio* ou *comes*, réunissant en sa personne un triple pouvoir, militaire, administratif et judiciaire.

Ces arrondissements ou comtés étaient trop étendus pour que les affaires d'une importance minime, ou présentant un caractère d'urgence, fussent expédiées avec la célérité nécessaire. Il fallut donc établir des subdivisions qu'on appela *centaines*, représentant un bourg, et à la tête desquelles on plaça un fonctionnaire qui prit le nom de *tunginus* ou *centenarius* ; ses fonctions étaient analogues à celles du comte placé au-dessus de lui.

Montesquieu[1] a pensé que cette division par *centaines*,

---

[1] Montesquieu, *Ésprit des lois*, liv. XXX, chap. XVII.

ne remontait pas au delà des successeurs de Clovis. Les termes des ordonnances rendues par ces rois ne paraissent pas suffisants pour fonder une pareille organisation; l'opinion de Montesquieu est en outre combattue par des textes positifs. M. Pardessus ne met pas en doute que cet état de choses n'eût été établi en même temps que les institutions judiciaires dénommées dans la Loi salique[1] : mais des lois postérieures améliorèrent cette ancienne organisation et lui donnèrent une utilité fort grande pour la poursuite des crimes[2].

Des institutions semblables paraissent avoir existé chez tous les peuples de la race germanique; elles avaient pour

---

[1] M. Pardessus, *Loi salique*, p. 579 et suiv.

[2] *Decret. Childeberti :* « 9. Si quis centenarium aut quemlibet judicem « noluerit super malefactorem adprindendum adjuvare, sol. LX omninò « condemnetur.

« 11. Similiter convenit ut si furtum factum fuerit, capitale de præ-« senti centena restituat et causator centenarium cum centena requirat.

« 12. Pari conditione convenit ut si centena posita in vestigia, in alia « centena aut quos fidelium nostrorum ipsum vestigium miserit et cum « ad alia centena minime expellere potuerit, aut convictus reddat latro-« nem, aut capitale de presente restituat, et cum XII personis se ex hoc « sacramento exuat. » (*Dipl.* 2° éd. t. I, p. 171. Voy. également Baluze, t. I, p. 17; D. Bouquet, t. IV, p. 111.)

Decret. Chlotarii : « 1. Decretum est ut qui ad vigilias, hoc est ad « wactas constituti nocturnas fures non caperent eo quod per diversa in-« tercedente conludio, scelera sua prætermissa custodias exercerent, cen-« tenas fierent. In cujus centenâ aliquid deperierit, caput trustes restituat, « et latro insequatur, vel [si] in alterius centenam vestigium proponat « aut deducat, et ad hoc admoniti si neglexerint, quinos solidos compo-« nat; capitale tamen qui perdiderat, a centena illa accipiat absque dubio « hoc est de secunda vel tertia.

« Si vestigias conprobatur latronis, tamen per præsencia haut longè base le principe de responsabilité et de garantie mutuelle, dont quelques personnes attribuent l'établissement, dans la Grande-Bretagne, à Alfred le Grand, opinion qui paraît manquer d'exactitude[1]; mais quel qu'en soit l'auteur, l'existence de pareilles lois dans cette contrée n'en est pas moins certaine et est attestée par les nombreuses controverses auxquelles elles ont servi de texte.

« Il n'y a certainement aucune partie du gouvernement anglo-saxon, dit Hallam, qui ait plus fixé l'attention dans nos temps modernes, que la loi de garantie ou la responsabilité mutuelle des membres de chaque *tything*, responsabilité qui avait pour but d'assurer le cours de la justice[2]... »

En France, le souvenir des lois rendues par Chlotaire et Childebert subsistait encore au temps de Charlemagne :

«multandus, et si persequens latronem suum comprehenderit, integram
«sibi conposicionem accipiat.

«Quod si per trustem invenitur, mediam composicionem trustes ad se
«recipiat et capitalem exigat a latrone.....

«5. ....

«Nullus latrones aut quemlibet culpabilem ocultare præsumat. Quod
«si fecerit similis illi subjaceat culpæ.....

«8. .... Et quia Deo propicio inter nos germanitas, vinculum cari-
«tatis, custoditur, centenarii ergo vel qui in truste esse dicuntur inter
«communes provincias licentiam habeant latrones persequere vel vesti-
«gia adsignata menare et in truste quod defuerit, sicut dictum est, cum-
«sarciatur, ita ut continuo capitale ei qui perdidit reformetur, ita tamen
«ut latrones perquirantur.....

«9. Si quis ad vestigium vel ad latrone persequendo ire noluerit, si
«moniti fuerunt et si eos sunnis non detenuerit, solid. xv culpabilis
«judicetur.» (*Dipl.* 2ᵉ éd. t. I, p. 168. Voy. également D. Bouquet,
t. IV, p. 114; Baluze, t. I, p. 19.)

[1] Hallam, *l'Europe au moyen âge*, t. II, p. 18.
[2] *Id. Ibid.* t. II, p. 31 et suiv.

« Commendaverunt etiam, dit-il dans un de ses capitu-
« laires, ut si alicui denuntiatum fuerit, ut ad accipiendum
« latronem adjutorium præstet, aut aliquis sonum indè au-
« dierit, ut ad latronem accipiendum concurratur, et se inde
« retraxerit, ut ad hoc adjutorium non præstet, si liber
« homo fuerit bannum dominicum componat; et si colonus
« fuerit, ictus accipiat. » Toutefois, au milieu des désordres
qui signalèrent l'époque mérovingienne, ces lois, sans doute,
furent mal exécutées; les institutions qu'elles avaient fondées durent s'éteindre tout à fait sous les Carlovingiens.
Après le morcellement du pouvoir, par l'établissement du
système féodal, la poursuite de *centaine* en *centaine* prescrite
par l'édit de Chlotaire, devint souvent même impossible,
sans qu'il y eût attentat à des souverainetés jalouses.
Chaque seigneur établit sur ses domaines des lois et une
police particulières, et, dans bien des circonstances, les
suzerains eurent plus d'intérêt à protéger le brigandage, dont
eux-mêmes ou leurs vassaux, à qui ils devaient appui, s'é-
taient rendus coupables, qu'à le poursuivre. On vit donc
disparaître peu à peu de la France une coutume dont les
Saxons en Angleterre avaient su tirer de si utiles résultats[1];
la Normandie seule fit exception.

Rollon, sorti de la Norwége en 876, vint s'abattre sur la
Neustrie, après avoir ravagé les Pays-Bas; faisant remonter
la Seine à sa flotte, composée d'embarcations légères, il pilla
et saccagea toutes les villes qu'il trouva sur son passage;

---

[1] « Hoc commento pacem infudit provinciæ, ut etiam per publicos ag-
« geres, ubi semitæ in quadrivium finduntur, armillas aureas suberet
« suspendi, quæ viantium aviditatem riderent, dum non essent qui eas
« abriperent. » (Willelmus Malmesbur, lib. II; *De gestis regum Angl.*
cap. IV, ap. Ducange, v° *Hundredus.*)

neuf ans après, il fit une nouvelle descente en France, et mit à deux reprises (885 et 889) le siége devant Paris. Battu deux fois par le comte Eudes, il ne quitta la France qu'en 892 pour passer en Angleterre. En 895, il reparut en France. Malgré une effroyable défaite où il perdit, dit-on, soixante-huit mille hommes, il se rendit assez redoutable pour que Charles le Simple lui fît des propositions de paix; elles furent agréées et un traité fut signé à Saint-Clair-sur-Epte. Le roi céda à Rollon la Neustrie, à titre de duché relevant de la couronne, et lui accorda sa fille en mariage, en lui imposant l'obligation, acceptée par lui, de recevoir le baptême. L'exemple donné par le souverain fut suivi par un grand nombre de ses compagnons. On sait que l'un d'eux, à qui l'on offrait, un jour que les néophytes s'étaient présentés en foule, un habit d'une étoffe grossière, le repoussa avec colère : « Garde ta casaque pour des bouviers, dit-il; voilà grâce au ciel, la vingtième fois que je me fais baptiser, jamais on n'avait eu l'insolence de m'offrir pareilles guenilles. »

Peut-être, en effet, étaient-ce d'étranges chrétiens que ces Normands convertis; mais, sous l'administration du duc Rollon, ils se soumirent au moins à une discipline sévère.

Rollon, en effet, légitime possesseur de cette contrée qu'il avait tant de fois ravagée, répara, autant qu'il était en lui, le mal qu'il avait fait; il eut la gloire d'introduire dans ses états l'ordre le plus parfait; et, si l'on en croit la tradition, le fait rapporté sous Alfred le Grand d'anneaux d'or restant suspendus impunément aux arbres des chemins publics, se renouvela sous Rollon.

Rollon, en recevant les clefs de la ville de Rouen, prit l'engagement de conserver les anciennes coutumes du pays, et il les maintint toutes les fois qu'il en reconnut l'utilité et qu'elles furent compatibles avec le droit féodal, dont il adopta complétement les principes [1].

Pour rétablir la sûreté publique si gravement troublée, il eut recours à l'institution des *centaines*, restées dans les souvenirs, si ce n'est dans les mœurs des habitants du pays, et que les conquérants avaient vues en Angleterre en pleine activité. Au milieu des désordres qui depuis si longtemps désolaient cette malheureuse contrée, ces mesures durent être favorablement accueillies par tous. « Ni les seigneurs de fief, ni les vassaux, dit Houard, dans un temps plus calme, n'auraient même eu aucun intérêt à contredire ces établissements. Il ne pouvait y avoir entre les seigneurs normands, sous le gouvernement de leur nouveau duc, aucune de ces querelles particulières qui divisaient les seigneurs français, et que la faiblesse de Charles le Simple autorisait; car Raoul exerçait directement, et sans la médiation des grands de son duché, sa juridiction souveraine sur tous les sous-feudataires [2]. »

Le cri dont la multitude poursuivait le délinquant, de *hundred* en *hundred* ou de *centaine* en *centaine*, portait en Angleterre le nom de *hutesium* [3] ; en Normandie, c'était *la clameur de haro* [4].

---

[1] Houard, *Traité sur les coutumes anglo-normandes*, t. IV, p. 677.

[2] Idem, *Anciennes lois des Français*, t. II, p. 126.

[3] « *Hutesium*, dit Ducange, sumitur pro eo multitudinis clamore in-
« condito quo latronem aut capitalis criminis reum seu in ipso crimine
« deprehensum, seu fugientem ac latitantem, pagani omnes tenentur
« insectare ac prosequi, donec comprehendatur et in judicis manus tra-
« datur : ita ut ex iis si quispiam defecerit, id est reum clamore insecta-
« tus non fuerit, multis subjaceat, ut est in legibus Canuti regis saxonicis
« § 26. » (*Glossarium*, v° *Hutesium*.)

[4] Voir, pour l'origine de ce mot, Ducange, v° *Haro*.

La clameur de *haro* ne fut poussée d'abord que pour les crimes capitaux ; mais plus tard l'usage en devint plus fréquent ; les continuateurs de Ducange ajoutent à la définition donnée par lui : « Verum quidem omnino est quod modo « observabat D. Cangius, *haro* tantum inclamari dum crimen « aliquod capitale perpetratur ; modo tamen de hujus cla- « moris origine id intelligas : nec minus quippe certum est « exinde in aliis causis minoris momenti locum habuisse. « Sic ex hodierno usu inclamatur quoque cum de bonis hæ- « reditariis agitur, adeo ut si is, quem ab hæreditate re- « pellere tentas, haro inclamaverit, rem infectam relinquere « cogeris, ni velis rebellionis crimen incurrere [1]. »

Ce n'était pas l'héritier seul repoussé qui était autorisé à pousser la clameur de *haro ;* tout propriétaire dépossédé avait ce droit ; c'est ce que Ducange lui-même avait constaté en parlant de l'*hutesium* anciennement usité en France [2]. On dut arriver en effet à penser qu'un propriétaire pouvait être privé de sa possession autrement que par un méfait de nature à être poursuivi criminellement, c'est ce qui explique l'extension donnée à la clameur de haro ; mais il n'est pas facile de déterminer d'une manière précise à quelle époque cette modification s'introduisit.

Les actions de dessaisine étaient usitées déjà en Normandie à une époque fort reculée ; dans la très-ancienne coutume de cette province, on lit dans le chapitre intitulé *De force :* « Et pour ce doit savoir que se aucun met ung autre hors de la possession de son fief à force, il appartient à la justice à enquerir de ce dedens l'an que la force a esté faicte, et

---

[1] Ducange, v° *Haro*, éd. de 1733.
[2] *Idem*, v° *Hutesium*.

doit faire rendre la possession à celui qui en a esté despouillé. Ainsi doit-on faire des autres forces où il n'a peril de vie [1]. »

Ce texte ne fait pas mention expresse du *haro*, même dans le cas de dépossession à main armée, quoiqu'elle rentrât cependant à coup sûr, en pareille circonstance, dans les troubles à la paix publique; mais la glose constate que la coutume autorisait à agir par cette voie, soit dans ce cas, soit lorsqu'il y avait eu seulement violence simple. Les deux hypothèses sont prévues; l'une, dit la glose, est « force violence contre droit; » l'autre : « Si est quand aucun va à la possession d'ung héritage qu'il apprehende et obtient de fait en deboutant ou en résistant contre son adverse partie sans faire autre force et violence, fors en tant qu'il compete et appartient à apprehender en defendant la possession de la chose litigieuse, laquelle voie est coustumière de droit, car celle n'est point contre la paix du pays, ne contre la dignité du prince : *neantmoins qu'il y ait haro;* mais est coutume, comme il peut apparoir par l'usage notoirement gardé, qu'il y ait haro [2]. »

Cet ancien coutumier, qui précéda la rédaction officielle, avait été composé avec les matériaux qu'on trouve rassemblés dans les *Établissements et coutumes, Assises et arrêts de l'échiquier de Normandie,* publiés en dernier lieu par M. Marnier; c'est un recueil de décisions rendues depuis Rollon jusqu'au moment où le duché fut de nouveau réuni à la France; quelques-unes sont donc d'une haute antiquité; mais il est impossible d'assigner à chacune de ces pièces une date précise.

On lit dans le troisième paragraphe de ce recueil, ayant

---

[1] *Le Grand Coustumier du pays et duché de Normandie,* etc. ch. *De force.*
[2] *Ibidem,* ch. *De force;* glose.

pour titre, *de Briès* et *de Requenoissanx* : « L'en doit avant tretier de la possession que de la propriété [1]. »

Dans le paragraphe intitulé *de Dessesine*, on trouve la procédure par assises, qui fut plus tard introduite en Angleterre par Glanville, très-bien indiquée et appliquée aux actions possessoires [2].

Il était bien admis, dès ces temps reculés, que la décision à intervenir n'était pas définitive; dans le paragraphe intitulé *du devestement feit sanz jugement*, on lit : « Par dessesine n'est pas tolue autrui droiture, quar la jurée n'est pas fete de la droiture mè de la possession [3]. » On pouvait revenir sur la question du droit par *plet* ou par *bataille*.

S'il est difficile d'assigner une date à la création des actions possessoires en droit normand, leur filiation au moins est facile à établir. L'ordre, en s'introduisant, éloigna les collisions armées et dut amener les dépossessions sans violence, dont parle la glose citée par nous plus haut. Quoi de plus simple que d'employer, dans ce cas, le moyen usité pour un

---

[1] *Établissements*, etc. p. 53.

[2] « Se aucuns est depoilliez de son tenement puis le derrenier aost ou puis celui devant le derrenier, il doit demander sa sesine par cest brief :
« Li rois ou li senechaus mande saluz au bailliz de tel leu;
« Commande à H. que il resèsisse sanz nul delai R. de son tenement qui siet en tel leu de que il fu sésiz au derrenier aost ou à celui qui fu devant le derrenier, de qoi il la puis dessesi à tort et sanz jugement; et se il ne le fet, se li autres te done plege de sivre sa clameur, semon XII chevaliers léaus et les hommes del visné que il soient à la premiere assise de ta baillie appareillié a fere requenoissant par leur serement, et fai dedans ce, veoir la terre, et semon H. que il soit à la veue et à l'assise et aies o toi les jureurs et le semonnceur et cest brief. »

[3] *Établissements*, etc. p. 20.

fait analogue, d'autant plus que le doute pouvait exister quelquefois pour décider s'il y avait ou non trouble à la paix publique? Le cri de *haro* fut donc poussé pour toute dépossession, et il devint et est resté en Normandie la procédure usuelle et régulière des actions possessoires [1]. C'est le cas unique où il soit appliqué en droit civil, et on peut y reconnaître encore l'empreinte de son origine dans certaines formes qui rappellent, à ne pouvoir s'y méprendre, la procédure criminelle.

L'histoire des actions possessoires en droit normand se confond avec celle des actions possessoires en droit anglais.

L'un des successeurs de Rollon, Guillaume le Bâtard, avait soumis la Grande-Bretagne, et son premier soin avait été d'y apporter les lois de sa patrie et d'établir dans sa nouvelle conquête le système féodal, mais non tel, toutefois, qu'il existait en France. En France, le territoire entier était partagé en sept grands fiefs, presque indépendants, de force à peu près égale; et les grands vassaux, pour ne pas écraser de leur supériorité le souverain légitime, furent obligés de déférer le trône à l'un d'eux. Guillaume divisa l'Angleterre en sept cents baronnies relevant toutes immédiatement de la couronne, et si la royauté anglaise eut des combats à soutenir, ce fut contre des ligues; seules elles pouvaient avoir assez de puissance pour entrer en lutte avec le souverain. Il procéda dans ses autres réformes avec une extrême prudence. Toutes les fois que les anciennes coutumes saxones purent se concilier avec les lois normandes et l'intérêt de son autorité, il les conserva. A toute sorte de titres, il devait donc maintenir les *hundred* ou *centaines*; et l'*hute-*

---

[1] *Coutume de Normandie*, art. 54 et suiv.

sium ou *clameur de haro*; dans le système féodal qu'il établit, son autorité restant prépondérante et souveraine comme elle l'était en Normandie, cette institution ne pouvait pas plus être une gêne pour lui qu'elle ne l'avait été pour Rollon.

La procédure même usitée chez les Anglo-Saxons n'éprouva aucune modification sous les rois normands, mais par la suite toutefois la *clameur* fut remplacée par l'*assise* existant en Normandie : c'est à Glanville que doit être attribué ce changement.

Glanville occupait la charge de grand justicier sous Henri II, qui monta sur le trône le 25 octobre 1164. « Le grand justicier, dit Hallam, était en Angleterre le sujet le plus puissant : non-seulement il présidait la cour du roi et celle de l'échiquier, mais il était encore dans le principe, en vertu de sa place, régent du royaume en l'absence du souverain, ce qui arriva très-fréquemment avant que la Normandie fût perdue pour l'Angleterre. Les *writs* ou ordonnances étaient alors datées de l'année de sa gestion et rendues en son nom..... Cet office commença à perdre une partie de sa dignité à la mort de Jean [1]. » Le mérite éminent de Glanville comme jurisconsulte, joint à l'importance que lui donnait la charge occupée par lui, lui permit d'avoir une grande influence sur le droit et la législation de sa patrie; l'ouvrage intitulé : *Tractatus de legibus et consuetudinibus regni Anglie*, etc. mis au jour par son ordre, donne le dernier état de la jurisprudence, telle qu'elle fut modifiée par lui-même en quelques parties.

La distinction entre le pétitoire et le possessoire était faite d'une manière complète par Glanville; lorsqu'il énu-

---

[1] Hallam, t. II, p. 99, en note.

mère les causes de nature à être portées devant le tribunal du roi ; il dit en terminant : « Et ista quidem placita solum-
« modo super proprietate rei prodita sunt; de illis autem
« que super possessione loquuntur et per recognitiones pla-
« citantur et terminantur, inferius suo loco dicetur[1]. »

En parlant des formes de la procédure, il enseigne que si la personne citée n'avait pas comparu après certains délais, elle perdait la saisine, et ne pouvait plus agir que par un bref de droit : « Et si infra illos quindecim dies non venerit,
« adversario ejus adjudicabitur seisina, ita quod de cetero
« non audietur *nisi super proprietate* per breve domini regis
« de recto[2]. » Et il ajoute : « Poterit is qui seisinam amiserit
« super recto placitare per breve de recto ; sed post quan-
« tum temporis ? post restitutionem plene factam[3]. » C'est bien là une action possessoire.

Nous avons dit que cette action tirait son origine de l'ancienne clameur poussée en cas de délit ; aussi tous les brefs énumérés par Glanville, comme ayant trait à la possession, portent : « Rex vicecomiti salutem. Si N..., fecerit te secu-
rum de *clamore suo, etc...*[4]. »

La procédure décrite avec détails par Glanville était de tous points semblable à celle par assise existant en Normandie[5].

---

[1] Glanville, lib. I, cap. III.
[2] *Idem*, lib. I, cap. VII.
[3] *Idem*, lib. XIII, cap. IX.
[4] *Idem*, lib. XIII, cap. III, IV, V, XXXIII, XXXV, XXXVI, XXXVII.
[5] « Accepto itaque brevi, dit Glanville, et in comitatu data securitate
« ab ipso petente de clamore suo prosequendo, tunc hoc ordine perveni-
« tur ad Assisam. Ab initio eligendi sunt duodecim liberi et legales ho-
« mines de Visineto secundum formam in brevi expressam. Presentibus

Nous n'avons pas besoin d'ajouter que parmi les jurisconsultes anglo-normands, dont Glanville est le plus ancien, il n'en est aucun qui ne parle des *dessesines,* comme de choses bien connues. Ainsi le Miroir de Justice dit que la procédure par assise en cette matière fut établie par Glanville : « car pur les grandes malices que l'on solait procurer en testmonage et les grandes delaies que se fierent en les examinements, exceptions et attestations, ordeina Randulph de Glanville, celle certaine assise ou recognitions et jurées se fissent per 12 jurors, les procheins vicines, et issint est cest establissement appelé assise[1]. »

« partibus, scilicet tam petente quam tenente, vel absente etiam ipso
« tenente, dummodo summonitus fuerit saltem semel quod interesset
« electioni illi. Quia semel inde summonendus est ut presens sit et au-
« diat qui eligendi sunt ad illam recognitionem faciendam, et quosdam
« etiam ex rationabili causa si voluerit recuset, ut ab ipsa recognitione
« excludantur. Si vero ad primam summonitionem in curia recte testatam
« non venerit, ulterius non expectabitur, imo etiam absente ipso, eligan-
« tur ipsi duodecim juratores et deinde ex transmissione vicecomitis fa-
« cient visum terre vel alterius tenementi cujus seisina petitur unici ta-
« men super hoc habebit summonitionem ille qui tenet. Nomina etiam
« illorum duodecim electorum faciet vicecomes ipse imbreviari. Deinde
« summonere faciet ipse vicecomes ipsum tenentem quod die statuta per
« breve regis vel ejus justitie sit coram rege vel ejus justitiis auditurus
« illam recognitionem. Die autem prima et secunda se essoniare poterit
« is qui tenet si major fuerit is qui petit. Tertia vero die non poterit imo,
« ad tertium terminum capietur recognitio sive veniat sive non, is qui
« tenet; quia in nulla recognitione super seisina tantum prodita, currunt
« nisi duo Essonia. In recognitione vero de nova disseisina nullum locum
« Essonium habet. Tertio itaque die sive venerit tenens sive non, capie-
« tur ut dictum est Assisa, et si juratores ipsi dixerint pro petente, adju-
« dicabitur et inde seisina, et precipietur vicecomiti quod ei seisinam
« illam habere faciat per hoc Breve. » (Glanville, lib. XIII, cap. VII.)

[1] *The Myror of Justice,* cap. II, sect. 25; *de assise de novel disseisin et*

Britton est non moins explicite : « Petite assise, dit-il, est reconisaunces de 12 iorours del droit le pleyntyfe sur la possession : et pour ceo est appelé petite, al a difference de la graunde oustre quel nad iammes accion ne remedie que nest en la petite. Car tout perde leu par la petite, uncore purra leu recoverer par atteynte ou par brefe de droit en la propreté [1]. »

La Fletta [2], tous les auteurs anglo-normands enfin, sont unanimes à cet égard.

Glanville, sans rien changer au fond du droit, perfectionna donc la procédure et la marche des actions possessoires qui était avant lui longue et fautive; suivant Blacstone, ce serait au parlement tenu à Northampton, dans la xxiie année du règne de Henri II, que cette mesure fut prise.

Les actions possessoires sont restées dans le droit anglais. « Ces actions, dit Blacstone, laissent intacte la question du droit de propriété ; elles ne tendent qu'à rétablir le demandeur dans l'état où il était ou devait être, d'après la loi, avant la dépossession. Mais il n'en résulte aucun préjudice pour le droit de propriété ; car, si le dépossesseur a quelque reclamation légale à faire à cet égard, il peut la produire ensuite, nonobstant la décision prononcée contre lui dans ces actions possessoires [3]. »

redisseisin. Le *Myror* a été composé par André Hornes, à la fin du xiiie siècle.

[1] Britton, *De disseisine*, ch. xlii. (Voy. également : *Ou Assise ne gist point*, ch. xliii ; *De remedie de disseisine*, ch. xliv.)

[2] La Fletta, *De remedio spolationis*, lib. IV. cap. ii; *Quibus non competit Assisa*, lib. IV, cap. iii; *De vi simplici et armata*, lib. IV, cap. iv; *De breve novæ dissesinæ*, lib. IV, cap. v.

[3] Blacstone, lib. III, cap. x.

Au temps de Blacstone, on reconnaissait cinq espèces différentes de dépossession. Il y avait *abatement,* lorsqu'après la mort d'une personne investie d'un héritage, un étranger s'emparait de cette possession sans aucun droit, au préjudice de l'héritier ou du légataire ;

Intrusion, lorsque l'entrée d'un étranger avait eu lieu après qu'un état particulier de possession, tel qu'un usufruit, était expiré, et avant que celui ayant un droit de reversion, à quelque titre que ce soit, fût entré de lui-même en possession ;

Discontinuation, lorsqu'un homme qui avait une terre substituée constituait sur cette terre un état de possession au delà du terme qu'autorise la loi ;

Deforcement, si le possesseur, n'étant plus en droit de retenir l'immeuble légalement, se maintenait dans cette possession vicieuse ;

Disseisin, enfin, quand on chassait injustement celui qui était saisi de l'immeuble : c'est un attentat sur une possession de fait à quelque titre qu'elle existe et dirigé contre un possesseur actuel.

La personne ainsi dépossédée pouvait agir par simple entrée [1]. Elle aurait perdu son droit, si elle avait laissé écouler *l'an et le jour après tiel claim* sans agir ; mais elle pouvait le conserver indéfiniment, en renouvelant la clameur, pourvu qu'elle ne laissât jamais expirer le délai fatal d'une année [1].

Littleton prévoit le cas où un homme ayant des droits sur une terre, n'ose y entrer pour pousser la clameur, par

---

[1] Littleton, sect. 417.
[2] *Idem,* sect. 422, 423, 424, 425 et 426.

crainte d'être maltraité, blessé ou tué ; *per doubt de battery*, ou *per doubt de mayhem*, ou *per doubt de mort*[1]. En pareille circonstance il suffit de s'en approcher autant que possible.

Thomas Littleton ne termina ses institutes que peu de temps avant sa mort, arrivée en 1482 ; il est donc postérieur d'un assez grand nombre d'années aux plus anciens jurisconsultes anglo-normands ; mais son ouvrage peut être consulté avec fruit pour la connaissance des vieux usages du droit anglais, parce qu'il s'est attaché à faire connaître les coutumes telles qu'elles étaient le plus anciennement établies, plutôt que les altérations que le temps y avait apportées et le véritable état des choses au moment où il écrivait.

La marche indiquée par Littleton ne pouvait être suivie que contre une personne n'ayant qu'une simple détention, sans aucune ombre de droit ; mais s'il y avait droit apparent, il fallait recourir aux formes judiciaires. Ainsi, lorsqu'un homme meurt et transmet à son héritier un immeuble dont, à quelque titre que ce soit, il se trouvait saisi, le titre du tenant est avancé d'un degré ; et quelque faible que ce droit puisse paraître, tout prétendant doit agir par une action en justice.

Le premier acte de la procédure était le *writ of entry* adressé au shérif, portant injonction de faire rendre au demandeur l'héritage dont il a été dépouillé injustement et sans jugement ; en cas d'opposition, le défendeur était assigné devant les juges à Westminster pour dire sur quels motifs il fonde son refus. L'acte est terminé par les cautions que l'affaire sera suivie. Il y a réponse du détenteur ; et la

---

[1] Littleton, sect. 419.

possession est adjugée à celui dont le titre paraît le plus clairement établi.

Cette procédure n'était autre que celle de l'ancien droit saxon, modifiée quant aux juges appelés à prononcer par les lois des rois normands ; mais ces changements introduits par la conquête dans l'organisation judiciaire, en substituant la justice royale aux juridictions rapprochées des justiciables qui existaient sous les Saxons, rendit ce moyen peu expéditif; aussi Glanville, ainsi que nous l'avons dit, introduisit-il le *writ d'assise*, qui conduisait au même but..
« De même que le *writ d'entrée*, dit Blacstone, est une action réelle qui infirme le titre du tenant, en faisant voir que c'est illégalement que sa possession a commencé, une *assise* est aussi une action réelle qui affirme le titre du demandeur seulement en faisant voir l'existence de la possession par lui ou par ses ancêtres; et à tous égards ces deux genres d'action sont tellement semblables, qu'un jugement ou recouvrement de possession obtenu par l'un des deux moyens exclut l'autre ; en sorte que, la possession de l'un étant une fois établie par l'une de ces deux actions possessoires, le même antagoniste ne pourrait la troubler par l'une ou l'autre de ces actions. »

Le délai établi pour agir fut fixé à différentes fois, en prenant pour point de départ une époque déterminée. Ce système était évidemment vicieux. Le statut suivi au temps de Blacstone adopta une autre méthode ; il détermina un délai qui ne devait pas varier et qui ne fut pas moindre de trente ans [2].

---

[1] Blacstone, liv. III, ch. x.
[2] *Idem*.

Blacstone, en rappelant ces anciennes règles du droit anglais, dit que, sans avoir été abolies, elles sont cependant surannées, et qu'il n'y avait pas d'exemple depuis un siècle et plus qu'on eût suivi aucune action par *writ d'entrée* ou *d'assise*. « Aujourd'hui, dit-il, c'est communément par action de *trespass*, ou d'éjection ou éjectement que l'on fait juger les titres sur les biens fonds [1]. » Le principe originaire de ces actions s'est donc maintenu à travers toutes ces transformations, car en droit anglais *trespass* désigne d'une manière générale tout délit ou transgression de la loi au-dessous du crime de trahison ou de félonie.

Nous n'avons pas parlé jusqu'ici des conditions qui faisaient acquérir le droit dont l'exercice était ainsi réglé, et ce point présente une haute importance.

Il est probable qu'avant la conquête le droit saxon admettait la clameur par tout possesseur actuel, au moment où il était chassé, sans qu'on eût songé à établir une différence entre la simple détention et la possession juridique, pour laquelle il aurait fallu créer des règles. Nous avons dit que cette possession juridique n'existait pas chez les Francs; elle était également inconnue des Saxons et de tous les peuples barbares. Guillaume, en transportant en Angleterre le système féodal, y établit, comme conséquence forcée d'un pareil état de choses, la nécessité d'une saisine ou investiture pour jouir de la propriété de la terre, et, par suite, la non reconnaissance de la prescription, comme pouvant suppléer le titre féodal; de ce moment, la possession simple n'eut plus aucune valeur.

Sans remonter plus haut que Blacstone, nous y voyons

---

[1] Blacstone, liv. III, ch. x.

qu'à l'époque où il écrivait, la prescription n'était pas encore admise. « La prescription, dit le jurisconsulte anglais, ne forme pas un titre pour des terres et autres objets matériels de la propriété desquels on peut avoir des preuves plus déterminées ; car un homme n'est pas fondé à alléguer que lui et ses ancêtres ont possédé, de temps immémorial, le château d'Arundel, attendu qu'il y a une autre sorte de titre, celui de la saisine effective et de la descendance, titre plus permanent, et, par conséquent, plus susceptible de preuve que celui de la prescription [1]. »

Le même auteur dit plus loin : « Le demandeur doit alléguer quelque investiture de terres et ténements donnée à lui ou à la personne dont les titres fondent sa réclamation [2]. »

Ces règles sont celles du droit féodal. Blacstone a cité à tort, comme venant à l'appui de ces principes, le texte de *La Fletta*. L'auteur de cet ouvrage enseigne, au contraire, que la longue possession, celle immémoriale peut-être, suffisait pour remplacer la saisine effective [3] ; mais il n'est pas d'accord sur ce point avec les autres jurisconsultes ses compatriotes ; il s'est laissé entraîner sans doute, là comme dans quelques autres endroits de son livre, par des préoccupations tirées du droit romain ; or, en Angleterre, ce droit a joué un rôle presque nul, et il n'a jamais été de force à lutter avec le droit féodal.

On ne peut guère admettre que là où il n'existe pas de délai pour prescrire, il y en ait pour posséder ; aussi, les

---

[1] Blacstone, liv. II, ch. XVII.
[2] *Idem*, liv. III, ch. X.
[3] *La Fletta*, liv. III, ch. XV, § 3 et 14.

textes cités par nous et tous ceux que l'on pourrait y joindre, supposent que le procès possessoire a pour point de départ la saisine féodale ou investiture.

« Nunc vero, dit Glanville, ea que super *seisinis* solum-
« modo usitata sunt restant prosequenda [1]. » Et plus loin :
« Cum quis... alium injuste et sine judicio disseisiverit, de
« *libero tenemento* suo disseisito hujus constitutionis beneficio
« subvenitur et tale breve habebit [2]. » Le bref porte en effet :
« *De libero tenemento suo* [3]; » ténement ou tenure se rapporte
à la propriété féodale.

« Une propriété de franc ou libre ténement, dit Blacstone, *liberum tenementum*, est définie par Britton (c. XXXII) : *La possession du terrain par un homme libre;* et Saint-Germyn nous dit que la loi anglaise appelle *freehold* ou *franc ténement la possession de la terre*. Aussi, légalement parlant, on ne doit appeler *francs ténements* que les propriétés seules pour lesquelles est requise la possession actuelle et effective de la terre, laquelle possession effective ne peut être donnée d'après la loi commune, que par la forme qu'on appelle *délivrance de la saisine*, qui est la même chose que *l'investiture féodale*. De ces principes, nous pouvons déduire cette définition du franc ténement : c'est une propriété en biens fonds transmise par la mise en saisine ou une propriété en ténements de nature incorporelle transmise par ce qui est équivalent à *la mise en saisine*. Aussi Littleton pose-t-il en maxime que, où il y a transmission de *franc ténement*, il doit y avoir *mise* en saisine [4]. »

---

[1] Glanville, lib. XIII, cap. I.
[2] *Idem*, lib. XXII, cap. I.
[3] *Idem*, lib. XXIII, cap. I.
[4] Blacstone, liv. II, ch. VII.

On avait bien admis déjà, à l'époque où écrivait Glanville, quelques-unes des dérogations au droit féodal pur, qui s'introduisirent peu à peu à la faveur de la maxime : *le mort saisit le vif;* mais, au temps même de Blacstone, on n'était pas arrivé en Angleterre à établir d'une manière claire la distinction entre la saisine féodale et la saisine de fait, celle-ci obtenue par une simple détention matérielle, continuée pendant un certain temps, sans que le seigneur ni le *mort* eût saisi, à quelque titre que ce soit, le tenant. Ce principe se lie à celui de la prescription ; l'un et l'autre ne tendent pas seulement à modifier dans l'application les règles du droit féodal, mais à le renverser complétement. En Angleterre, où les principes à quelques égards ont survécu longtemps aux faits, nous voyons Blacstone enseigner que le temps même immémorial sans saisine ne peut donner la propriété.

Nous sommes amené naturellement pour rendre notre pensée plus claire, et aplanir la route que nous avons encore à parcourir, à consacrer un chapitre particulier à la saisine.

CHAPITRE IV.

L'histoire de la saisine en France est intimement liée à la création du système féodal, à son développement, à la réaction qui se manifesta contre ses principes, à la lutte qu'il eut à soutenir, et à sa défaite. C'est de la saisine qu'est née la possession juridique, tout en en restant complétement distincte, et à une époque où la saisine existait depuis plusieurs siècles déjà, même en refusant d'admettre qu'on en doive faire remonter l'origine jusqu'aux Germains.

L'opinion qui donne à cette institution une aussi haute antiquité a été soutenue par MM. Albrecht[1] et Renaud[2], nés tous deux dans la savante Allemagne; le nom de *were* ou *gewere* appartenant à l'ancien droit germanique, fut donné, suivant M. Renaud, aux héritages mêmes, à la propriété particulière, par opposition aux terres communales : cette expression, dit M. Albrecht, rappelait une idée de protection, de défense, de garantie. L'homme, dit *gewerter*, avait l'héritage sous son pouvoir avec le droit, et d'après les

---

[1] *Die Gewere als grundlage des ältern deutschen Sachenrechts*: « La saisine comme fondement de l'ancien droit germanique relativement aux choses. »

[2] *Revue critique de la jurispr. et de la leg.* t. XIX, 1re livr. Analyse de M. Chauffour. *Revue de lég.* 1847, t. II, p. 74 et 325; et t. III, p. 55.

lois politiques, le devoir aussi de le défendre; la *gewere*, ce serait la saisine.

M. Renaud rappelle que l'ancien droit germanique soumettait à la solidarité pour les compositions et les amendes les membres de la même famille. La terre conférait des priviléges politiques. En raison même de l'importance attachée par les lois à la propriété immobilière, condition de tout droit politique et fondement de la garantie collective ou *familiale*, on dut sentir de bonne heure, dit M. Renaud, la nécessité de la faire publiquement reconnaître.

Partout où le droit de propriété est admis, nous croyons qu'on a dû sentir la nécessité de l'entourer de garanties; chez les Germains, on recourut à des cérémonies publiques pour remplacer les actes que le génie ou les usages de ce peuple n'admettaient pas [1]. Mais en résulte-t-il qu'on doive donner le nom de saisine à des formes symboliques qui semblent analogues à celles dont le vieux droit romain nous offre tant d'exemples? Il est permis d'en douter.

On trouve dans les antiquités du droit romain l'usage de certaines pantomimes, l'emploi de symboles matériels comme imprimant seuls aux conventions des parties la force qui les rend obligatoires. Lorsque l'écriture est inconnue ou peu en faveur, lorsqu'on ignore ces formes par lesquelles les peuples civilisés savent donner à de simples actes le sceau de l'authenticité, il faut bien recourir à des équivalents. Le progrès des lumières fit disparaître ces coutumes de la jurisprudence romaine; elles devaient se retrouver, sous une autre forme, chez les peuples barbares qui renversèrent l'empire.

[1] Voir notre premier chapitre.

Nous avons dit que les usages rappelés par la Loi salique, que les diplômes, que les formules contemporaines de ces monuments juridiques nous montrent l'emploi fréquent de toutes les transactions civiles connues jusqu'ici, sans qu'un acte écrit fût en, aucun cas jugé nécessaire pour les constater et les rendre parfaites. On s'explique donc aisément que les transmissions de propriété fussent faites dans le *mall* et entourées de solennités symboliques, destinées à constater l'intention formelle des parties et à fixer les faits dans la mémoire des témoins, qui pourraient être plus tard appelés à les attester[1]. Les objets servant de symbole étaient remis au moment même où le contractant déclarait sa volonté; ils la matérialisaient en quelque sorte par ce moyen et la rendaient palpable.

« Dans une société avancée, dit M. Laboulaye, l'écriture faisant preuve de tout, les contrats diffèrent moins par la forme que par le fond des choses; il n'en est pas ainsi chez les peuples peu civilisés : la forme est le point capital..... Ces formes symboliques, nous les allons voir *chez les premiers Romains; nous retrouverons des usages analogues chez les Barbares*[2]. »

« D'après le droit des époques barbares, dit M. Troplong, la transmission de la propriété est inséparable de certaines formes extérieures et solennelles qui frappent les sens..... Ce droit que nous trouvons en pleine vigueur dans les *antiquités romaines* a rempli le moyen âge; la philosophie l'avait éliminé de la jurisprudence de Rome; la barbarie le

---

[1] *Loi salique,* tit. XLVIII, LXIII, etc. Marculfe, app. form. 19 et 20.
[2] *Histoire de la propriété en Occident,* liv. III, ch. 1er. (Voy. également liv. III, ch. IV et ch. VIII.)

fit rentrer dans la *jurisprudence des peuples* qui prirent la place de l'empire romain[1]. »

Les formes particulières qui constataient les changements de propriété chez les Germains ne sont donc pas l'attribut essentiel de la saisine. Sans doute on les retrouve encore sous le système féodal, de même qu'on les avait vues jadis à Rome; elles ne sont donc pas exclusives de la saisine, mais, à coup sûr, elles ne la constituent pas, ainsi que semble l'enseigner M. Renaud.

M. Renaud va plus loin, il trouve même chez les Germains la distinction entre la saisine de fait et la saisine de droit. « Ces deux sortes de saisines, dit-il, purent appartenir simultanément à des personnes différentes, par exemple, lorsque la tradition n'était pas suivie de l'acte judiciaire, ou quand, au contraire, l'abandon solennel de la saisine avait lieu, mais non la tradition réelle du fonds[2]. »

Aux termes du Code civil, la vente est parfaite entre les parties et la propriété est acquise à l'acheteur à l'égard du vendeur, dès qu'on est convenu de la chose et du prix. S'il s'agit d'un immeuble, dira-t-on, jusqu'à l'acte authentique qui doit réaliser le contrat, que l'acheteur a une saisine de fait et que le vendeur conserve la saisine de droit? L'*acte judiciaire* chez les Germains, ou l'*abandon solennel,* n'étaient que l'équivalent de notre acte authentique.

Si par saisine de fait, M. Renaud entendait la simple appréhension physique, nous n'aurions pas à nous en occuper; mais jamais ce mot n'a été employé dans le langage du droit avec une acception pareille. Si telle n'est pas sa

---

[1] *Rev. de lég.* 1846, t. I, p. 144.
[2] Analyse de M. Chauffour, *Rev. de lég.* 1847, t. II, p. 77.

pensée, en partant de ce principe incontesté que le droit de possession était inconnu des Germains, il faudrait donc admettre, pour donner un sens à la proposition de M. Renaud, qu'il existait dans le droit germanique quelque chose d'analogue à la propriété *quiritaire* et à la propriété *in bonis;* une aliénation que l'on pouvait comparer à la tradition d'une chose *mancipi* faite sans être accompagnée de la mancipation ou de la cession *in jure.* Nous croirons difficilement qu'une pareille subtilité ait pu être comprise par les Germains; dans tous les cas, quel rapport cela aurait-il encore avec la saisine?

M. Renaud veut rattacher au droit germanique le brocard si connu, *le mort saisit le vif.* Le premier monument où il rencontre cet adage, toutefois, est du milieu du xiiie siècle : la raison en est qu'il n'a été inventé qu'à une époque de bien peu antérieure à ce moment. Quant à un proverbe allemand cité par lui, il peut être, nous le voulons bien, contemporain des plus anciennes lois germaines; mais il veut dire simplement que le mort transmet son *hérédité*, non sa *saisine,* au vivant; et cette règle pouvait avoir besoin d'être clairement énoncée, puisque le droit de propriété était d'institution récente chez les Germains lors de leur établissement dans les Gaules; que celui d'hérédité était moins ancien encore peut-être et pouvait, dans tous les cas, être plus sérieusement contesté. Le proverbe exprimait le principe nouveau que les lois avaient admis et voulaient faire respecter. Mais M. Renaud n'a pas voulu apparemment prouver que, sous la Loi salique au moins, le droit de succession était reconnu désormais et que les biens de toute personne décédée appartenaient à celui des parents que la coutume nationale appelait, en premier rang, à recueillir l'hérédité; une pareille proposition n'a pas besoin d'être discutée : elle est admise par tout le monde.

Sans doute nous ne trouvons pas dans les lois germaniques, la théorie romaine qui n'admettait l'acquisition de la *possession* qu'après une appréhension de fait[1]; mais M. Renaud sait bien que la distinction entre la propriété et la possession était inconnue des Germains : comment donc trouver chez eux une règle, quelle qu'elle soit, s'appliquant particulièrement à la possession même? S'il n'était pas nécessaire chez les Germains de faire *acte d'héritier* ou *adition d'hérédité*, à Rome même également, les héritiers *siens* ne devenaient-ils pas, au moins d'après le droit civil, héritiers indépendamment de toute volonté, de tout consentement, à leur insu : *sui autem etiam ignorantes fiunt heredes?* Est-il nécessaire, pour expliquer un pareil fait, de transporter chez les Romains l'institution toute féodale de la saisine, et cette nécessité se fait-elle sentir davantage quand il s'agit des Germains?

La saisine de droit, comme la saisine de fait, sont inséparables, nous espérons le prouver bientôt, celle-là, du système féodal; celle-ci, de l'idée de possession juridique; elles n'ont pas pu exister chez les Germains. Les cérémonies publiques qui entouraient chaque mutation de propriété ont eu, quant à la forme, quelque analogie avec la saisine féodale venue plus tard; quant au fond, il n'y avait aucune ressemblance : « Tout guerrier, a dit M. Guizot en parlant des Francs, qui prit ou reçut du sort une terre, en fut maître comme de sa personne. La plénitude et l'entière liberté de la propriété furent le caractère fondamental des

---

[1] *Rev. de lég.* 1847, t. II, p. 95.

premiers alleux et la conséquence naturelle du mode d'acquisition[1]. » Le caractère fondamental de la saisine, ce qui lui donna naissance, est, au contraire, l'asservissement de cette propriété que M. Guizot nous montre si indépendante aux premiers siècles de la monarchie franque.

M. Albrecht a distingué avec soin la saisine de fait, la saisine de droit, la simple saisine et la vraie saisine; il y a encore la juste saisine et l'entière saisine : chacune d'elles, suivant lui, a ses règles particulières et produit des effets distincts : elles peuvent se trouver réunies : alors, ou elles se limitent, ou elles s'annulent. Elles peuvent exister pour des causes diverses, ou à des titres différents; elles peuvent varier seulement par la date : chacune de ces circonstances a une importance juridique.

La saisine peut être encore, selon M. Albrecht, mobilière ou immobilière : elle doit être envisagée à ces deux points de vue; mobilière, elle aura pour objet une universalité ou des meubles particuliers.

Nous ne pousserons pas plus loin l'exposé des nombreuses distinctions, divisions et subdivisions posées par le docte écrivain, et que Klimrath semble, au moins en partie, avoir adoptées. Si la saisine doit en effet être considérée sous toutes ces faces au point de vue pratique de la jurisprudence allemande, ce que nous n'avons nul intérêt à contester, il est douteux qu'une marche analogue nous conduisît à avoir une histoire claire et précise de ce qu'elle a été en droit français; nous la trouvons, quant à nous, présentant un caractère plus simple, toujours uniforme, quelles que

---

[1] Voy. également M. Pardessus, *Loi salique,* ou *Recueil contenant les anciennes rédactions,* etc. huitième dissertation.

fussent du reste les circonstances dont elle était accompagnée et qui ne modifiaient ni ses règles, ni ses principes.

Le mot *saisina* n'est pas latin : il vient du mot, également barbare, *saisire*, qu'on trouve écrit *saizire, sasire, sesire, seysire,* et de bien d'autres manières encore[1]. Il était dérivé, selon quelques érudits, de *sacire,* employé déjà dans les formules[2]. Il eut dans l'origine le sens de *saisir, appréhender,* et ne représenta aucune idée juridique; plus tard, cette signification s'étendit. Cino da Pistoja, jurisconsulte italien du xiiie siècle, plus connu dans sa patrie comme poëte et prédécesseur de Pétrarque, dont il fut le professeur et l'ami, s'exprimait ainsi : « Prehendere Galli saisire « dicunt, sicut et possessionem saisinam vocant[3]. »

Saisina, qui suit dans la manière d'être écrit toutes les transformations que subit *saisire* lui-même, dont il est tiré, ne remonte pas à une très-haute antiquité. L'exemple le plus ancien qu'en donne Ducange, si on doit reconnaître ce mot dans *sazina* est de 936 : « Accipiant in sazina, dit une « charte de cette époque, S. Salvator per singulos annos so-« lidos tres[4]. »

Saisire, saisina prirent la même acception que *vestire, vestitura,* tels qu'on doit les entendre en droit féodal. Ces derniers mots étaient déjà employés sous les Mérovingiens, soit dans les actes, soit dans les formules, et sous les pre-

[1] Voy. Ducange, v° *Saisire.*
[2] Marculfe, liv. II, form. 41. Le sens de ce mot est fort incertain : « Videant eruditi, dit D. Bouquet, an *sacire* positum fuerit pro *sociare,* « an verò a *saccire* deducatur; denique an inde vox *saisire* ortum ducat. » T. IV, p. 501, note *f.* Voy. également Ducange, v° *Sacire.*
[3] *Cino da Pistoja* ou *Cynus,* l. III, de condict. ob caus. dat. 15.
[4] *Int. probat. nov. hist. occitan.* t. II, col. 74; ap. Ducange.

miers Carlovingiens; mais les changements que la féodalité amena dans les règles du droit, durent en modifier le sens.

Vestitura, en effet, dans les temps anciens, indiquait une simple possession; on lit dans un capitulaire de Charlemagne : « Et dixerunt quod aliqui pagenses..... eos exinde « expellant contra justitiam et tollant nostram vestituram, « quam per 30 annos et amplius vestiti fuimus [1]. » Le même sens était donné à *vestitura* dans la loi lombarde : « Volumus « autem de his libertatibus et rebus reddendis quæ in nostra « vestitura sunt ut primum quosque per optimos inquira-« tur [2]. » Louis le Débonnaire s'exprimait également ainsi dans un capitulaire de 819 : « Si quis proprium nostrum quod in « vestitura genitoris fuit, alicui quærenti sine nostra jus-« sione reddiderit...... etc. [3]. »

Ce mot, qu'on trouve écrit *vestitio, vestura, vestitudo, vestio, vestimentum, etc.* perdit tout à fait sa première acception dans la période féodale : « *Vestitura*, dit Ducange, hoc « ipsum est quod investitura; hoc est in possessionem mis-« sio [4]; *vestire*, possessionem conferre rei alicujus [5]; *vestitus*, « qui de re aliqua investitus est [6]. »

Saisina, venu plus tard, ne fit pas disparaître *vestitura*; quelquefois, même sous la féodalité, le premier de ces mots indique encore la possession simple; quelquefois il est pris pour la chose même saisie, mais le sens usuel et le seul ju-

[1] *Præcept. Car. m. pro hisp.* 813. Baluze, t. I, p. 499.
[2] *L. longob.* lib. II, tit. LII, § 17.
[3] 1er cap. de 819. D. Bouquet, t. VI, p. 416.
[4] Ducange, *Glossar.* v° *Vestitura*.
[5] *Idem*, v° *Vestire*.
[6] *Idem*, v° *Vestitus*.

ridique se rapporte à la véritable *missio in possessionem* féodale.

Nous avons vu chez les Germains l'usage des cérémonies symboliques s'appliquer à toutes les conventions ; l'écriture, introduite peu à peu chez les Francs, ne changea pas cet état de choses, parce que cet emprunt fait par les mœurs à la civilisation romaine laissa intacts les anciens principes du vieux droit germanique. On combina les actes avec ces formes matérielles, et c'est ainsi même que la connaissance en est parvenue jusqu'à nous. De nombreux documents attestent l'usage d'attacher la *festuca* à l'acte écrit qui avait été dressé.

L'avénement du droit féodal amena des modifications profondes dans les principes mêmes de la propriété, mais non dans les formes qui servaient à la transmettre : « Fie-
« bant porro traditiones ac investituræ, dit Ducange, non
« nudo verbo aut per simplex instrumentum, vel chartam,
« sed per symbola quædam, quæ rei in alterius dominium
« translationem factam reapse denotarent. Fuerunt symbola
« illa primo stata ac fixa, id est, legibus vel consuetudine
« apud omnes recepta ac usu definita : ita ut uno eodemque
« fere modo possessionis translationem factam advertere sit,
« vel certe res eadem in ea adhibitas quæ possessionem in
« alium transductam omnino significarent ; adeo ut pene
« eadem apud omnes gentes forma ac formula fuerit.

« Ea autem potissimum adhibere veteres in ejusmodi tra-
« ditionum symbolis, quæ affinitatem aliquam haberent
« cum re quæ donaretur et cederetur : ita ut agri vel prædii
« investituram factam denotarent, cespitem, glebam, seu
« *wasonem* uti loquebantur, ex ipso agro desumptum, in
« manus illius, cui donabatur, tradebant : quo symbolo fundi

« proprietas prorsus in eum translata innuebatur. At ne tan-
« tum solum ipsum concessum crederetur, addebatur et ra-
« mus quo comprehenderetur soli superficies....

« Erant præterea aliæ investiturarum formæ, usu ac mo-
« ribus definitæ et receptæ[1]. »

Ces formes appartiennent à l'ancien droit comme au droit féodal qui lui succéda ; mais il y eut changement dans l'autorité qui présida à l'accomplissement de ces diverses formalités, et le seigneur féodal remplaça l'ancienne autorité dépositaire du pouvoir civil et du pouvoir judiciaire[2].

---

[1] Ducange, v° *Investitura*.
[2] Le cérémonial usité pour l'investiture ou l'ensaisinement féodal est décrit avec détail dans l'Ancien coutumier d'Artois :« Quand li hons, dit ce texte, vent par l'assentement de son hoir, il convient premerement qu'il soit seu dou seigneur, de qui li hiretages est tenus, et des honmes qui l'ont à jugier, pour savoir se li venderes i a fait about ne assenement. Se li sires et li honme dient qu'il n'i sevent about ne assenement, aler poet-on avant ou vendage. 6. Et convient le vendeur raporter tout l'iretage par raim et par baston en le main dou signeur pour abireter l'achateur. 7. Et convient que li hoir, se c'est fief, le raporte aussi, et die qu'il tout le droit qu'il a en cel hiretage, ou que eskair li pooit, il raporte en le main dou signeur al oes l'achateur, et le doit nonmer. 8. Le raport fait en ceste maniere, li sires doit conjurer ses honmes, s'ils en ont tant fait, qu'ils n'i ait mais droit. Demander leur doit qu'il en a à faire; et il doivent dire par jugement que li sires en abirete ce l'acateur. 9. Li sires l'en doit tantost abireter, demandé avant au vendeur, si se tient por paiiet et lui seur de se droiture; saisir le doit en disant : Je vous en saisi, sauf tous drois, en main comme ceste figure le montre[1]. 10. Ce fait, li sires doit conjurer ses honmes, s'il en est bien abiretés et à loy. Li honmes doivent dire qu'il en est bien abiretés et à loy. 11. S'il est ensi fait, il i est fait bien et sollenneument et si comme

---

[1] Le manuscrit contient un dessin représentant la pantomime jouée par les acteurs.

Nous voyons donc, en droit germanique, la propriété acquise, comme aux premiers temps de Rome, par des formalités matérielles et symboliques. Nous retrouvons ces mêmes formes dans l'investiture féodale; mais ce serait une préoccupation étrange de croire, en se fondant sur cette analogie, qu'il n'y avait eu de changé que le seigneur substitué au comte germain et à l'assemblée du *mall*. Les formes romaines et germaniques ont pour but de rendre aussi authentique que possible l'expression libre de la volonté des contractants; seule elle a le pouvoir de former le contrat; aussi l'usucapion ou la prescription d'an et jour remplacent au besoin cette manifestation, parce qu'elles font présumer la volonté. La terre est libre; l'indépendance de ceux qui la possèdent, entière.

L'investiture féodale est le signe, au contraire, de l'asservissement du sol et de la suprématie du seigneur sur celui qui accomplit devant lui les cérémonies symboliques. La terre est imprescriptible; la volonté du seigneur en donne la jouissance, et rien ne peut tenir lieu de cet octroi souverain. C'est le bénéfice des temps mérovingiens étendu à toutes les terres; c'est l'exception, avec ses restrictions nombreuses et gênantes, devenue la règle générale.

Le fief, à la mort du feudataire, était donc censé revenir au seigneur; c'était de lui que l'héritier le recevait, après avoir prêté le serment de fidélité et l'hommage féodal. « Cette règle, dit M. Beugnot, était la base fondamentale de la féodalité, et pour déterminer si dans un pays quelconque

drois et coustume le requert. 12. Et en cette manere, le convient il faire de terre censive, par les rentiers qui à jugier l'ont. » (*Ancien coutumier d'Artois*, ch. XXIV.)

ce système politique a subi des atteintes graves, il suffit de rechercher si l'autorité de cette maxime y est ou n'y est pas respectée [1]. »

Pour procéder avec ordre, nous raisonnons en ce moment au point de vue du droit féodal pur, et avant que ses principes eussent reçu aucune atteinte ; mais on arriverait toutefois à exagérer la portée de la règle féodale, si l'on assimilait complétement le suzerain à un véritable propriétaire des biens de son vassal, et l'investiture à une donation due entièrement à son bon plaisir. Le droit supposait que toute personne, en mourant, se dessaisissait de ses biens entre les mains de son seigneur ; les héritiers étaient obligés de les reprendre de lui, en lui faisant foi et hommage ; en acquittant, en outre de ces marques d'honneur, des droits qui composaient pour les seigneurs des revenus considérables ; mais ces droits honorifiques et financiers, bien d'autres encore établis par la coutume et aussi gênants pour le vassal qu'avantageux au seigneur, n'ont jamais eu ce résultat que le suzerain pût, de sa pleine autorité, s'adjuger les biens de son vassal décédé et refuser d'en investir l'héritier qui justifiait de ses droits. L'ensaisinement consommé ne faisait même nul obstacle à ce qu'un ayant droit réclamât la chose qui devait lui appartenir, et ne l'enlevât, s'il justifiait de son droit, au possesseur mal à propos ensaisiné ; le coutumier cité par nous tout à l'heure le dit en termes exprès : « 2. Car nus sire ne reçoit homme en son honmage, ne ahirete, que ce ne soit salf le droit de lui et d'autrui en toutes choses [2]. » Et dans la formule d'en-

---

[1] *Assises*, t. I, p. LIX.
[2] *Anc. cout. d'Artois*, ch. XXVI, § 2.

saisinement, on lit : « Je vous en saisi, sauf tous drois [1]. »

Cette réserve est partout et toujours exprimée, dans tous les monuments du droit féodal, dans les assises comme dans l'Ancien coutumier de l'Artois, texte très-ancien et appartenant à une province où les principes les plus rigoureux du droit féodal se maintinrent fort tard avec une ténacité toute particulière.

La saisine, il faut bien se le rappeler, même au temps classique du droit féodal, n'était donc que la reconnaissance d'une propriété présumée, mais présomption toujours prête à céder à toute preuve contraire. « Car li droit de le propriété trait a lui le saisine. Mais ce ne fait mie le saisine, le propriété [2]. »

L'édit de 877 de Charles le Chauve, qui rendit les fiefs héréditaires [3], pourrait être considéré comme ayant fondé le droit féodal en France, s'il n'avait eu d'autre effet que d'apporter une sanction légale à un état de choses depuis longtemps accompli ; les termes de cet acte se prêteraient difficilement à engendrer comme conséquence la perte pour tous les vassaux de la propriété de leurs terres. Dans les fiefs de reprise, dont nous avons parlé, si les possesseurs consentirent, en échange de la protection qu'ils attendaient de leur suzerain, à se soumettre aux obligations nombreuses et aux charges réelles qu'entraînait pour eux la qualité de vassal, on ne pourrait pas admettre aisément qu'ils se fussent résignés au sacrifice de leur propriété même. Nous croyons inutile d'insister davantage sur ce point : des raisons

---

[1] *Anc. cout. d'Artois*, ch. XXIV, § 9.
[2] *Anc. cout. d'Artois*, tit. XX, § 29-30.
[3] Édit de 877 ; Baluze, t. II, p. 269.

d'un ordre général, comme les textes positifs et les termes mêmes des formules employées, démontrent que l'investiture ou l'ensaisinement ne peuvent, en aucune façon, être assimilés à la donation que ferait un propriétaire d'une chose lui appartenant; qu'ils ne constituaient pas un titre de propriété; que c'était le simple envoi en possession de l'ayant droit présumé, sauf tout recours qui restait toujours ouvert.

Sous les réserves que nous venons de poser, cette maxime : *nulle terre sans seigneur*, fut admise au moyen âge dans toute la France; et cette maxime, qui exprimait l'état du pays d'une façon si énergique, ne recevait aucune limitation. Les alleux avaient disparu, ou du moins leur nombre était tellement restreint, que les coutumes ne s'en occupent même pas. Le vasselage avait tout envahi, et la seule distinction qu'il eût laissée subsister entre les différentes terres rendait les unes nobles et leur donnait le nom de fiefs; faisait les autres roturières et les appelait censives. L'héritier ou l'ayant droit ne pouvait se mettre en possession des unes comme des autres sans avoir payé au suzerain la prestation de foi et hommage et la finance [1]. La redevance était exigée en toute occasion, et l'ensaisinement en était la sanction.

---

[1] « La façon d'entrer dans l'hommage d'autruy est telle, dit un ancien document, c'est à savoir que le seigneur féodal doit estre requis humblement par son homme qui veut faire foi d'hommage, d'estre receu à foi, ayant la teste nue; et si le seigneur se veut seoir, faire le peut; et le vassal doit desceindre sa ceinture, s'il en a; oster son espée et son baston et soi mettre à un genouil et dire ces paroles : « Jeo deveigne « vostre home de cest jour en avant, de vie et de membres et foy à vous « porterai des tenemens que jeo claime de tenir de vous. » A la suite de l'hommage venait le serment de fidélité. (Voy. Ducange, v° *Fidelitus*.)

La partie purement fiscale de ce régime ne devait pas périr; elle est encore en pleine vigueur dans le système des droits d'enregistrement [1], et peut, en conséquence, être facilement comprise.

Nous nous sommes servi indifféremment, pour rendre la même idée, des mots *investiture* et *saisine;* on les trouve en effet employés dans les anciens documents avec la même signification, et s'appliquant aux mêmes objets. A une époque beaucoup plus rapprochée, la consécration donnée par le seigneur s'appela proprement *investiture* pour les fiefs, et *saisine* et *dessaisine*, *vest* et *devest,* pour les censives; les droits payés dans ces circonstances, fort divers selon les lieux, s'appelaient pour les fiefs, *relief;* pour les héritages de roture, *droit de saisine;* plus tard, on le désigna sous le nom, si connu dans l'ancienne jurisprudence, de *lods* et *ventes.* Ces distinctions entre l'investiture et la saisine, de date récente, laissent aux deux mots une signification identique, puisqu'elles ne portent que sur les objets auxquels ils s'appliquent, et en outre n'ont jamais été bien observées : « No-« verit universitas vestra me constituisse Sampsonem de « Adingrave attornatum meum ad ponendum Johannem.... « nomine meo in saisina de omnibus terris et tenementis « quæ habui in villa de Adingrave [2]. »

Aucune difficulté à déterminer la signification et le caractère de la saisine ne se présente encore à nous. Nous n'avons pas encore rencontré ces distinctions si malheureusement obscures de la saisine de fait, de la saisine de droit,

---

[1] Voy. *Traité des droits d'enregistrement,* par MM. Championnière et Rigaud.

[2] *Charta ann. 1271 in antiquit. Ambr.* p. 275, ap. Ducange.

de la vraie saisine; puis de la vraie saisine de fait et de droit, de la simple saisine, de la juste saisine, de l'entière saisine, etc. ainsi que des causes diverses qui y donnent lieu et des titres différents auxquels elles existent. Nous n'avons encore qu'une saisine; elle n'a besoin d'aucune qualification et ne doit, en droit, en recevoir aucune. Si bientôt la question va nous paraître moins simple, nous ferons en sorte qu'elle ne cesse pas d'être claire.

Il vint un moment où ces droits de saisine dont nous venons de parler, payés au seigneur en toute occasion, parurent odieux; où l'on se révolta contre cette obligation imposée au fils d'aller demander au seigneur son envoi en possession dans les biens de son père; ce fut la première attaque dirigée contre le pouvoir féodal. Pour enlever aux seigneurs cette prérogative éminente qui les rendait maîtres de toutes les successions, au lieu de la saisine effective, on en créa une toute fictive, et l'on inventa ce brocard : *le mort saisit le vif,* qui devint un principe fondamental du droit français. Il ne s'appliqua d'abord qu'aux héritiers en ligne directe, qui furent ainsi dispensés de demander la saisine au seigneur; mais ce n'en était pas moins une atteinte profonde aux règles essentielles du droit féodal. « Chez les chrétiens d'Orient, dit M. Beugnot, le principe du contrat féodal s'était mieux conservé; cependant on ne peut nier qu'ils ne lui eussent porté une atteinte quand ils admirent la saisine de plein droit en faveur du fils aîné ou de la fille aînée; car toute saisine de ce genre, quelles que soient ses limites, est exclusive des droits du seigneur [1]. »

On trouve cette règle mentionnée dans les Établisse-

---

[1] *Assises,* t. I, préface, p. LIX.

ments : « Li usages de Paris et d'Orliens, dit ce texte, si est tieux que li mort sesit le vif[1]. » Mais elle doit remonter à une époque plus reculée, pour qu'on puisse expliquer qu'elle ait été admise déjà en Orient, lorsque Jean d'Ibelin écrivit son ouvrage : « Quant fié escheit, le fiz ou la fille qui est dreit heir de celui ou de celle de par qui il li escheit, se peut metre par sei, se il est d'aage à fié avoir, en la saisine de cel fié, quant le père ou la mère en muert saisi et tenant come dou sien sans ce que il mesprent vers le seignor d'aucune chose[2]. » De France, elle s'était répandue dans les autres contrées, et partout elle avait été admise, parce que, ainsi que le remarque de Laurière, c'était l'utilité qui l'avait introduite parmi nous[3].

On a cherché à préciser l'époque où cette maxime a pris naissance. Louis IX en trouve l'origine dans le droit romain, cité par ce saint roi, dans cette occasion, avec aussi peu d'à-propos que dans mille autres endroits des Établissements. A ce point de vue, on ne peut s'étonner de la mauvaise humeur de Cujas, s'indignant, pour le plus grand honneur du droit romain, de la fausse interprétation donnée à la loi *cum miles* : « Unde vox illa, dit-il, de via collecta *le mort saisit le vif,* qua ducitur ex prava interpretatione horum verborum; « quia possessio quasi juncta descendit in heredem, ubi tamen possessio non est *saisine* ut vocant, sed usucapio. » Pithou a parlé dans le même sens; mais de Laurière répond avec beaucoup de justesse que c'est par raison d'utilité « que la règle : le mort saisit le vif, a été introduite parmi nous,

---

[1] *Établissements de saint Louis,* liv. II, ch. IV.
[2] Jean d'Ibelin, ch. CLI; *Assises,* t. I, p. 227.
[3] *De Laurière sur Loisel,* l. II, tit. XV, r. 1.

et non point par erreur ou parce qu'on n'a point entendu la loi *cum miles,* comme l'ont cru M. Cujas et M. Pithou[1]. » Elle a dû son origine à la haine qu'inspirait le droit féodal, et ne remonte pas plus haut que le commencement de la lutte qu'il a eu à soutenir contre le droit coutumier.

« C'est à savoir, dit le Grand Coutumier, que si notoirement il appert de la ligne et de lignage, le successeur en est du tout saisi de droit et ne lui est necessaire d'aller ni au segneur, ni au juge, ni autre; mais de son autorité se peut de fait ensaisiner[2]. »

Cette règle, désormais admise au xiv° siècle, au moins en principe général, avait eu de la peine à s'établir; le droit féodal y résistait et défendait le terrain pied à pied : « Mort saisit son hoir vif, dit Desmares, combien que particulierement il y ait coutume locale où il faut nécessairement saisine du seigneur[3]. » Les fiefs nobles, à l'époque même où écrivait l'auteur du Grand Coutumier, n'y étaient pas soumis : « Si c'est un fief noble, saisine de droit n'est acquise sans foi, car le seigneur direct est avant saisi que l'héritier[4]. »

Loisel, bien plus tard, disait encore : « Toutefois, l'on ne peut acquérir vraie saisine en fief sans foi ou assentiment du seigneur[5]. » Mais cela doit être entendu dans le sens où l'explique Klimrath : « L'héritier, dit-il, est saisi des fiefs comme des autres biens, mais à condition de prêter la foi et hommage dans le délai voulu, sous peine de saisie du fief. Beau-

---

[1] *Glossaire du droit français,* v° *Mort saisit le vif.*
[2] *Gr. Coust.* liv. II, ch. xxi.
[3] Desmares, dec. 234.
[4] *Gr. Coust.* liv. II, ch. xxi.
[5] Loisel, liv. V, tit. iv, règle 8.

manoir avait déjà observé que *se che est fief, il doit aler à l'honmage du seigneur dans les quarante jours que il est entré en la saisine*: expressions qui montrent clairement qu'il avait la saisine antérieurement à la prestation de la foi[1]. »

Jusqu'au moment où nous sommes arrivé, il n'y avait eu qu'une saisine ; désormais, évidemment, il y en eut deux. Si l'on tient à les distinguer, il n'est pas difficile de voir que l'une était conférée et l'autre de plein droit : différentes par la manière dont elles étaient acquises, elles étaient identiques par les effets qu'elles produisaient. Quand cette seconde saisine s'établit, elle ne reçut pas une qualification particulière qui en aurait tout d'abord révélé l'origine ; on voulait, au contraire, la confondre autant que possible avec l'autre, les assimiler complétement. C'était le seul moyen d'en faire une arme pour battre en brèche le droit féodal.

Ce premier pas une fois fait, on ne s'en tint pas là : la maxime *le mort saisit le vif* s'étendit aux collatéraux.

Le droit des Assises enseigne « que autre que l'ainzné des fiz ou des filles de celui ou de celle de par qui le fié lor eschiet se met de sa auctorité en la saisine ne en la tenure[2] ; » mais en France, les légistes adoptèrent d'autres principes : on en trouve la preuve dans les *Olim*, qui parlent avec détails, et à plusieurs reprises, de la saisine en cas de *nouvelle echoite*[3].

---

[1] Klimrath, t. I, p. 387.
[2] Jean d'Ibelin, ch. CLI ; *Assises*, t. I, p. 227.
[3] « Esquéance [ou escheoite], dit Beaumanoir, si est quant heritages esquiet de costé par la défaute de ce que cil qui muert n'a nul enfant, ne nul qui de ses enfans soit issu, si que ses heritages esquiet au plus prochain parent ; si comme à ses frères, ou à ses sereurs, si il n'i a nul

Au lieu de l'ancienne maxime que toute personne était censée, en mourant, se dessaisir de ses biens entre les mains de son seigneur, on fut donc réputé, d'après les nouveaux principes, en avoir remis la possession à son plus proche parent habile à succéder, et l'en avoir valablement ensaisiné. « Se aucuns ne li empesche sesine, dit Beaumanoir en parlant de l'héritier, il ne li est pas mestier que il en face demande, car il peut entrer en la chose dont drois ou coustume li donne la sesine, sans parler à seigneur [1]. »

La saisine était aussi donnée par justice.

Enfin, il vint un moment où la saisine fut acquise par le seul laps de temps, et alors seulement on connut en France la possession juridique. Elle n'existe ni dans les Assises ni dans les auteurs anglo-normands; mais nous la trouverons dans les *Olim* et dans Beaumanoir.

Cette dernière saisine eut, en effet, un caractère nouveau. Aussi fut-elle désignée d'une façon particulière et prit-elle le nom de saisine de fait, *saisina facti,* par opposition à l'ancienne, qu'on appela saisine de droit, *saisina juris.*

Ces dénominations n'étaient pas arbitraires; elles devinrent utiles quand un fait juridique, inconnu jusqu'à ce moment, vint à se produire, et leur valeur a toujours été facilement comprise.

Le mort saisit le vif n'exprima pas une idée nouvelle, mais bien l'application particulière d'une idée ancienne. Le seigneur saisissait le vassal : voilà le principe; on en fit une

frere; ou à ses oncles, si il n'i a nul frere ne sereurs; ou à ses autains, si il n'i a freres, ne sereurs, ne oncles; ou à ses cousins germains, ou à ses cousines germaines, s'il n'i a nul plus prochain, ou à son plus prochain parent dedans le quart degré de lignage. » (Beaumanoir, ch. IV, n° 3.)

[1] Beaumanoir, ch. XXXII.

application nouvelle en disant que, du père à l'enfant, le mort saisirait le vif. Par une fiction de droit, on fit passer un fait du propre au figuré en lui conservant la même valeur; les effets furent identiques. Il n'y eut donc qu'extension d'un principe reconnu.

« Le terme de *saisine,* dit Klimrath, n'est plus guère employé aujourd'hui que pour désigner le droit qu'a l'héritier du sang ou l'héritier institué (le légataire universel), en concours avec de simples collatéraux, de se dire possesseur de la succession qui lui est échue, sans avoir besoin de demander l'envoi en possession par le juge, comme le successeur irrégulier, ni la délivrance par l'héritier saisi, comme les légataires à titre universel ou particulier. Dans notre ancien droit, ce terme avait une signification plus étendue, et les principes généraux sur la saisine servaient de règle à tous les droits quelconques qu'on peut avoir sur une chose[1]. »

Ces observations de Klimrath sont fort justes; mais pourquoi en était-il ainsi? C'est que toute mutation de propriété, à quelque titre qu'elle fût, donnait ouverture aux droits du seigneur manifestés par la saisine non fictive mais réelle. La partie fiscale de ce système, nous l'avons dit, est encore en pleine vigueur : toute mutation de propriété immobilière donne ouverture à un impôt prélevé aujourd'hui par le gouvernement; la partie purement honorifique, essentiellement féodale, est tombée sans que nul ait pu la recueillir.

« Dans la plupart des nombreux exemples ou formulaires que les coutumiers nous ont conservés du cas de nouvelleté, dit encore Klimrath, le demandeur allègue ordinairement

[1] Klimrath, t. I, p. 356.

possession, non pas seulement d'an et jour, mais de 10, 20, 30 ans, ou possession immémoriale, ou par tel temps qu'il puisse et doive suffire à bonne possession avoir acquise et retenir (*Ancien coutumier d'Artois,* ch. XIX, § 1, 2, 5; *le Grand coutumier de France,* liv. III, ch. XXIII; *Somme rurale,* liv. I, ch. XXI). Il est vrai que Beaumanoir ne veut pas qu'on puisse cumuler ainsi le possessoire et le pétitoire, sous peine d'avoir perdu le possessoire (*Coutumes de Beauvoisis,* ch. XXIII). Mais cette opinion n'a point prévalu. Eudes de Sens notamment enseignait le contraire (*le Grand coutumier de France,* liv. II, ch. XXI). Jean Bouteiller veut toutefois qu'on proteste que si l'on dit chose qui touche à la réalité, ce n'est que pour conforter sa saisine et possession [1]. »

A toutes les autorités qu'il cite, Klimrath aurait pu joindre les *Olim,* dont il avait fait une étude particulière et où il aurait trouvé de nombreux exemples de ces longues possessions alléguées dans les instances relatives à la saisine. Il aurait pu aussi faire connaître la cause de cette singularité.

La saisine de fait obtenue au moyen d'une simple détention était si essentiellement contraire au principe féodal, que son apparition amena comme suite nécessaire la restauration des règles de la prescription, qu'on alla chercher dans les Pandectes. A l'origine, les principes n'étaient pas bien fixés; les règles n'étaient pas connues; les parties, hésitant encore sur leurs droits, pensaient qu'il n'était pas hors de propos de l'appuyer d'un principe analogue et qui paraissait avoir plus de force. Mais lorsque la possession

---

[1] Klimrath, t. I, p. 372.

juridique eut pris place définitivement, sous le nom de saisine de fait, parmi les principes du droit; que le délai nécessaire pour l'acquérir fut bien fixé, on proscrivit avec raison cette confusion, et l'on comprend pourquoi Jean Bouteiller recommande qu'on proteste au moins que si l'on dit chose qui touche à la réalité, ce n'est que pour conforter sa saisine et possession.

La saisine, il faut donc bien le remarquer, n'a jamais été en aucun temps ni la propriété, ni la prescription qui l'aurait donnée; ce n'est ni un titre pour reclamer le domaine, ni un droit pour s'y maintenir; ce n'est pas une manière d'acquérir ou de se libérer. La saisine conférée par le seigneur peut être comparée, à certains égards, à l'envoi en possession que le légataire universel doit, aux termes du Code civil [1], demander au président, si le testament est olographe ou mystique; cet envoi en possession ne pourrait créer un droit s'il n'existait pas déjà. La saisine de plein droit introduite plus tard en faveur des héritiers du sang était la représentation exacte de celle qui existe encore de nos jours. La saisine de fait, dès l'instant qu'elle eut été créée, fut ce qu'elle est encore, la possession juridique donnant ouverture à la complainte.

Quant à la signification non juridique du mot *saisine*, d'après laquelle ce mot était synonyme de simple appréhension, sans aucun rapport de droit, nous n'avons pas à nous en occuper.

Une certaine confusion a existé jusqu'à présent dans cette matière; le savant de Laurière n'est peut-être pas lui-même à l'abri de tout reproche à cet égard. Dans sa curieuse dis-

---

[1] *Code civil*, art. 1008.

sertation sur le ténement de cinq ans, non-seulement il trouve la saisine dans la Loi salique, mais encore dans les chartes des communes, où l'an et jour constitue une véritable prescription acquisitive de propriété; loin d'être la saisine, l'an et jour, dans ces monuments juridiques, dispense de la demander [1].

Ce que l'on appelait *ténement* dans la Touraine, le Loudunois, l'Anjou, le Maine, n'était pas autre chose qu'une prescription; aussi la durée, fixée d'abord à un an et un jour, en fut-elle successivement prorogée : « Là, dit la Coutume de Hainaut, où on pouvait par cy devant en héritages et rentes de main-fermes, acquérir possession valable par en jouir an et jour paisiblement contre personne puissante de fourfaire les dits héritages ou rentes, au présent nul ne s'en pourra vanter en telle possession s'ainsi n'est que en lieu d'ung an, il ayt joui et possédé le terme de trois ans entiers [2]. » Le Maine, l'Anjou, la Touraine, le Loudunois prolongèrent également l'ancien délai jusqu'à trois ans, puis jusqu'à cinq ans. L'erreur de de Laurière, assimilant à la saisine ce ténement de cinq ans est manifeste, puisque c'était une véritable prescription libératrice dans les coutumes des provinces citées par nous, contre les dettes hypothécaires et les rentes constituées. « Si aucun, dit une ancienne coutume, acquiert ou achète d'autres anciens héritages ou ayt eu lesdits héritages en assiette de certaines rentes ou hypothèques qu'il avait acquises dessus et les tienne et les possède par an et par jour paisiblement, sans adjournement à interruption ou autre inquiétation, tel acquest

---

[1] *Dissertation sur le ténement de cinq ans,* ch. III, n° 2.
[2] *Coutume de Hainaut,* ch. XXVII, art. 1er.

est exempt de toutes rentes, charges ou hypothèques constituées sur ledit héritage par le vendeur depuis trente ans [1]. »

La saisine ne pouvait pas avoir cette valeur.

Nous nous trouverons également en désacord avec Klimrath. Ce jurisconsulte érudit, après avoir rapporté quelques unes des chartes du XIIe siècle, dont nous avons parlé dans le chapitre II, accordant la propriété des choses possédées pendant un an et un jour dit : « Dans les premiers siècles du moyen âge, les relations étaient peu étendues ; presque toutes les transactions purement locales et les rapports de voisinage encore très-puissants. La possession de chacun était un fait notoire, et la transmission de la saisine de droit entourée de garanties solennelles de publicité. On pouvait donc présumer justement, lorsqu'un homme avait été en possession paisible, sans trouble et sans calenge pendant un an et un jour, au su et au vu de celui qui avait pouvoir et intérêt d'y contredire, que celui-ci reconnaissait par son silence avoir abandonné ou perdu son droit. Lorsque les relations s'étendirent, en même temps que l'intervention des pairs et voisins dans les jugements et les actes d'investiture devenait moins régulière, la brièveté du délai dut être cause, plus d'une fois, de forclusions injustes. D'un autre côté, les croisades et autres guerres ou expéditions lointaines multiplièrent et prolongèrent les absences pendant lesquelles le délai d'an et jour ne pouvait courir, en sorte que cette cause passagère de suspension devint en quelque sorte permanente et empêcha tout règlement définitif des droits. Ces deux causes contraires firent accueillir avec faveur les dispositions

---

[1] *Anciennes coutumes d'Anjou*, citées par Laurière, *Dissert. sur le ténement de cinq ans*, p. 84.

du droit romain, dont l'étude venait de renaître, relativement à la prescription, principe totalement étranger au droit germanique primitif[1]. »

Nous croyons avoir démontré que la prescription ne fut pas totalement étrangère au droit germanique; mais la féodalité la fit disparaître [2]. Klimrath n'a pas fait attention à l'opposition qui existait entre ce principe et le système féodal. Les textes cités par lui et auxquels ses réflexions servent, pour ainsi dire, de commentaires, sont du xiie siècle; de l'époque précisément où, par suite des causes signalées par Klimrath, on aurait dû abandonner la prescription d'an et jour, pour se rallier aux longues prescriptions du droit romain. Ce besoin, pour les communes au moins, ne se faisait donc pas sentir; en insérant le principe des courtes prescriptions dans leurs chartes mêmes d'affranchissement, non-seulement elles indiquent, cela va de soi, qu'elles ne voulaient pas renoncer à cette règle, qu'elles la trouvaient encore utile et bonne; mais, en outre, que cette règle, si elle avait existé dans des temps reculés, avant que les principes du droit germanique eussent été modifiés par le droit féodal, avait cessé d'être en vigueur et avait besoin d'être rétablie. Les principes insérés dans les chartes d'affranchissement constituent rarement des innovations réelles; mais ils marquent un retour à d'anciennes règles que la féodalité avait cherché avec plus ou moins de succès à renverser. C'est donc de l'époque où Klimrath prétend que cette prescription d'an et jour a été abandonnée, que nous serions disposé au contraire à dater son acte de naissance, ou

---

[1] Klimrath, t. I, p. 369.
[2] Voy. les chapitres i et ii.

pour mieux dire de résurrection ; mais elle devait être comptée au xii° siècle parmi les privilèges purement locaux ; ajoutons que le principe était trop simple pour donner lieu, dans aucun cas, au moindre embarras. Quant aux longues prescriptions, elles ne furent invoquées qu'au déclin du droit féodal, qu'après la création et la reconnaissance en France de la possession juridique, à laquelle on attribua l'ancien délai de la prescription germaine. Klimrath semble avoir ignoré complétement ces circonstances ou n'avoir voulu en tenir aucun compte.

La transmission de la saisine de droit entourée de garanties solennelles de publicité qui semble à Klimrath s'appuyer sur la possession annale, en est l'antipode. L'an et jour, aux termes des chartes, devait rendre inutiles les formalités symboliques de la saisine féodale. Nul n'a jamais pensé que la saisine du seigneur, c'est-à-dire celle qui était en effet entourée de solennités, eût besoin d'être consolidée par l'an et jour ; mais les seigneurs d'une part, leurs adversaires de l'autre, ont pu lutter pour savoir si la possession, dont parlent les chartes, aurait pour effet de dispenser celui qui pouvait l'invoquer de tout autre droit, par opposition aux règles féodales, qui repoussaient le principe de la prescription ; et, en outre, des solennités publiques, que le seigneur seul pouvait accomplir. Les dispositions contenues dans les chartes ont été le prix d'un combat.

Klimrath voit dans ces dispositions qui, accordent à la possession d'an et jour le pouvoir de donner la propriété, la preuve qu'il a existé une saisine qu'il appelle *la vraie saisine de fait et de droit* qui n'était autre que le domaine[1].

---

[1] Klimrath, t. I, p. 368 et suiv.

Il y a confusion. La possession dans les chartes donne bien la propriété, cela est incontestable; mais ni dans les chartes citées par Klimrath, ni dans les autres en très-grand nombre qu'il aurait pu citer encore, on ne rencontre le mot *saisine*, soit seul, soit qualifié, de fait ou de droit, vraie ou fausse, juste ou non. Le mot *saisine* est particulier au droit féodal, contre lequel réagissent les communes qui se font octroyer des chartes; bien loin de s'appuyer sur la saisine, c'est un triomphe pour elles que de l'abolir en restaurant le principe de la prescription. Prescription ou propriété et saisine n'ont aucune analogie.

Nous ne pouvons reprendre une à une toutes les propositions contenues dans le travail de Klimrath sur la saisine; son point de départ manque de justesse et de netteté; mais nous croyons devoir relever encore une erreur qu'il a commise.

Klimrath ne croit jamais avoir assez divisé et subdivisé la saisine, pour laquelle il trouve une multitude d'épithètes dont il fait autant de dénominations juridiques, ayant, selon lui, un sens particulier qu'il cherche à définir; il en résulte une certaine confusion dans le cours de sa dissertation, où l'on trouve d'ailleurs une érudition si profonde, et une connaissance si parfaite de notre ancien droit : il parle de la SIMPLE saisine de droit et de la SIMPLE saisine de fait. « Nous sommes donc amené, dit il, à étudier la simple saisine de droit, et, par suite, la simple saisine de fait. Mais, avant tout, il importe de fixer la terminologie que la confusion du droit romain avec le droit coutumier, et l'oubli des vrais principes ont rendue assez incertaine[1]. »

[1] Klimrath, t. I, p. 377.

Parler de ce qui, dans l'ancien droit, a porté le nom de *simple saisine* dans une étude consacrée à la saisine proprement dite, sans établir tout d'abord la différence fondamentale qui les séparait, c'est vouloir à plaisir embrouiller les questions. Quant à nous, nous commencerons par proclamer qu'il y a eu, à une époque assez avancée du moyen âge, une saisine *de droit* et une saisine *de fait,* mais qu'il n'y a jamais eu qu'une seule *simple saisine,* et nous allons dire ce qu'elle a été.

La simple saisine ne date que du xivᵉ siècle : le moment où elle est née, la cause qui l'a créée, son but, sa signification, et jusques au nom de son fondateur, sont parfaitement connus et n'ont jamais donné lieu à la moindre discussion.

Simon de Bucy, premier président du parlement de Paris, vit que dans le droit romain, en outre de l'action réelle ou revendication, le demandeur pouvait avoir l'action personnelle ou condiction, par laquelle il soutenait qu'on était obligé de lui transférer la propriété, *si paret dare opportere;* il voulut accorder en France le même avantage au demandeur, et créa pour lui l'action de simple saisine, qu'il était bien difficile, en droit français, de distinguer de la revendication.

De Laurière, dans ses observations sur Loisel, rappelle qu'on a pris la simple saisine des lois romaines [1]; en ayant soin, toutefois, de renvoyer à son glossaire, où il explique que ce fut faute de les bien comprendre.

« Outre l'interdit *unde vi recuperandæ possessionis,* dit-il dans ce dernier ouvrage, les Romains avaient encore une action civile pour rentrer dans la possession de leurs biens,

---

[1] Liv. V, tit. iv, reg. 25.

lorsqu'ils en avaient été spoliés ou autrement perdu la possession; et cette action, qui était appelée *condictio*, ne finissait pas après l'an comme l'interdit.... A l'exemple de cette action, messire Simon de Bucy, qui rendit général le cas de nouvelleté, ou l'interdit *uti possidetis*, introduisit encore en France le cas de simple saisine, ainsi que nous l'apprenons de l'auteur du Grand coutumier, liv. II, ch. 21, à la fin; et le cas de simple saisine différait particulièrement de celui de nouvelleté[1]. »

Il est évident que la simple saisine n'avait pas plus de rapports avec la complainte, que la *condictio* avec l'interdit.

« Qui chet en la nouvelleté, dit Loisel, pour n'avoir joui an et jour avant le trouble, peut intenter le cas de simple saisine[2]. »

De Laurière, pour rendre cette règle plus claire, ajoute : « Celui qui a succombé dans le cas de nouvelleté, parce qu'il n'avait pas la dernière possession d'an et jour, a la voie d'action pour rentrer dans la possession de son fonds[3]. »

Cette conception, assez malheureuse du reste, est demeurée, sans doute, dans le domaine exclusif de la théorie et n'a eu, même dans ces limites, qu'une courte existence. Nous ne trouvons mentionnée l'action de simple saisine, ni dans l'ordonnance de 1667, ni dans ses commentateurs, ni dans Pothier, ni dans Denizart, ni dans Guyot; elle était morte.

Il n'y a donc jamais eu une simple saisine de droit et une simple saisine de fait; on ne trouve dans l'ancienne juris-

---

[1] *Glossaire*, v° *Se complaindre*.
[2] Loisel, liv. V, tit. IV, reg. 23.
[3] De Laurière, liv. V, tit. IV, reg. 23.

prudence qu'une seule saisine de droit, mais elle ne reçoit jamais la qualification de *simple*; qu'une seule simple saisine, mais elle n'est jamais appelée *de droit* ni *de fait*. La saisine de droit établie pour la première fois en faveur du fils, étendue plus tard aux collatéraux, fut dès le premier moment ce qu'elle est encore aujourd'hui et représentée par le même brocard, *le mort saisit le vif*. La simple saisine, née assez tard, conception assez malheureuse, est une action pétitoire et n'a jamais été autre chose.

La saisine féodale ne pouvait avoir lieu pour choses mobilières; mais lorsque ce mot, étendant son acception, cessa d'appartenir exclusivement au droit féodal; qu'il signifia possession juridique, et que cette possession put être acquise par simple laps de temps, la saisine, sans que cela présentât rien de choquant, s'appliqua aux meubles comme aux immeubles; l'analogie que l'on chercha à établir en France entre la complainte et les interdits était une raison de plus pour expliquer cet état de choses; toutefois, il ne put se maintenir. L'influence du droit romain, qu'on a prétendu avoir été décisive en cette matière, n'empêcha pas cette réforme; mais la conséquence qu'on a tirée de ce fait et des paroles de nos anciens jurisconsultes a été trop loin, lorsqu'on a nié qu'en aucun temps on eût connu en France l'action possessoire pour meubles.

Le texte de Beaumanoir nous paraît suffire pour réfuter cette opinion; nous aurons occasion d'y revenir et de l'expliquer; il est décisif, mais il n'est pas isolé.

Une enquête de 1269 rapportée dans les *Olim*, est le premier témoignage que nous pouvons citer : « Inquesta facta
« quod dominus Matheus conquerebatur quod gentes do-
« mini regis dissaisierunt ipsum triginta tribus gallinis annui

« redditus quas habet...... prononciatum fuit quod dicto
« Matheo restituatur saisina[1]. »

Une demande possessoire fut introduite relative à certains objets qui ne rentraient nullement dans la classe de ceux désignés de nos jours sous le nom d'immeubles par destination; l'enquête en donne l'énumération : « vigenti
« quinque perpointos de quibus recuperavit decem; item
« triginta lanceas.... item vigenti quinque capellos ferreos;
..... item duo jacula...., item quatuor scuta..... etc[2]. »
Le parlement fit droit à cette demande.

Une autre enquête de 1256 a pour objet de rechercher si les moines de Moyenmoutiers étaient « in saisina non sol-
« vendi mestivam pro casale suo de Monia de Valonges[3]. »

Bouteiller, conformément à ces principes, ne fait aucune difficulté d'admettre l'action possessoire pour les meubles; il dit en termes exprès qu'on « peut asseoir complainte de nouvelleté, soit sur *chose mobilière*, personnelle, réelle, spirituelle, corporelle, puis qu'on en aurait possession acquise par temps suffisant[4]; » il est impossible d'employer des expressions moins limitatives. Charondas, il est vrai, ajoute dans ses notes : « Le cas de saisine et de nouvelleté compète pour choses immeubles et non pour meubles[5]. » Cela n'était vrai, même à l'époque où Charondas écrivait, qu'avec quelques restrictions; mais les principes avaient été modifiés.

L'auteur du Grand coutumier, contemporain de Bou-

---

[1] *Olim*, t. I, p. 297, VI.
[2] *Ibidem*, t. I, p. 320, VII.
[3] *Ibidem*, t. I, p. 8, XVI.
[4] *Somme rurale*, ch. XXXI.
[5] Charondas sur Bouteiller, *h. t.*

teiller, enseigne que la règle avait en effet été restreinte; on doit en conclure que ce fut à ce moment sans doute que ce changement dans les principes relatifs aux actions possessoires s'est introduit. « Jaçoit dit-il, ce que l'on die que pour meuble l'on ne puisse pas intenter le cas de nouvelleté, toutefois, si fait bien en deux cas : *primo* en cas d'une succession universelle, combien que l'on ne feist pas à recevoir à demander par nouvelleté une pinte, une robbe ou autre meuble; toutefois, l'on feist bien à recevoir à demander universellement la succession, supposé qu'il n'y ait meubles; *secundo* si tu prens en ma justice un pourceau ou autre meuble, en justiciant, tu me troubles en ma justice à raison de quoi l'action de nouvelleté me compete; mais si je me fonde uniquement super re mobili, non competeret interdictum *uti possidetis*[1]. »

Il est à remarquer que, lorsqu'il y a droit de suite et revendication, il semble logique d'établir l'action possessoire; c'est ce qui existait en droit romain; et en France, sauf quelques exceptions assez rares, la revendication des meubles était le droit commun. « Pour simples meubles, dit Loisel, on ne peut intenter complainte; mais en iceux échet aveu et contre aveu[2]. » Cette règle consacre presque une contradiction, qui n'avait pas dû exister de tout temps.

« Parce que selon le droit, dit Imbert, la possession des choses mobilières est vile, c'est-à-dire que l'on n'en tient

---

[1] *Gr. Cout.* liv. II, ch. XXI.

[2] Loisel, liv. V, tit. IV, reg. 15. De Laurière ajoute sur ce texte : « Avouer un meuble, c'est le réclamer, le vendiquer. » Et en effet, beaucoup de coutumes, si ce n'est toutes, accordaient au propriétaire de meubles l'action en revendication contre le tiers détenteur; elles ne différaient que pour le délai.

grand compte, l'on traite de la propriété et seigneurie des meubles (savoir est à qui il appartient des deux contendants), ensemble et de la possession. Toutefois, par les ordonnances royaux est prohibé d'accumuler le possessoire avec le pétitoire; mais il faudra entendre ladite prohibition quand il est question de choses immobilières[1]. » On voit dans ce passage la trace encore bien marquée de l'ancienne complainte pour meubles; Imbert ne dit pas que l'action possessoire n'existe pas, en ce qui les concerne; mais seulement que l'on en traite en même temps que de la propriété.

Ce n'est pas la seule règle de droit, à coup sûr, qui eût changé depuis Beaumanoir : ainsi cet auteur enseignait que celui qui laissait écouler un an et un jour depuis le jugement sur la saisine, sans assigner sur la propriété, perdait son droit[2], et cette règle a persisté, même pendant quelque temps; il n'en est pas moins vrai qu'elle n'avait laissé aucune trace dans le dernier état de l'ancien droit.

La complainte continua d'être admise pour les reliques. Denizart enseigne encore qu'elle est recevable pour un meuble, lorsqu'il a été enlevé par violence ou voie de fait; l'ordonnance de 1667 la consacre expressément pour une universalité de meubles. On n'a jamais pu expliquer d'une manière satisfaisante ces dérogations à un principe général que tout le monde approuvait. Duplessis enseigne que cela a été établi ainsi, parce qu'une universalité de meubles *sapit quid immobile*. On est d'accord pour trouver la raison

---

[1] Imbert, *Pratique judiciaire*, ch. XVII.
[2] *Cout. de Beauvoisis*, ch. XXXII; Pierre de Fontaines, ch. XXI et XXII; Gr. Cout. liv. II, ch. XXII; Jean Desmares, dec. 413.

peu concluante; on s'en est contenté en l'absence de toute autre. Le véritable motif de cette anomalie, c'est que les réformes qui s'opèrent par la coutume procèdent toujours par degrés. On commença à restreindre la complainte pour meubles, ainsi que le constate le Grand coutumier, avant de l'abolir complétement; et les coutumes venant à être officiellement homologuées sur ces entrefaites, et à acquérir la fixité des lois écrites, la réforme s'arrêta et demeura inachevée.

L'uniformité des coutumes sur ce point, au reste, quoique regardée comme certaine, a été contestée par M. Renaud. « L'assertion de Loisel, dit-il, n'est pas complétement exacte; car si plusieurs coutumes excluent formellement la complainte en matière mobilière (par exemple Orléans 489), il en est un beaucoup plus grand nombre qui la passent sous silence, se contentant de poser quelques règles relatives à la possession des immeubles (Poitou, 399; Sedan, 263; Anjou, 426; Maine, 446; Bourbonnais, 87; Montargis, XXI, 1). Ce silence s'explique par le peu d'importance attaché à la fortune mobilière, et l'on ne saurait conclure, quoi qu'en dise Loisel, que pour *simples meubles* on ne pouvait intenter *complainte*. Ajoutons que plusieurs coutumes parlent des actions possessoires d'une manière générale et sans distinguer entre les meubles et les immeubles (par exemple Valois, 116); et que d'autres les admettent expressément (par exemple Normandie, 55). Il faut donc dire sur ce point, comme sur tant d'autres, que la France coutumière était loin de suivre des règles uniformes[1]. »

---

[1] Renaud, *Rev. de lég.* 1845; t. I, p. 378.

On ne peut nier toutefois que la règle enseignée par Loisel ne formât dès le xvi⁰ siècle, le droit commun.

Presque toutes les coutumes, complétant l'ancien brocard, disaient expressément : *le mort saisit le vif,* son plus proche héritier; les étrangers, les morts civilement, les religieux profès étaient seuls exclus ; certaines restrictions qui avaient existé en droit germanique comme en droit féodal, aux priviléges de l'héritier le plus proche, disparurent peu à peu. En prenant dans un sens rigoureux la règle rappelée dans les coutumes, l'héritier, pour avoir la saisine, eût été soumis à prouver, non-seulement qu'il était parent, mais parent le plus proche. Cette opinion a été soutenue ; quelques textes des *Olim* semblent l'appuyer. M. Renaud l'a combattue, et peut-être a-t-il posé d'une manière trop absolue, une règle contraire.

Nul doute qu'entre plusieurs prétendants la préférence ne dût être accordée au plus proche parent; nul doute que celui-ci ne pût, en agissant dans les délais, enlever la saisine à celui qui l'aurait obtenue à son préjudice. Cela explique comment dans les anciennes formules parvenues jusqu'à nous, le demandeur se qualifie toujours de plus proche héritier, sans qu'il en résultât pour lui, dans la pratique au moins, l'obligation de faire des justifications qui, dans la plupart des cas, se fussent résolues en preuves négatives. « Si notoirement il appert de la ligne et du lignage, dit le Grand coutumier, le successeur est tout saisi de droit[1]; » nous croyons, quant à nous, que ce n'était pas seulement en tant que parent, mais bien en tant que parent présumé le plus proche, et admis comme tel jusqu'à contestation.

---

[1] Liv. II, ch. xxi.

Mais si notoirement il apparaissait qu'un plus proche parent habile à succéder existât, le juge devait refuser la saisine et les actions possessoires, ainsi qu'on en voit des exemples dans les *Olim*. Une règle contraire, établie comme principe, nous paraît en opposition trop manifeste avec les textes. Dans un très-ancien monument du droit normand, on lit que l'héritier le plus proche était : « Requenu par le serement à xii homes, li queix sera le plus prouchiens oirs à celui qui morut, puis le derrenier aost, et il aura l'heritage[1]. » Tous les auteurs anglo-normands pourraient encore être ajoutés aux *Olim* pour prouver que M. Renaud a peut-être été trop affirmatif.

Deux classes de successeurs ont été admises par le droit coutumier, indépendamment des héritiers proprement dits, ou parents; premièrement, les bâtards et l'époux survivant; en second lieu, les personnes instituées. Les premiers n'avaient pas la saisine, sauf peut-être l'époux dans un très-petit nombre de coutumes. Les héritiers institués étaient assimilés aux parents dans les pays de droit écrit; ils n'avaient pas la saisine dans les pays de coutume; mais la règle était soumise à de nombreuses exceptions. L'exécuteur testamentaire obtint aussi la saisine sous quelques restrictions et d'une manière peu uniforme, il est vrai; il fut chargé de délivrer les legs.

Enfin, l'hérédité pouvait être vacante : « Était vacante, dit M. Renaud, la succession de celui qui mourait sans héritier habile à lui succéder, ou dont les héritiers renonçaient. Toutefois, il en était autrement dans les pays de droit écrit

---

[1] *Établissements et coutumes, assises et arrêts de l'échiquier de Normandie; de Dessesine*, p. 19.

et dans ceux des pays coutumiers, où le successeur testamentaire avait la saisine : ici la succession n'était vacante qu'à défaut d'héritiers ou de successeurs testamentaires. Enfin, dans les autres pays coutumiers eux-mêmes, la succession n'était vacante, à défaut d'héritiers, qu'autant que les exécuteurs testamentaires n'avaient pas la saisine[1]. »

Sous le bénéfice de ces observations, toutes les fois que la succession était vacante, la saisine appartenait au seigneur haut justicier, et pour les fiefs au seigneur féodal. Les héritiers et les successeurs pouvaient réclamer la restitution des biens ainsi saisis, en agissant dans les délais utiles, qui variaient depuis un an et un jour, terme de l'ancienne prescription germaine, jusqu'à 10, 20 et 30 ans, que le droit romain avait substitués comme délais de la prescription.

S'il faut en croire M. Renaud, dont nous avons résumé le travail, cette saisine, attribuée suivant les règles que nous venons de rappeler, aurait acquis une valeur fort grande : « Dans les coutumiers du XVe siècle, dit-il, l'expression de saisine opposée à possession est prise pour désigner la propriété[2]. » S'il en est ainsi, le mot saisine avait donc bien changé de signification ; car nous l'avons trouvé dans Glanville, dans tous les auteurs anglo-normands, dans les Assises, dans Beaumanoir, avec la signification précise, et indiquée à ne pouvoir s'y méprendre, de l'opposé de propriété.

Klimrath a prétendu également que, dans les temps anciens, il a existé une saisine qui n'était autre que la pro-

---

[1] Analyse par M. Chauffour, *Revue de lég.* 1847, t. III, p. 68.
[2] *Idem, ibid*, p. 67.

priété ; nous avons déjà combattu cette assertion, qu'il appuyait sur des textes mal interprétés[1] ; nous croyons l'assertion de M. Renaud, en ce qui touche le xve siècle, aussi complétement inexacte ; saisine opposée à possession a toujours voulu dire, pour les romanistes, possession juridique ; pour les feudistes, investiture. La saisine n'a jamais donné qu'un droit, l'action possessoire, et non certes la revendication. « Jaçoit, dit le Grand coutumier, que le droit de possession et saisine n'aient point différence expresse ; toutefois par coutume, ils ont telle différence que comme à juste cause et à injuste cause[2].

Si *possession* et *saisine* signifiaient en effet *possession* et *propriété*, et non *détention* et *possession juridique*, quel sens aurait la règle donnant la saisine à l'exécuteur testamentaire[3] ?

A l'héritier naturel lui-même, la saisine ne donnait pas autre chose que l'action possessoire pour se maintenir dans les biens de la succession ; elle lui suffisait dans la plupart des cas ; il n'y avait donc pas lieu pour lui d'agir au pétitoire : mais il pouvait, ou avoir perdu la saisine, parce que

---

[1] Nous regardons comme inexactes de tous points ces réflexions de Klimrath : «Quant à la simple saisine de droit, elle est appelée, dans les anciens coutumiers, tantôt saisine (par exemple dans ces locutions : demander ou requérir saisine, Pierre de Fontaines, ch. xiv, § 4 ; *Établissements*, II, 4 ; Beaumanoir, ch. vi, p. 37 ; ou être en saisine de seigneur, etc.), tantôt PROPRIÉTÉ, SEIGNEURIE, DROITURE, fonds de la querelle ou très-fonds. Les coutumiers du xve siècle emploient les deux termes de *simple saisine* et de *propriété*. Dans le Grand coutumier..., la simple saisine désigne la saisine de droit et *est synonyme* de PROPRIÉTÉ. C'est là le sens primitif et véritable du mot.» (Klimrath, t. I, p. 378.)

[2] *Grand coutumier*, liv. II, ch. xxi.

[3] M. Renaud, *Rev. de lég.* 1847, t. II, p. 334.

les biens de la succession avaient été détenus pendant un an et un jour par un étranger, ou même ne l'avoir jamais eue, si la succession avait été dévolue au seigneur haut justicier; et nous nions formellement que deux saisines aient jamais pu exister en même temps; l'action pétitoire, dans ce cas, était la seule qu'il pût employer, et rien ne s'opposait à ce qu'il en usât. Que lui donnait donc la saisine ? L'action possessoire. Que perdait-il, si la saisine lui était enlevée ? quel secours donnait-elle à son adversaire, qui l'avait obtenue ? Pas autre chose que l'action possessoire. Comment la saisine serait-elle la propriété, quand elle ne donne, quand elle n'enlève que l'action possessoire !

Le légataire privé de la saisine devait s'adresser, il est vrai, pour être mis en possession, aux héritiers, aux juges, ou aux exécuteurs testamentaires. Cela est parfaitement exact; de même que, dans le cas où la succession avait été déclarée vacante, il fallait s'adresser au seigneur haut justicier, ou au seigneur féodal qui s'était emparé des biens. M. Renaud en conclut que le légataire, jusqu'au moment où il est mis en possession, n'a qu'une simple action personnelle contre la personne à laquelle il s'adresse.

Ce fait admis n'entraînerait pas pour conséquence que la saisine fût la propriété; mais, en se reportant sans cesse à l'origine de la saisine, l'explication de ce fait est facile à donner. S'il est possible, lorsqu'on écrit l'histoire politique de la France, de placer à une autre époque qu'au 4 août 1789 le moment où finit la période féodale, cela ne peut pas se faire lorsqu'on s'occupe de droit et de législation, sous peine de commettre des méprises; jusque-là, au fond de toutes les règles, on trouve encore, quoique effacés en partie, les principes de la féodalité.

L'ensaisinement, nous sommes obligé de le répéter, nécessaire dans tous les cas, en pur droit féodal, peu à peu fut présumé exister de plein droit en faveur de tous les héritiers. Cette règle, péniblement établie, n'arriva pas pour les autres successeurs à une complète uniformité. Quoi qu'il en soit de ces différences qui n'ont aucune importance pour nous, toutes les fois que la coutume n'avait pas arraché au droit féodal le privilége de supposer la saisine conférée de plein droit à celui que la loi reconnaissait comme propriétaire, le souvenir des anciens principes l'obligeait à demander la saisine, soit au seigneur, soit aux héritiers, aux exécuteurs testamentaires ou à toute personne que la coutume avait substituée aux seigneurs.

Une règle que tout le monde a rappelée, sans en tirer les conséquences, porte que « *entre seigneur et subject n'a point de nouvelleté* »; c'est en vertu de cette règle que dans le cas de succession vacante, lorsque le seigneur s'en était une fois emparé, les personnes autorisées à agir contre lui ne pouvaient jamais intenter la complainte. Pourquoi cette singularité, lorsque l'action pétitoire était autorisée? Sur quel fondement pouvait être assise une pareille règle? C'est qu'il avait paru monstrueux d'accorder la saisine, dans aucun cas, contre le seigneur, de qui seul, en droit rigoureux, elle aurait dû émaner. Par l'interprétation la plus large, par les fictions les plus favorables, on avait bien supposé cette saisine donnée de plein droit à un grand nombre de personnes; mais aucune fiction n'avait pu aller jusqu'à faire présumer qu'entre le seigneur et le sujet, le premier l'aurait conférée au second contre lui-même; aussi s'était-on arrêté là; c'est un point qu'on n'a jamais dépassé, et cela seul peut expliquer comment, dans un cas semblable, l'héritier agissant avant l'expiration des délais, avait la revendication et non pas la complainte. Il avait donc la propriété et non pas la saisine. Le légataire agissant contre l'héritier substitué au seigneur était dans une position identique.

On comprend maintenant pourquoi nous n'avons pu reconnaître la saisine ni dans la *gewere* des Germains, ni dans aucune institution ayant précédé la séparation du pétitoire et du possessoire, ou l'établissement du système féodal. Sans doute, le droit d'hérédité a existé sous la Loi salique; mais, pour nous, il ne peut en aucune façon, pas plus que le droit de propriété, être confondu avec la saisine. En faire remonter l'origine jusqu'aux Germains, c'est une erreur selon nous, et qui entraîne de déplorables conséquences.

Que l'on consulte les décrets impériaux qui, de nos jours, ont rétabli, pour un moment, la noblesse, les fiefs et les majorats[1]; on y trouvera ressuscitée la véritable investiture ainsi que les droits à payer pour l'obtenir, tandis que la propriété pour les majorats sur demande reste entièrement distincte de cette saisine féodale et passe de plein droit à celui que ces principes exceptionnels désignent comme l'héritier.

Ces règles, appliquées depuis quarante ans, et qui n'ont été abrogées que par une loi toute récente[2], sont le meilleur commentaire de ces usages anciens, dont le sens véritable a toujours paru si obscur.

La saisine, au moment où elle prit une valeur juridique,

---

[1] Voy. les décrets des 1ᵉʳ mars 1808, 4 mai 1809, 14 octobre 1811, etc.

[2] Loi du 7 mai 1849.

était synonyme d'*investiture;* plus tard elle signifia *possession juridique* qui dispensa de l'investiture, et en donna tous les avantages : elle appartenait, soit à celui qui prouvait une détention annale *non vi, non clam, non precario;* soit à l'héritier. Mais ces deux saisines, les seules que l'on ait distinguées, s'excluaient; ainsi sous l'ancienne jurisprudence, comme de nos jours, si un étranger a joui des biens composant une hérédité pendant un an et un jour, il acquerra la possession juridique ou saisine, à l'instant même où l'héritier perdra le sienne. Le successeur irrégulier, le légataire, qui n'ont pas la saisine, sont obligés de la demander, comme toute personne devait le faire en droit féodal; c'est un dernier souvenir qui nous reste des anciens principes. Ajoutons qu'aujourd'hui la saisine de fait, *saisina facti,* est toujours appelée possession juridique; la saisine de droit, *saisina juris,* a exclusivement conservé le nom de saisine, et n'a plus besoin, par conséquent, d'être autrement qualifiée.

La suite de ce mémoire, nous l'espérons, confirmera nos assertions et complétera l'exposé des principes en cette matière.

CHAPITRE V.

L'action possessoire en cas de saisine, telle que l'avait admise la législation normande, n'était pas particulière à la Grande-Bretagne; elle était usitée dans tous les pays soumis au droit féodal, et nous la trouvons en pleine vigueur chez les chrétiens d'Orient.

Les conquêtes des chrétiens en Palestine, si péniblement faites, si chèrement achetées, ne devaient être que passagères. Chassés par les musulmans des divers points qu'ils occupaient, ils se virent contraints d'abandonner Jérusalem elle-même, qui succomba sous les efforts du fameux Saladin. Le corps des lois féodales, connu sous le nom d'*Assises* [1], et rédigées avec tant de soin par les barons, compagnons de Godefroy, sous la direction de leur chef, fut perdu au milieu de ces désastres.

Cependant, les Francs, retirés en Chypre, étaient restés soumis aux mêmes lois qui les avaient régis depuis leur

---

[1] « *Assisa*, dit Ducange, est nomen equivocum; varias enim et diversas « significationes apud leguleios nuperos habet. » En Orient, il est pris, si ce n'est pour loi proprement dite, au moins pour usage qui en tient lieu : « Assise est que toutes les choses que l'on a veu user et acoustumer et delivrer en la court dou royaume de Jerusalem et de Chipre. » (*La Clef des Assises*, § XLI; *Ass*. t. II, p. 582.)

établissement dans la terre sainte. Pour suppléer, autant que possible, à la perte du texte précieux qui devait servir de règle aux cours de justice, quelques jurisconsultes cherchèrent à rappeler dans des traités les principes de cette législation perdue, et en expliquèrent les règles.

Jean d'Ibelin, le plus illustre d'entre eux, était contemporain de saint Louis. Il joignit ses forces à celles du saint roi lors de sa première croisade. Joinville en parle, et loue sa valeur et sa science. Les autres traités, réunis sous le titre d'*Assises,* ont été écrits à peu près à la même époque. Quant aux Assises de la Cour des bourgeois, dont l'auteur est inconnu, elles ont dû, suivant M. Beugnot, être recueillies entre les années 1173 et 1180.

Les jurisconsultes d'outre-mer, néanmoins, semblent avoir précédé de plusieurs siècles ceux de l'école anglo-normande et de l'école française. « Pour trouver le dogme féodal admis avec une soumission aveugle, dit M. Beugnot, il fallait traverser les mers, et aller chercher, sous le ciel de la Syrie, la vieille civilisation française, qu'aucune idée nouvelle, qu'aucune pensée de réforme ne venait troubler dans sa paisible domination [1]. »

Dans ces écrits qui rappellent, si ce n'est par la date, au moins par les principes, les règles juridiques du xie siècle, nous trouvons l'action possessoire, bien distincte de l'action de propriété, intentée et instruite de la manière la plus régulière ; et ces règles, dont on a voulu reporter la création à saint Louis, expliquées par Jean d'Ibelin d'une façon bien autrement claire et lucide que dans les Établissements.

« Quant aucun dessaisit autre d'aucune chose, dit Jean

---

[1] M. Beugnot, *Assises,* t. I, préface, p. LVIII.

d'Ibelin, et celui qui a esté dessaisi viaut recouvrer sa saisine, il deit venir devant le seignor, et dire li : *Sire, tel et le nome, m'a de noviau dessaisi de tel chose, et die de quoi. Si voz pri et requier que voz me faites remetre en ma saisine de ce de quoi il m'a dessaisi. Et quant je serai en ma saisine, je li fournirai dreit par vostre court, se il me set riens que demander. Sire et se voz me mecréés que ensi ne seit come je voz ai dit, faites le enquerre et me faites si come voz devés par l'assise ou l'usage de cest reiaume come de novelle dessaisine* [1]. »

Après l'enquête faite : « Se il treuvent que il i ait quarante jors ou meins que il a esté dessaisi, le seignor, ou celui qui sera en son leuc, à qui celui qui aura esté dessaisi l'aura requis, si com est devant dit, le deit maintenant faire ressaisir et defendre à l'autre devant deus ou plus de ses homes, que il ne s'en saisisse et dire li que, se il le fait, il le metra à ce que il en pora et devra. Mais se il en cuide aveir dreit que il le requiert, si come il deit et il li en fera dreit par sa court. Et se celui à qui la defence aura été ensi faite, s'en ressaisit sans esgart ou sans connoissance de court ou sans le congié dou seignor, il fera force ; et se il en est ataint ou prové, il sera encheu en la merci dou seignor come ataint de force [2]. » Il faut une nouvelle enquête, d'après le texte, pour établir ce fait.

Il est à remarquer que le délai pour intenter l'action n'est que de quarante jours, ainsi que Jean d'Ibelin le dit dans le passage que nous venons de rapporter, et le répète à différentes reprises dans le chapitre : « Car se il y a plus de

---

[1] Jean d'Ibelin, ch. LXIV ; *Assises*, t. I, p. 103.
[2] *Idem, ibid.*

quarante jors, dit-il, que il en a esté dessaisi, et il n'a requis au seignor que il le remete ou face remetre en saisine de celle chose, ou que il face enqueste come de novelle dessaisine, il ne peut ni ne deit appeler celle dessaisine novelle dessaisine ; ne le seignor n'est pas tenus de faire li ce que li requiert come de novelle dessaisine, parce que il me semble que il a desprisié et despité le seignor, quant il a tant demoré à monstrer li que l'on l'a dessaisi et à requerre li ent la saisine ou que il li face l'enqueste dessuz dite, ou que il ait esté neglegent de son dreit requerre, tant que le terme qui est establi que l'on peut apeler la dessaisine novelle, est passé [1]. »

Lorsque le délai était expiré, le dessaisi conservait toutefois et sans contestation le droit de plaider sur la propriété ; aucun terme n'est assigné à l'instance pétitoire, puisque la prescription n'est pas admise dans le droit des Assises, mais il plaidait alors comme demandeur. « Et se il l'une des dittes choses ne fait, et il requiert par court à celui qui l'aura dessaisi, ce dont il l'aura dessaisi, celui en plaidiera come saisi [2]. » Aussi, Jean d'Ibelin ajoute-t-il : « Si n'est pas sage celui que l'on dessaisist d'aucune chose, se ce n'est par assise ou par usage, ou esgart, ou par conoissance de court et ne li mostre que on l'a de noviau dessaisi au plus tost que il peut, au meins dedenz quarante jors..... que ce est la plus preucheine et la meillor et la plus seure veie à venir tost en saisine de ce de quei l'on l'a dessaisi ; et por ce n'est pas sage qui laisse ceste veie et se prent à nulle des autres [3]. »

[1] Jean d'Ibelin, ch. LXIV; *Assises*, t. I, p. 103.
[2] *Idem, ibid.*
[3] *Idem, ibid.*

La saisine, il est aisé de le voir, ne se présente ici ni comme l'équivalent de la propriété, ni comme représentant la possession juridique, inconnue en droit féodal comme en droit germanique.

L'action possessoire, transportée au delà des mers, n'avait pas cessé d'être usitée en France; son origine était la même qu'en droit anglo-normand, mais elle y subit des modifications plus profondes. Les *Olim*, le plus ancien document de droit français, qui parle de l'action possessoire, nous fourniront des exemples nombreux qui donnent l'histoire à peu près complète en France de la saisine et de l'action qui en naissait, et serviront de preuves nouvelles aux assertions que nous avons émises dans le chapitre précédent.

Dans une enquête faite en 1266, et rapportée avec détails dans le texte des *Olim* [1], on trouve parfaitement engagée la lutte entre le droit ancien et celui que le parlement veut faire prévaloir.

Il y avait contestation entre *Bertrandum de Ciconiis, militem* et *Almodiam, dominam de Argenciis*. Le premier faisant valoir, pour obtenir la saisine, son titre de plus proche héritier, quoique en ligne collatérale : *dicit quod proximior est illius cujus fuit nova exhaeta.* La seconde, alléguant qu'elle avait été saisie par le seigneur, prétendait : « Quod si aliquis « est in saisina aliquarum rerum de quibus fuerit saisitus « per manum domini fundalis, quod ille qui possidet non « debet amoveri de saisina sua sine juris cognicione et « quousque vocatus fuerit in judicium possessor, que sai- « sina, si amota fuerit possidenti, debet restitui, antequam « respondeat, alicui petenti rem quam possidebat. »

---

[1] *Olim*, t. I, p. 230; II. (Louis IX; 1266.)

Ces règles, conformes sans doute aux principes rigoureux de l'ancien droit féodal, étaient contestées par l'héritier.

On voit, par l'exposé des faits, qui commence l'enquête, qu'en toute contestation l'objet litigieux était placé entre les mains du sénéchal *de mandato domini regis;* c'était un empiétement du pouvoir royal. Dans le droit des Assises, cette prérogative n'existait pas. Le demandeur devait fournir caution. Il allègue, dans la cause, que la défenderesse ne s'était pas soumise à la même obligation : *non applegiavit.*

Il fait constater, en outre, que la saisine n'avait pas été conférée à son adversaire *per judicium,* ce qui l'eût rendu non recevable dans sa demande.

Enfin, que cette dame n'était pas saisie *per annum et diem.*

Si l'héritier laissait passer un an et un jour depuis la mort de son auteur sans intenter l'action, son droit était prescrit; cela est constaté dans la première partie de cette enquête même. Il semble donc qu'il devenait superflu d'examiner si la possession du détenteur durait depuis le même temps, ce qui aurait pu ne pas arriver dans le cas où l'objet contesté eût passé en plusieurs mains. Le texte, dans le second passage où il parle de l'an et jour, ne fait-il que présenter, sous une autre forme, la même idée ? C'est possible; mais, à s'en tenir à ce texte seul, l'opinion contraire est plus probable. Les expressions semblent dire que ce délai devrait fonder un droit en faveur du détenteur, et il est certain que, peu de temps après au moins, cette règle existait.

Nous trouverons souvent dans les *Olim* des expressions qui nous permettront de croire que le droit à la saisine naissait d'une détention continuée pendant un certain temps; mais le délai n'est pas fixé d'une manière aussi précise, et il semble plus long. Nous serions porté à croire que le délai d'an et jour, dont il est question dans ce passage, n'aurait rendu la saisine inattaquable que parce qu'il y avait eu investiture par le seigneur, investiture qui, jadis et en pur droit féodal, ainsi que le rappelle la D⁰ Almodia, était complète par elle-même, sans avoir besoin d'aucune confirmation, et ne pouvait être attaquée que par l'action *de droit* ou pétitoire.

Cette règle, que le Parlement avait créée sans doute, tomba naturellement lorsque le délai qui faisait acquérir la saisine à toute personne fut fixé d'une manière positive à un an et un jour.

Quelques années plus tard, en 1272, sous le règne de Philippe III, nous trouvons une enquête sur une contestation analogue [1].

Après la mort du seigneur de Rolleboise, sa veuve, lui ayant rendu les derniers honneurs, était revenue dans son château, dont elle, ainsi que son mari, *fuissent in homagio domini de Ruppe Guidonis*. Une demoiselle *Yda de Mellento*, se disant héritière, avait dessaisi cette dame, et elle prétendait en justice être entrée la première dans le domaine et *tanquam heres*. Mais il fut jugé que la saisine devait être restituée à la dame de Rolleboise : « Quod dicta domina « post mortem dicti viri sui, primò intravit et habuit pos- « sessionem castri de Rolleboise et pertinenciarum ejus fere « per annum quam dicta domicella. » Cela fut prononcé : *Salvo jure proprietatis dicte Yde.*

Le temps de possession qui avait duré *fere per annum* fut assimilé par le Parlement à la durée complète : cette excep-

---

[1] *Olim*, t. I, p. 398, 1.

tion ne ferait que confirmer la règle ; il s'agit également ici d'une saisine conférée par le seigneur, puisqu'on constate que la dame avait fait hommage.

Nous ne voyons pas que la circonstance de violence ait été imputée contre la demoiselle Yda, et, à coup sûr, son adversaire plaida dessaisie sur le fait de possession au moins, car le texte porte que la saisine lui fut restituée : *restituatur saisina sua*.

Dans un autre arrêt, rendu comme le premier sous le règne de saint Louis, mais avant la date des Établissements [1], le débat était engagé entre deux beaux-frères. L'un d'eux réclamait la saisine d'un bien « que uxori sue obvenerat ex morte sororis sue ..... et hanc saisinam petebat tanquam proximior heres. » L'autre partie répondait que donation lui avait été faite de ce bien; toutefois, l'arrêt porte : « Cum « certum sit quod idem Imbertus sit proximior heres, racionis « uxore sue, non obstante exceptione quam idem Gaufridus « proposuit de dono sibi facto, idem Imbertus habebit saisi- « nam et de proprietate fiat jus coram domino feodali. »

La maxime *le mort saisit le vif* était donc appliquée sans aucune restriction en faveur de l'héritier même collatéral ; la règle, au reste, est formellement invoquée dans une enquête de 1259 [2].

---

[1] *Olim*, t. I, p. 452, xvi.

[2] *Ibid*. t. I, p. 98; xiv. Il résulte d'un ancien document que l'héritier avait deux voies pour agir lorsqu'il était empêché, soit en demandant, soit en défendant. « Quand aucun va de vie à trespassement, dit la très-ancienne coutume de Poitou, et celuy qui doit estre heritier est empêché ès choses de la succession, ou en général ou en particulier; et ce est dedans l'an et jour de la mort du deffunt de la succession duquel l'on traite; s'il veut, il s'en tiendra pour saisi par la générale coutume

La justice du roi, qui empiétait sans cesse sur le pouvoir des seigneurs, s'était arrogé le droit de donner elle-même la saisine, sans s'embarrasser des degrés de parenté ; elle l'accordait dans toute contestation à la partie présente, lorsque l'adversaire avait deux fois fait défaut après le jour de vue, *post diem ostensionis*. Ainsi le parlement adjuge la saisine en 1263, *propter defectum eorum quia ipsi defecerunt post diem ostensionis*[1]. Il agit de même en 1272 : *quia inventum est post diem peticionis et ostensionis defecisse* [2].

A défaut de titre allégué de part ni d'autre, si personne ne pouvait établir ses droits sur l'objet contesté, celui qui détenait, par cela seul, suivant la jurisprudence du parlement, obtenait et gardait la possession : « Pro neutra par-« cium, dit le texte, probatum est aliquid, propter quod « possessor rei de qua agitur removeatur a possessione sua; « propter quod pronunciatum est quod ille qui possidet re-« manet in possessione sua[3]. » C'est un bénéfice attribué à

du royaume de France, le mort saisit le vif, et se peut complaindre en cas de saisine et de nouvelleté des troubles et empêchements à lui faits; ou s'il veut, il peut venir devant le seigneur, son senechal, ou sergent du baillage, dont les choses sont sujettes, dedans l'an après la mort du dit deffunt, duquel il se dit heritier, et declarer comment il est prochain parent et heritier du dit deffunt et à luy appartient à venir et estre receu à la possession et saisine des biens, dont était le dit deffunt mort vêtu et saisi puis an et jour; et suffit s'il dit par certains degrez et moyens à declairer en temps et en lieu et que pour ce soy s'applege de nouvelle succession ou eschoite, contre tous ceux qui opposer ou contr'applegger se voudront. » (*Très-ancienne coutume du Poitou*, ch. XVIII, ap. de Laurière.)

[1] *Olim*, t. I, p. 559, XIX.

[2] *Ibidem*, t. I, p. 888. Voy. également t. I, p. 525, XVIII, et p. 943-45.

[3] *Ibidem*, t. I, p. 235, X; 1266. Voy. également p. 27, I; 1257; et t. II, p. 321, XXXII; 1290.

la simple détention; mais nous trouvons d'autres textes, et ils sont même en grand nombre, où la possession est invoquée comme droit : c'est la véritable possession juridique, inconnue des jurisconsultes féodaux, que nous avons étudiés jusqu'à présent.

Quelquefois on invoque une possession immémoriale; dans une enquête sur un droit de passage, une partie allègue que le droit est exercé « a tanto tempore a quo non extat « memoria[1]; » il est vrai que la contestation porte « super « isto usagio et *maniamento*[2]. »

Dans une autre circonstance, on lit : « Cum mercatores « ville Ambianensis dicentes se in bona saisina esse et per « tantum tempus de cujus contrario non existit memoria, « vel saltem quod debet sufficere ad bonam saisinam acqui- « rendam[3]. »

Dans une autre espèce, la saisine fut restituée parce qu'elle durait « a quadraginta annis et amplius[4]. » Une autre fois, on allègue : « Longam saisinam et pacificam ab « antiquissimis temporibus[5]. » Dans une autre occasion, l'évêque de Paris dit : « Esse et fuisse in possessione per « tantum temporis quod sufficit ad omnem saisinam acqui- « rendam[6]. »

De ces textes et de bien d'autres que l'on pourrait citer[7], il résulte la preuve, ce nous semble, non pas que le droit à

---

[1] *Olim*, t. I, p. 92, III; 1259.
[2] *Ibidem*.
[3] *Ibidem*, t. I, p. 684, VIII; 1318.
[4] *Ibidem*, t. I, p. 399, II; 1272.
[5] *Ibidem*, t. II, p. 646, II; 1317.
[6] *Ibidem*, t. II, p. 312, VIII; 1290.
[7] *Ibidem*, t. I, p. 98, XIV; 1259.

la saisine ou à la possession juridique ne puisse être acquis que par la prescription immémoriale ou même par celle de quarante ans, mais que le délai nécessaire n'était pas encore bien fixé à un an et un jour. Dès cette époque, on avait donc admis en France une dérogation au droit féodal qui n'existait pas en Angleterre encore au temps même de Blacstone, et la simple détention, sans qu'elle fût appuyée de la saisine ou investiture, constituait à elle seule, après un certain laps de temps, un droit formel. En présence d'une règle si nouvelle qu'ils voient s'établir, on ne peut s'étonner que les plaideurs invoquent, pour assurer un triomphe qu'ils regardent encore comme peu assuré, les règles de la prescription que le parlement avait rétablies d'une manière générale en France, à l'aide du droit romain, en même temps qu'il fondait le principe de la possession juridique.

Les juristes du parlement, sans bien comprendre eux-mêmes ce droit qu'ils voulaient rendre obligatoire, en savaient assez pour y découvrir un principe analogue à celui de la propriété, mais qui ne se confondait pas avec elle; ils voulurent le transporter en France, et ils lui appliquèrent le nom de saisine, en haine du droit féodal, et les règles de l'ancienne prescription germanique, pour le faire mieux accepter. Mais si les premières dérogations aux principes faites en faveur des héritiers avaient pu ne pas changer la nature de la saisine, cette dernière atteinte était trop grave pour qu'un pareil état de choses se maintînt, et cette nouvelle saisine, nous l'avons dit, prit le nom de saisine de fait ou de possession, d'après le droit romain. Ces deux mots étaient synonymes pour les juristes du parlement. On peut consulter notamment une enquête fort détaillée de 1259, où l'on trouve : « Utrum dominus..... erat in possessione

« seu saisina¹. Dans tout le cours de ce document, on voit indifféremment employées les expressions *in possessione* ou *in saisina*.

En confondant à certains égards la possession et la saisine, le parlement maintient la distinction faite de tout temps en faveur du droit de propriété. Dans une contestation qui vint jusqu'au parlement, les deux parties étaient convenues de faire juger leurs prétentions *tam super possessione quam proprietate*. Plus tard, l'une d'elles se rétracta; elle prétendit : « Quod super possessione tantum debebat « procedere et non super proprietate. » Mais le parlement jugea contre elle parce qu'il reconnut que les parties : « Con- « sencisse ab inicio quod super possessorio et petitorio pro- « cederetur². »

Il n'y a pas un seul arrêt adjugeant la saisine ou possession dans lequel la question de propriété, selon l'ancienne habitude féodale, ne soit réservée : la forme change, le fond est toujours le même.

Ainsi une enquête ayant été faite sur un droit d'usage, le droit fut maintenu, mais seulement « quantum ad saisi- « nam³. »

Une autre enquête constate que les moines de Moyenmoutier « sunt in saisina non solvendi mestivam, etc. » Elle ajoute : « Agetur tamen coram ballivo Bituricensi super pro- « prietate⁴. »

Dans une autre occasion, on lit : « Determinatum est « quod dicti homines debent habere saisinam dictarum pas-

---

¹ *Olim*, t. I, p. 98, xiv; 1259.
² *Ibidem*, t. I, p. 923, v; 1273.
³ *Ibidem*, t. I, p. 4, v; 1255.
⁴ *Ibidem*, t. I, p. 8, xvi; 1256.

« turarum, salva proprietate eidem domino, si de hoc velit
« agere¹. »

On trouve encore : « Si prior dicti loci velit super hoc
« agere, super proprietate faciat suam peticionem et fiet ei
« jus². »

Un arrêt est prononcé avec cette mention : « Salva super
« hoc questione proprietatis³. »

Il est inutile de multiplier davantage les citations; une
mention expresse, dont les termes seulement varient, se
trouve dans toutes les décisions relatives à la saisine, et le
nombre des procès qui s'occupent de cette question est immense. Ces difficultés, sans cesse renaissantes sur le même
objet, semblent indiquer que l'on était à un moment de
transition où le parlement s'efforçait de faire prévaloir de
nouvelles maximes antipathiques aux juges féodaux, qui
prononçaient en premier ressort.

Dans des intentions pacifiques faciles à apprécier et dans
l'intérêt du bon ordre, les rois séquestraient entre leurs
mains les terres sur lesquelles il y avait contestation; mais
on comprend beaucoup moins qu'ils crussent devoir saisir
également au préalable celle dont ils réclamaient pour eux-
mêmes la saisine contre un de leurs sujets. Le parlement
prononce presque toujours en faveur du roi; il doit en résulter la présomption que le droit était pour lui, mais non
que la forme fût exempte de reproche, et l'on comprend
les plaintes des personnes ainsi dépossédées⁴.

Les prétentions des gens du roi allèrent plus loin. Le roi

---

¹ *Olim*, t. I, p. 50, XXIX; 1258.
² *Ibidem*, t. II, p. 321, XXXII; 1290.
³ *Ibidem*, t. II, p. 484, IV; 1306.
⁴ *Ibidem*, t. II, p. 378, II; et p. 426, XX.

avait séquestré une maison dont la saisine était disputée entre plusieurs héritiers; cette question étant vidée entre eux, le texte ajoute : « Quia tamen fuerat ibi intelligi nos « habere jus in domo predicta..... idcirco [prepositus Pa- « risiensis] dicebat se non debere manum nostram inde « amovere quousque de jure nostro super hoc cognovisset[1]. » Le parlement se refusa à consacrer une pareille doctrine, contraire au respect dû à la chose jugée, et qui aurait eu pour effet de renverser le principe des actions possessoires.

Le parlement, ainsi que le prouve de nouveau ce dernier exemple, distinguait parfaitement la propriété d'avec la saisine ou possession; il ne les confondait pas davantage avec la simple détention. Ainsi dans cette occasion, où le roi s'était trop hâté de s'emparer de l'hérédité contestée, le parlement ordonne que les héritiers seront réintégrés; mais il ne leur accorde cependant pas la possession juridique, et réserve le droit tant à cet égard que pour la propriété. « Dic- « tum fuit quod dicti heredes in illo statu super hoc repo- « nentur in quo ipsi erant tempore quo manus nostra oppo- « sita in bonis predictis..... Salvo in eisdem bonis jure « nostro per omnia tam in possessione quam in proprietate « et salvo eciam super eis jure quolibet alieno [2]. »

Il nous reste un mot à dire encore sur le délai dans lequel l'instance devait être intentée.

Une enquête est ouverte à l'occasion d'une plainte élevée par un usufruitier; le défendeur soutenait qu'un pareil titre était insuffisant à donner qualité pour intenter une action en justice; le demandeur se fondait sur ce que : « de

---

[1] *Olim*, t. II, p. 440, XXVII; 1299.
[2] *Ibidem*, t. II, p. 440, XXVIII; 1299.

« dessaisina et turbacione possessionis solummodo agere-
« tur¹. » Cette difficulté ne fut pas examinée ; la demande
fut rejetée comme trop tardivement formée : « Considerato
« quod non agebatur de nova dissaisina, set de jam diù
« facta ². »

Cet arrêt semble prouver que l'action s'éteignait à l'expiration d'un certain temps. Le délai n'était plus de quarante
jours comme dans le droit des assises; mais d'un an, ainsi
que cela paraît résulter de quelques autres textes des *Olim;*
mais une pareille règle, si elle existait, souffrait des exceptions à raison de la qualité des personnes, quand il s'agissait
des ecclésiastiques par exemple, ou bien des moyens existaient pour interrompre la prescription.

Dans une espèce, nous voyons l'évêque de Bayeux se
plaindre, en 1314, que le père de Philippe IV, alors régnant
et monté sur le trône en 1286, l'ait troublé dans la jouissance d'une forêt, dont il était, dit-il, « in bona saisina a
« longo tempore; » le roi reconnaît que « gentes carissimi
« genitoris super hoc impediebant eundem injuste ³, » et
l'évêque eut gain de cause : « Remanebit idem episcopus
« in saisina, salva nobis in hujus modi questione proprie-
« tatis ⁴. »

Rien n'indique qu'un laps de temps pût avoir pour effet
de faire perdre à l'évêque le droit d'exercer son action, ni
de faire acquérir la saisine au roi. Nous savons cependant
qu'elle s'obtenait par prescription ; mais dès ces temps reculés, il était sans doute nécessaire que la détention fût

---

¹ *Olim*, t. I, p. 781, XXVI ; 1269.
² *Ibidem.*
³ *Ibidem*, t. II, p. 615, IV ; 1314.
⁴ *Ibidem.*

accompagnée de certaines circonstances, qui sans doute n'existaient pas dans l'espèce; ainsi nous lisons dans une enquête de 1259 : « Utrum hæc predicta *pacifice* possidet, « ita quod aliquis non moveret erga ipsum questionem de « dicta possessione [1]. »

Nous croyons que c'est dans les *Olim* qu'on trouve la première trace d'une véritable possession juridique en France, en même temps que la confirmation de ce que nous avons dit sur la saisine; l'étude des Établissements de saint Louis ne présentera pas le même intérêt.

Ce n'est qu'après avoir parcouru une assez longue carrière que nous pouvons arriver enfin à ce document pris, par quelques auteurs, comme le point de départ des actions possessoires en France. Guy Pape est le premier, nous le croyons du moins, qui ait vu dans saint Louis le créateur de ces actions; même à l'époque où cet auteur écrivait, quoiqu'un temps assez long se fût écoulé depuis la date des Établissements, cette opinion eût dû paraître étrange. Faut-il dire pour expliquer son erreur, qu'appartenant au Dauphiné, tout récemment encore réuni à la France, il pouvait ne pas en connaître très-bien l'histoire juridique, dont il se préoccupe du reste assez peu. La lecture attentive du passage auquel on a si souvent fait allusion nous engagerait à soutenir une autre opinion ; c'est qu'il a été mal compris, et que la proposition de Guy Pape s'applique à la forme de procéder bien plutôt qu'à l'action elle-même.

« In ipso regno Franciæ, dit-il, est quodam statutum vul-
« gariter appelatum arrestum querelæ; de novis et saysinis
« tenoris sequentis querelæ super novis dessaysinis, non ve-

---

[1] *Olim*, t. I, p. 98, XIV.

« niunt in parlamento ; quilivet balivius in ballivia sua det
« locum debati, et vocatis secum viris probis se informet de
« saysina et dessaysina sine strepitu et figura judicii : et se
« invenerit ita esse, statim loca dessaysiat et ad manum re-
« giam ponat : et inde coram se partibus evocatis ministret
« justitiæ complementum. Quod statutum fuit conditum per
« beatum Ludovicum regem Franciæ. Et ex illo statuto fuit
« ortus stylus casus novitatis, qui in regno Franciæ practi-
« catur [1]. »

Quoi qu'il en soit, le chapitre LXV du liv. I dés Établissements que l'opinion générale interprète comme s'appliquant
aux actions possessoires, détaille avec soin en effet la procédure à suivre; quant au principe même qu'il aurait eu pour
but d'établir, on ne peut l'y trouver [2].

---

[1] *D. N. Guidonis Papæ doc. clarissim. Dècisiones Gratianopolitanæ; dec. 552.*

[2] Voici le texte de ce chapitre si souvent cité : « Se aucuns hons vient à son seigneur, soit gentishons, ou coustumiers, pourquoy li sires ait voerie en sa terre, et li die, sire, uns riche hons est venus à moy d'une meson, ou de pré, ou de vignes ou de terres, ou de cens, ou d'autres choses, et m'a desseisi de nouvele desseisine, que je exploitié au seû et au veû, en servage de seigneur jusques à ores, que il m'en a dessaisi à tort et à force, dont je vous pri que vous preugniez la chose en vostre main. Li sires li doit respondre, si feroi je, si vous metez pleiges à pour-suivre le plet, à ce que cil vous a dessaisi à tort et à force, si comme vous avez dit. Et se il ne met pleiges, li sires n'a mie à dessesir l'autre. Et se il dit, je vous en mettré volentiers bons pleiges, il doit les pleiges prendre bons et souffisants, selon ce que la querele sera grande, et quand il aura pris bons pleiges, il doit l'autre partie mander par certain mesage et li doit dire, que cil a mis bons pleges que il l'a dessesi à tort et à force, et de tele chose et la nommera, je vuel sçavoir se vous met-trés pleges au deffendre là. Et se il dit, je n'i mettré ja pleges, l'en doit l'autre lessier en la sesinne, pour les pleges que il i a mis. Et se cil dit,

¹ Ce texte ne parlerait pas, dans tous les cas, de l'action qui de nos jours est encore appelée complainte, mais bien de la dessaisine *de force;* le doute n'est pas permis à cet égard; on lit : « Il m'en a dessaisi à tort et à force. » La complainte, en cas de dépossession sans violence, est donc étrangère aux Établissements; nous reviendrons plusieurs fois peut-être sur cette observation.

je y mettré bons pleges au deffendre que il n'i a riens, et que ce est ma droiture, la justice si doit mestre jour aus deus parties, et tenir la chose en sa main jusques à tant que li quiex que soit ait gaignée la saisinne par droit, selonc droit escrit en Code, *de ordine cognitionum, leg. si quando negotium* environ le milieu de la loi. Et si le plaintif est deffaillant et li autres viegne au saignor, et li die, sire, cil vous avoit fet entendant que je l'avoie dessesi à tort et à force, et avoit mis pleges de prouver, et m'en fist dessesir à tort, et je ay gaigné ma querelle et ma droicture par jugement de vostre court, dont je vous requiex comme à saignor que vous me faciez rendre mes cous et mes despens que je ai mis el plet. Quar droit est qui fait autre dessaisir, et il li met sus que il l'a dessesi à tort et à force, et il perd la querele, il doit rendre à l'autre partie ses couts et ses despens, pour ce que il l'a fet dessaisir et pour ce en prend l'en les pleges. Si li doit l'en fere rendre les couts et les domages et les dépens que il a mis el plet, et aus pledeurs loüer, et en autres choses qui appartiennent au plet et à tant l'en aura à la capcion de juge, selon droit escrit en Code *de Judiciis, l. Properandum,* et *l. Sancimus ut omnes judices,* en la Digestes *de Judiciis. l. Eam quem,* et en Decretales *de Dolo et contumacia, cap. finem litibus,* etc. où il est escrit de cette matiere. Toutes icelles choses qui sont mises en mains de justice, si valent autant come si elles estoient montrées en jugement : et quand les deux parties ont terme de ce qui est en main de justice, et l'une s'en deffaut, l'en doit mettre jour au deffaillant en jugement par trois hons, si que eus se puissent recorder du jugement. Et se il ne vient au terme que l'en li aura mis el jugement, l'en doit bailler la saisinne à l'autre, qui est prest pour pleiges, més ceux qui rien li demanderoit de la querele. » (*Établissements,* liv. I; ch. LXV.)

Nous devons encore faire une remarque.

Nous avons vu dans Glanville, dans les Assises, dans les *Olim*, avec quel soin particulier la saisine est toujours distinguée de la propriété; dans les Établissements, pas un mot pour établir cette différence. Les autres textes portent tous que la partie qui a succombé dans l'instance possessoire peut intenter l'action de droit sur la propriété; dans les Établissements, silence complet à cet égard. Partout enfin où l'on a parlé de l'action possessoire, les textes ont dit de la manière la plus explicite que la décision n'était pas définitive; rien ne laisse soupçonner qu'il en soit ainsi dans les Établissements. Si l'on écartait un instant le souvenir des opinions généralement reçues, en rapprochant ces différents textes, serait-il possible de voir dans celui des Établissements autre chose qu'une action pétitoire? Ainsi il porte : « Et se cil dit je i mettré bons pleiges au deffendre que il n'i a riens et que ce est ma *droicture*. » Et plus loin : « Je ay gaigné ma querelle et ma *droicture* par jugement de vostre court. » Le mot *droicture* avant, pendant et après les Établissements, ne s'est jamais pris que dans le sens de droit de propriété. Dans les anciens établissements de Normandie, au chapitre *du devestement fet sanz jugement*, on lit : « Par desseine n'est pas tolue autrui droiture, quar la jurée n'est pas fete de la droiture mè de la possession. » Lorsque Glanville parle des brefs de droit, c'est toujours d'une véritable revendication qu'il s'agit.

Rien dans le chapitre LXV ne laisse entrevoir que cette possession, ainsi adjugée, puisse être enlevée par une autre voie à celui qui l'a obtenue; Glanville, Jean d'Ibelin, les *Olim* procèdent tout autrement.

Les Établissements parlent des défauts et des peines qui

y sont attachées; le même cas est prévu par Glanville et il s'exprime ainsi : « Si infra illos quindecim dies non venerit, « adversario ejus adjudicabitur sesina, ita quod de cetero « non audietur nisi super proprietate per breve domini regis « de recto[1]. » On lit au contraire dans les Établissements : « Et se il ne vient au terme que l'en li aura mis el jugement, l'en doit bailler la saisinne à l'autre qui est prest par pleges, més ceux qui rien li demanderait de la querelle. » En d'autres termes, la partie défaillante n'aura plus à élever la voix.

Les Établissements contiennent une autre chapitre relatif aux actions possessoires, sur lequel nous nous proposons de revenir; mais dans le chapitre LXV, malgré le soin avec lequel nous l'avons étudié, nous ne pouvons trouver que des notions confuses et souvent contradictoires sur ce sujet; ce texte nous paraît plus propre à appuyer l'opinion qui prêterait à saint Louis le projet d'abolir les actions possessoires, qu'à prouver, ce qui n'est pas soutenable du reste, que c'est lui qui les a fondées en France.

Pour trouver la procédure et les principes des actions possessoires expliqués avec une clarté parfaite et fixés désormais, il faut recourir à un document presque contemporain des Établissements, nous voulons parler des Coutumes de Beauvoisis; les changements que ces actions ont éprouvés encore par la suite des temps, ont porté sur des parties tout à fait accessoires et sur les formes de procéder, non sur le fond du droit et les règles fondamentales, qui n'ont plus varié depuis Beaumanoir.

On lit dans les coutumes du Beauvoisis :

« 1. Après ce que nous avons parlé de plusors meffès et des

---

[1] Glanville, lib. I, cap. VII, 1259.

cas de crieme et d'autres, et de le vengeance qui appartient à çascun meffet, il est bon que noz parlons en cest capitre d'autres manieres de meffès, sor les quix li rois a establi novele voie de justicier et novele vengance contre cix qui les font. Et cil meffet de quoi noz volons traitier, sunt devisé en trois manieres, c'est à savoir : force, novele dessaisine et nouvel tourble. Si desclairons quel coze est force et quel coze est novele dessaisine et quel coze est nouvel tourble et comment on se doit plaindre de ces trois cozes ou de çascune à par soi, quant on en a mestier; et si dirons comment cil qui tiennent le liu du conte en doit ouvrer, selonc l'establissement le roi.

« 2. Novele dessaisine, si est s'aucuns emport le coze de le quele j'aurai esté en saisine an et jor pesivlement. Por ce, se je tieng le cose ou voil esploitier, de le quele j'arai esté an et jor en saisine paisivlement, et on me loste de me main ou de le main à mon commandement, ou on me veut oster me coze à grant planté de gent ou à armes, si que je n'i oze estre por peur de mort, en tel cas ai je bone action de moi plaindre de force ou de novele dessaisine. Vos poés savoir que nule tex force n'est sans novele dessaisine, mais novele dessaisine est bien sans force come il est dit dessus.

« 3. Nouviax torbles, si est se j'ai esté en saisine an et jor d'une coze pesivlement et on le m'empecque si que je ne puis pas goïr en autele maniere, come je fesoie devant, tout soit ce que cil qui m'empecque n'emport pas le coze. Aussi, come s'on oste mes vendengeurs ou mes ouvriers d'une vigne ou d'une terre dont j'aroi esté en saisine an et jor, ou en assez d'autres cas sanllavles : ce sont nouvel torble et me puis plaindre et ai bone action de moi plaindre, si que le coze me soit mise arriere en pesible estat. De ces trois cas de novele dessaisine, de force et de novel torble, est il ordené et establi comment on en doit ouvrer par une novele constitution que li rois a fete en le manière qui ensuit [1]. »

Nous trouvons, pour la première fois, les troubles qui peuvent être apportés à la possession, divisés en trois catégories. Mais la manière de procéder, indiquée par Beaumanoir, est la même dans tous les cas ; cette division est celle qui est suivie encore de nos jours au moins par la doctrine.

Dans le long extrait de Beaumanoir, cité par nous, on trouve : « Si dirons comment cil qui tiennent le liu du conte, en doit ouvrer selonc l'establissement le roi [2]. »

D'après l'opinion commune, *l'establissement le roi* désigne, dans Beaumanoir, les Établissements de saint Louis. M. Beugnot, toutefois, émet l'opinion sur ce passage, que dans ce cas particulier cette expression s'applique à une ordonnance de Philippe le Hardi, *dont on ne trouve nulle part ailleurs la mention*. Cette simple indication pourrait sembler insuffisante pour révéler et établir l'existence de ce monument juridique, mais il existe d'autres présomptions en faveur de cette conjecture.

Si l'on faisait rapporter ces derniers mots à tout le paragraphe, dont ils font partie, et que l'*establissement le roi* désignât en effet les Établissements de saint Louis, il faudrait donc admettre que saint Louis a prévu et réglé les trois hypothèses dont parle Beaumanoir, car cet auteur énumère, dans

---

[1] *Coutumes du Beauvoisis*, par Phil. de Beaumanoir, ch. XXXII ; éd. publiée par M. Beugnot.

[2] *Coutumes du Beauvoisis*, ch. XXXII.

ce paragraphe, les trois cas où l'action peut être intentée, et annonce les développements dans lesquels il va entrer sur chacun d'eux. Cette interprétation doit évidemment être rejetée.

Dans la dernière phrase du troisième paragraphe, Beaumanoir dit encore : « De ces trois cas de novele dessaisine, de force et de novel torble, est il ordené et establi comment on en doit ouvrer par *une novele constitution* que li rois a fete en la manière qui ensuit. » Les Établissements, nous le répétons, ne contiennent aucunement ce qu'annonce Beaumanoir; et, d'un autre côté, l'expression *novele constitution* ne s'applique point en particulier aux Établissements. Tout concourt donc à faire supposer qu'il a existé un acte législatif qui est perdu pour nous; mais nous ignorons s'il doit être attribué en effet à Philippe le Hardi. C'est cette ordonnance inconnue, différente, quel qu'en soit l'auteur, des Établissements, qui a fondé, d'une manière régulière, les actions possessoires en France, et en a réglé la procédure; c'est elle encore sans doute qui a fixé le délai pour acquérir la possession juridique à un an et un jour. On s'expliquerait difficilement, en effet, comment il règne sur ce point une aussi grande incertitude dans les textes fournis par les *Olim*, et comment Beaumanoir, au contraire, enseigne cette règle comme désormais admise et ne pouvant donner lieu au moindre doute, à la moindre contestation.

Ces actions étaient-elles usitées auparavant ? La coutume ou la jurisprudence les avaient-elles adoptées avant que le législateur ne s'en fût occupé ? Le texte des *Olim* ne laisse aucune incertitude sur ces divers points, mais les principes n'y sont posés encore que d'une manière un peu confuse à quelques égards.

La division tripartite de Beaumanoir est évidemment empruntée au droit romain ; elle est entée sur un état de choses qui se prête mal à cette terminologie, et ces définitions ne trouvent pas d'application ; aussi Beaumanoir, très-soigneux d'établir en principe ces divisions, est obligé constamment, par la nature des choses, de revenir à l'unité, parce que les actions possessoires remédiaient à un fait qui s'était constamment présenté sous un aspect unique. Dans le droit normand, où la procédure possessoire, née des mœurs et de la force des choses, a été développée par la coutume seule, elle reste plus conforme aux règles du droit en vigueur et de la procédure usuelle. Dans le texte de Beaumanoir, le principe paraît créé tout d'une pièce; c'est l'œuvre d'un adepte de cette école de juristes, qui joua un si grand rôle à l'époque du moyen âge où nous sommes parvenu, et se donna pour mission de fonder l'autorité du roi, et de rétablir l'ordre dans toutes les parties de la société. On sait quelle force ces hommes puisèrent dans l'étude des Pandectes, dont ils mêlèrent constamment les règles avec les anciens principes du droit germanique. Au lieu de la guerre, ils donnèrent l'action possessoire; ils étendirent cette procédure, ancienne déjà, à l'institution nouvelle de la possession juridique dont ils avaient trouvé le germe dans le droit romain ; et afin que cette idée fût mieux comprise et mieux acceptée, ils la confondirent avec l'ancienne prescription d'an et jour, restée dans les souvenirs et les mœurs de la nation. Le besoin d'une aussi courte prescription n'existait plus ; on la conserva où elle pouvait encore être utile, et ce fut un moyen tout naturel pour arriver aux longs délais de la prescription romaine.

CHAPITRE VI.

L'action possessoire, l'an et jour, la saisine, la possession juridique sont choses qui, de nos jours, se confondent souvent; au moyen âge, chacune d'elles a eu son existence distincte et son histoire séparée.

De tout temps, sans doute, on a vu de légitimes possesseurs chassés d'un héritage par des usurpateurs; on peut croire, sans trop hasarder, que dans ce long espace de temps qui commence aux invasions barbares, et finit au XIIIe siècle, ce fait dut se produire plus fréquemment encore que dans les temps de calme et au sein d'une civilisation avancée.

Ce trouble apporté à la possession peut être de fait ou de droit; il peut se produire avec ou sans violence; mais qui croira qu'aux temps mérovingiens, ou sous les successeurs de Charlemagne, on ait connu le simple trouble de droit? Qui peut admettre que là où tout se décidait par l'épée, les faits douteux comme les questions de droit[1], la

---

[1] « La question touchant la représentation en ligne directe ayant été fortement agitée, l'empereur Othon 1er, pour la terminer à jamais, la remit au jugement de Dieu en la faisant décider par le duel; et le champion qui combattait pour les oncles ayant été vaincu, la représentation fut admise. (*De Laurière sur Loisel*, liv. II, tit. v, règle 5.)

véracité d'un témoin comme l'équité d'un juge ; que dans une société, où tout était fondé sur le droit de la force, un possesseur cédât, sans engager la lutte, une chose qu'il détenait à titre légitime, ou n'essayât pas de la reprendre par les armes, s'il l'avait perdue. Agir autrement c'eût été reconnaître le droit de son adversaire.

En se reportant aux mœurs, aux institutions, à l'ensemble des faits, il faut croire que la possession, chez les Francs, quand elle était contestée restait le partage du plus fort. Les lois des peuples du Nord avaient consacré jadis des principes bien autrement choquants : « Les colons établis en Islande, dit M. Chauffour, n'étaient jamais assurés de la possession de leurs terres ; le premier venu pouvait à chaque instant la leur contester en leur offrant le duel judiciaire. Alors il fallait déguerpir ou se battre ; et vaincu, l'on perdait la propriété. La loi était expresse ; c'était le droit du plus fort dans sa forme la plus brutale. En Norwége au moins, l'on avait reconnu aux agnats du possesseur une sorte de droit de retrait, et il fallait exterminer une famille entière pour conquérir la possession paisible d'un héritage, mais ce droit de retrait supposait un droit de propriété remontant à plusieurs générations ; il fallait, pour nous servir de cette expression, que les biens eussent la nature de propres ; et en Islande, où tout était nouveau, cette condition ne pouvait être remplie. Aussi ce droit inique existait dans toute sa rigueur et il s'exerça plusieurs fois ; on en a la preuve[1]. »

Lorsque les Barbares établis dans les anciennes provinces romaines admirent le droit de propriété, quelque large

---

[1] Analyse d'un article de M. Dahlmann, inséré dans la Revue de dr. allemand, t. X, 2ᵉ livr. p. 185. (*Rev. de lég.* 1847, t. I, p. 231.)

qu'ait été la part faite par eux à la force brutale, ils suivirent néanmoins des règles moins rigoureuses. Si la force décida seule à qui restait la possession, le possesseur déjeté put encore porter devant des juges la question de propriété. Plus tard, comme conséquence de ces institutions fondées par les premiers Mérovingiens, dont la clameur de *haro* est restée l'exacte expression, on vit se développer une procédure possessoire, applicable, il est vrai, à la simple détention; mais où le combat joua encore le rôle le plus important.

Nous n'en sommes pas réduit à cet égard, à de simples conjectures plus ou moins vraisemblables; des textes positifs nous prêtent leur appui, et prouvent que cette manière de procéder avait jeté dans les mœurs d'assez profondes racines pour qu'elle ait résisté au progrès de la civilisation et à l'introduction des moyens purement juridiques tendant au même but.

Dans un ouvrage du XIII° siècle, appelé la *Fleta*, dont l'auteur est inconnu, et qui porte le nom, suivant l'opinion commune, de la prison où il fut écrit, on trouve un chapitre intitulé : *De remedio spolationis,* qui commence ainsi : « Si vero aliquorum prædictorum modorum facta fuerit desseisina, primum et principale competit remedium, quod ille qui ita disseisitus est per se, si possit, vel sumptis viribus, vel resumptis, dum tamen sine aliquo intervallo, flagrante disseisina et maleficio rejiciat spoliantem[1]. »

Nous trouvons la même règle enseignée par Britton, professeur de droit civil et de droit canonique, avant d'avoir été nommé à l'évêché d'Herford : « Le premier remedie pour disseisine, dit-il, est al disseisi de recoyller amys et force,

[1] *Fleta,* lib. IV, cap. II.

et sauns delay faire (après ceo que il le purra sauver), engetter les disseisours[1]. »

Il est bon d'observer que rien dans les auteurs que nous citons, ni dans aucun autre contemporain, ne laisse soupçonner que cet appel à la force fût un remède exceptionnel applicable dans quelques cas particuliers et soumis à des restrictions : loin de là, c'était en toute occasion que ce recours était ouvert à celui dont on blessait les droits : si le vendeur, par exemple, essaye de reprendre l'objet dont il s'est dessaisi, l'acheteur, suivant Britton, « tauntost se purchase par ceste assise, ou sans juge le engette, se il cuide pur ceo mieux faire[2]. »

« Le combat judiciaire, a dit M. Guizot, les guerres privées..... ces deux faits ont rempli l'époque féodale et la caractérisent..... Plus vous examinerez les documents, plus vous verrez que le combat judiciaire et la guerre privée, c'est-à-dire l'appel à la force, le droit de chacun à se faire justice lui-même, était le vrai système de garantie de la société féodale, et que les garanties juridiques par procédure pacifique tenaient, en fait, dans le régime féodal, assez peu de place[3]. »

Le régime féodal, au reste, avait hérité d'un pareil état de choses ; et, en partie même l'avait amendé. Ainsi toute dépossession, ou pour mieux dire en droit féodal, toute *dessaisine*, autorisait celui qui en était victime à user de violence pour recouvrer sa possession ; mais on avait établi certaines règles auxquelles était obligé de se soumettre le

---

[1] Britton, *De Remedie de dissesine*, ch. XLIV.
[2] *Idem*, ch. XL.
[3] M. Guizot, *Histoire de la civilisation*, X^e leçon.

possesseur troublé qui faisait appel à la force ; ainsi le vassal ne pouvait amener que ses parents, ses amis ou les hommes dépendant de son manoir, sous peine de perdre sa tenure, sauf, bien entendu, la difficulté de constater un pareil fait et les abus qui devaient se glisser, plus qu'en aucune autre circonstance, dans l'exercice d'un droit de cette sorte.

Avant la féodalité, la possession tenait de la nature des choses, si ce n'est de la loi, d'être une présomption de propriété, puisque, continuée pendant un temps déterminé, elle conduisait à la prescription et constituait un droit. Avec la féodalité, les choses changèrent de face. Désormais on n'eut l'exercice d'un droit immobilier qu'après avoir obtenu la saisine ; et l'action possessoire dut cesser, par suite, de s'appliquer à la simple détention pour être attribuée à la saisine qui, seule, d'après les changements introduits dans le droit, faisait présumer la propriété.

Les juristes féodaux, toutefois, voulurent bien prévoir le cas où ce remède si universellement appliqué, la force, ne réussirait pas ; et, en ce qui concerne au moins l'action possessoire, ils n'en firent résulter aucun préjudice pour celui qui succombait ; il put employer les moyens juridiques pour arriver au but qu'il avait inutilement voulu atteindre : « Quem si nullo modo, dit la Fleta, expellere possit, ad « superioris auxilium erit recurrendum [1]. » Si le dessaisi a préféré s'adresser à justice, il ne peut plus revenir au premier et principal remède, comme l'appelle le texte : « Illa via electa et facta impetratione, ad rejectionem re-« dire non poterit, nec saisinam suam propria authoritate

---

[1] *Fleta,* lib. IV, cap. II.

« resumere in præjudicium superioris ad quem devoluta est
« cognitio[1]. »

La violence avait donc été jusqu'au XIIIe siècle le droit commun, pour ainsi dire, en matière de dessaisine; les textes, en y comprenant celui des Établissements, ne semblent prévoir qu'une seule manière d'enlever la possession, la force; et pendant longtemps il n'y eut qu'une seule manière aussi de la reconquérir, la force. Plus tard, les textes nous apprennent que la violence, en restant le premier et principal remède, cessa cependant d'être l'unique moyen offert au possesseur dépouillé pour rentrer dans sa possession; la coutume de Beauvoisis, enfin, semble prouver que le combat judiciaire, maintenu encore dans certains cas en dehors des domaines royaux, avait cessé d'être en usage en cas de dessaisine. La coutume de Beauvoisis fait aussi pour la première fois une distinction entre les différentes manières de troubler la possession qui, jusqu'à ce moment, ainsi que nous venons de le dire, avaient paru se réduire à une seule. Mais Beaumanoir a-t-il été plus loin? A-t-il dit qu'il y aurait une action possessoire différente, selon le moyen employé pour opérer la dessaisine? a-t-il prétendu qu'une peine devait frapper celui qui aurait employé la violence? a-t-il voulu, en un mot, enseigner les règles de ce qu'on appelle en droit civil la *réintégrande*? C'est l'opinion générale. Non-seulement les auteurs qui ont tenté d'introduire ces règles dans le droit français se sont appuyés sur le texte de Beaumanoir, mais ceux-là mêmes qui combattaient une pareille doctrine ont admis sans difficulté que Beaumanoir était en faveur de leurs adver-

---

[1] *Fleta*, lib. IV, cap. II.

saires. Ainsi, M. Troplong, pour n'en citer qu'un seul, dont l'érudition est si vaste, la sagacité si sûre, s'est exprimé ainsi :

« Cependant il y avait, suivant Beaumanoir, un cas où l'on pouvait se plaindre au juge, bien qu'on n'eût pas possédé pendant l'an et le jour : c'était lorsqu'on était expulsé par force ou violence. Alors on ne s'enquérait pas si la possession était *bonne* ou *mauvaise, grande* ou *petite*. On pouvait intenter la réintégrande pour recouvrer une possession tellement vicieuse qu'elle aurait emporté le *hart*, même pour chose volée, sauf à faire ensuite justice du méfait. Sous ce rapport, le droit français se rapprochait du droit de Justinien ; mais il en différait en ce qu'après le jugement sur la réintégrande et la restitution du spolié, le spoliateur pouvait, s'il avait avant le trouble la possession d'an et jour, intenter complainte pour s'en faire ressaisir ; c'est encore ce que nous apprend Beaumanoir [1]. »

L'examen attentif du texte de Beaumanoir permettra peut-être de l'expliquer autrement qu'on ne l'a fait jusqu'ici.

« 4. S'aucuns se plaint d'une novele dessaisine, dit Beaumanoir, s'il est gentix hons, il doit estre ajornés à quinzaine, et s'il est de poeste, il doit estre ajornés d'hui a demain et li ajorné doivent venir sans contremander ; adonques doit il faire son claim en ceste manière : *Sire, veschi Pierres, qui m'a dessaisi de novel de tel coze ;* et il le doit nommer ; *de lequels j'avoie esté en saisine pesible an et jor. S'il le connoist, je requier à estre ressaisis ; s'il le nie, je l'offre a prouver. Et se le coze li fu ostée à force, il pot metre le force* en son claim,

---

[1] *Prescription*, t. I, n° 296, p. 477.

avecques le novele dessaisine. Et s'on ne li fist force, n'on emporta pas le coze, mais on li empecqua, si que il n'en pot uzer en le manière de devant, il doit fere son claim sor novel torble; et quant li clains est fes, li quens doit contraindre le partie à connoistre ou a nier. Mès tant y a de délai, que, s'il veut, il ara jor de veue; et au jor de veue, li quens doit envoier, et s'il trueve le lieu dessaizi, il le doit fere resaizir tout à plain, avant qu'il en oïe nules deffenses du deffendeur et le liu resaisi, il doit tenir les cozes en le main le conte et puis connoistre le novele dessaizine après le jor de veue [1]. »

Il est aisé de remarquer, dans ce paragraphe, que Beaumanoir, après avoir prévu le cas où la chose a été enlevée de force, fait connaître que tout ce qui en résulte, c'est que le demandeur *pot metre le force en son claim;* la procédure, à cela près, est exactement la même.

« 5. Se cil qui dist pot metre en voir qu'il avoit esté an et jor pesivlement par le connissance de son adversaire, ou par proeves, se il est nié qu'il avoit esté en saisine an et jor pesivlement de le coze dont il est dessaisis, il doit estre ressaisis tout à plain; et cil qui le dessaisi le doit amender au conte de soixante sous. Et s'il ne le pot prouver, ou li deffenderes met bones raisons avant par quoi, il n'i a nule novele dessaisine il quiet en tele amende et dequiet de se querele [2]. »

Beaumanoir dit encore plus loin:

« 9. Qui se veut plaindre de force, de novele dessaisine ou de novel torble, il s'en doit plaindre avant que li ans et

---

[1] *Coutumes de Beauvoisis,* ch. XXXII, p. 467.
[2] *Ibidem,* ch. XXXII, p. 468.

li jors soient passés puis le dessaizine ; et s'il lait l'an et le jor passer, l'action qu'il avoit de novele dessaizine est anientie et ne pot mes plaidier fors sor le propriété[1]. »

Dans ce paragraphe, comme dans tous ceux que nous avons déjà cités, et comme toujours, nous voyons la dépossession par la force mise sur le même rang que toute autre dessaisine et la distinction faite par l'auteur n'être que nominale.

« 11. De le coze de quoi on se plaint de nouvele dessaizine, de force ou de nouvel torble, doit on sievrre en haste de juge ; si come s'on me soie mes blés, ou vendenge mes vignes ; ou fauque mes prés, ou caupe mes bois, sitost comme il est dénoncié au conte, il doit penre le coze en se main et esploitier sauvement et puis demener le plet de novele dessaizine en le manière qui est dite dessus[1]. »

Dans les trois cas énumérés à la suite l'un de l'autre, le texte répète une règle déjà posée dans un paragraphe précédent et en vertu de laquelle le conte *doit penre le coze en se main;* si dans le cas de force il y avait eu lieu d'appliquer les règles de la réintégrande, le dépossédé aurait dû, avant tout et immédiatement, sans condition ni qualité, être ressaisi. Mais nous avons hâte d'arriver à l'un des passages le plus volontiers cité comme preuve sans réplique que la réintégrande existait du temps de Beaumanoir, avec des règles distinctes de celles qui régissaient la complainte. Ce passage est ainsi conçu :

« 15. En aucun cas me puis-je bien plaindre de novele dessaizine, tout soit ce que je n'aie pas esté en saisine de le

---

[1] *Coutumes de Beauvoisis,* ch. XXXII, p. 469.
[2] *Ibidem,* ch. XXXII, p. 469.

coze, dont je me plains, an et jor; si comme se je sui en saizine d'un queval, ou d'une autre beste, ou de denier, ou de mueble quel qu'il soit, ou d'aucune despuelle, que j'ai gaigniée et labourée en mon nom sans auctorité d'autrui: se on m'oste aucune de ces cozes et je le requier, je dois estre ressaisis et quiet cil en amende; mès, moi ressaisi, se cil qui le m'osta prueve le coze à soie, il le r'aura. Et par ce pot on entendre c'on pot bien estre resaisis de tel coze par coutume, c'on en porteroit après le hart, si come s'on avoit le coze, dont on seroit resaisis mal tolue ou mal emblée, et il est prové clerement [1]. »

Beaumanoir établit dans ce paragraphe qu'on *se peut bien plaindre de novele dessaizine*, encore qu'on n'ait pas été *en saisine de le coze..... an et jor*. Ceci ne laisse pas de place à la moindre controverse. On en a conclu, et nul jusqu'ici n'a essayé de protester, que ce droit existait en cas de violence.

S'il s'agit, en effet, dans ce passage de la réintégrande et du cas spécial de force, il est bon de remarquer, au moins comme singularité, que Beaumanoir cesse précisément à ce moment de parler de la *force,* qu'en toute occasion, jusqu'ici, il avait mise à côté de la *nouvelle dessaisine.* Dans les passages en assez grand nombre que nous avons transcrits, comme partout, nous voyons toujours le cas de force rapproché de celui de dessaisine, et il ne s'agit cependant que de faire connaître des règles communes à l'un et à l'autre; ici, au contraire, où il voudrait les différencier fortement; créer pour la *force* des règles particulières, il ne parle plus que d'un seul cas et c'est de la NOVELE DESSAIZINE!

---

[1] *Coutumes de Beauvoisis,* ch. XXXII, p. 470.

Beaumanoir est un auteur qui a pour habitude d'expliquer clairement ce qu'il veut dire. S'il parle d'une action possessoire exceptionnelle, il fera connaître, au moins par des exemples, dans quel cas elle peut être intentée. Loin de parler de la *force,* nous l'avons dit, il cite exclusivement la nouvelle dessaisine; mais il dit, pour expliquer sa pensée : « Si comme je sui en saisine d'un queval ou d'une autre beste, ou de denier, ou de *mueble* QUEL QU'IL SOIT..... »

Le complaignant doit être en saisine, Beaumanoir le dit expressément, et la saisine d'une terre ne s'acquérait que par l'an et jour; mais aussi notre auteur ne parle pas plus de terre que de *force;* tous ses exemples sont de choses mobilières, que, jusqu'à présent, il n'avait pas nommées.

Si pour acquérir la saisine d'un immeuble il fallait, depuis une réforme récente, un an et un jour, il n'en était pas ainsi pour les meubles, réputés choses viles. De nos jours encore, quelle que soit l'importance nouvelle qui leur a été donnée, les règles qui leur sont applicables, pour la possession comme pour la prescription, ne sont pas les mêmes que celles écrites pour les immeubles. La complainte n'existe plus, il est vrai, pour les meubles, et le principe est même très-ancien; on suivait d'autres règles au temps de Beaumanoir. Ce texte seul suffirait à l'établir; nous en avons donné autre part des preuves nombreuses, et cela n'a rien de surprenant. Il est hors de doute que le droit romain reconnaissait cette action mobilière; en droit canonique, on suivait une règle semblable. Quoi de plus naturel que Beaumanoir ait admis également, sous cette double influence, l'action possessoire pour meubles. Cette influence existait pour lui, quoique à un moindre degré, comme pour l'auteur des Établissements; et dût-on considérer cette opinion comme individuelle et n'ayant pas laissé de trace, il est impossible de nier que Beaumanoir au moins l'ait soutenue.

Mais, pour les meubles comme pour les immeubles, la revendication était admise dans l'ancien droit : ainsi, une fois ressaisi, si mon adversaire prouve que la chose est à lui, *il le r'aura,* dit le texte. Cette expression n'indique pas une simple possession, elle s'applique à la propriété : « *Se cil qui me l'osta,* PRUEVE LE COZE À SOIE, *il le r'aura.* » La preuve est complète, et la propriété aussi ; il ne s'agit plus de part ni d'autre de saisine ; le défendeur ne revient pas par complainte, après réintégrande, mais bien par revendication.

La règle relative à la manière dont s'acquérait la saisine des meubles ne recevait pas d'exception, même en cas de délit. Il aurait pu y avoir doute à cet égard, et Beaumanoir a soin de le dissiper ; mais il ne cite cet exemple, toutefois, que comme une conséquence extrême du principe qu'il vient de poser, et non certes comme devant servir à le caractériser.

Au commencement du chapitre consacré aux actions possessoires, Beaumanoir pose d'abord avec clarté les trois cas de dépossession. Dans les conditions qui donnent ouverture à l'action, comme dans les règles à suivre pour atteindre le but, il ne fait connaître aucune différence pour le cas de violence, si ce n'est une modification légère dans la rédaction de la plainte.

Après avoir ainsi posé les règles générales, il passe aux exceptions ; il fait connaître, d'une part, les personnes qui, quoique dessaisies, ne pourraient intenter la complainte (§§ 12 à 14), et, d'un autre côté, les cas où la complainte pourrait être formée sans que les conditions exposées par lui comme nécessaires aient été remplies; telles, par exemple, que la possession annale (§ 15). Mais nulle part il ne dit que cette possession cessera d'être nécessaire pour tous les cas de force; ce n'eût pas été là une exception, mais une règle générale, puisque jusqu'à lui on n'avait connu, même en doctrine, que la dessaisine de force, et il lui eut été d'autant plus facile de poser cette règle d'une manière claire et nette, qu'il avait eu soin de bien définir les trois espèces.

Le passage que nous venons d'expliquer n'est pas le seul qui ait paru s'appliquer à la réintégrande, on a cité également le § 22 et les suivants. Nous sommes amené, pour rendre notre travail complet, à faire des citations un peu longues, mais nous espérons qu'on nous les pardonnera.

« 22. Aucune fois avient que aucuns est plaintis de novele dessaisine et proeve qu'il a esté dessaisis de novel, si que il convient qu'il soit resaisis; et après cil qui dessaisi avoit et a resaisi, a bien action de soi plaindre de novele dessaisine de celi meismes qu'il a resaisi par jugement et de le coze meisme, dont le resaizine est fete. Et veons comment, car aucunes gens guideraient, quant ples a esté de novele dessaizine et cil qui se plaint est resaizis qu'il ni puist jamès avoir plet de nouvele dessaizine, mès si fait en aucun cas et dirons comment.

« 23. Pierre estoit entrés en une tere el mois de mars et le fist aréer et semer pesivlement, et quand vint à l'aoust et il quida l'aveine soier et tout présentement la terre despouiller de celle année et y estoient si ouvrier jà dedens pour queiller les biens, adont vint Jehans et en osta les ouvriers du dit Pierre et contre son gré, et y mit les siens ovriers et emporta que lui sa mesnie, l'aveine. Adont fit Pierre ajorner Jehans sor novele dessaisine, et quant ils vinrent en cort, Pierre requist à estre restablis de l'aveine que Jehans en avait emporté, lequel il avoit arrée et semée et laborée pesivlement et y estoit entrés pesivlement, qu'onques nus à celui temps de lors ni mist arrest ne contens pour debattre le labourage. A ce repondi Jehans qu'il li connoissoit moult bien que Pierres avoit la terre semée et laborée et entrés el soier, mes à tort l'avoit fet, si comme il disoit, car le terre estoit soie ; mes il n'i estoit pas entrés par li, par quoi il ne voloit pas estre tenus a li ressaisir ne restablir ; et mesment porceque Pierres ne disoit pas qu'il eust été en saisine an et jor, par quoi il ne pooit demander saisine, come il fust apareillés de prover que li heritages fust siens ; et sor ce se mirent en droit : se Pierre seroit restablis ou non. Il fut jugé que Pierres seroit ressaisis et restablis de l'aveine, lequele il avoit laborée pesivlement, tout n'eust-il pas esté en saisine an et jor. Et par cel jugement pot on veoir que de quelque coze je soie en saizine, et que le saisine soit bone ou malvese et de quelque tans que ce soit, soit grans ou petit, qui m'oste de celé saizine sans jugement ou sans justice, je doi estre resaisis avant toute œvre, se je le requier. Dont s'il avenoit que uns lerres eust emblé aucune coze et cil qui le coze seroit, le tausist au larron sans justice et li lerres requeroit à estre resaisis avant toute œvre, il le resaiziroit et puis li convenroit trover bon garant de le coze, ou il seroit justiciés du meffet [1]. »

Nous avons rapporté en entier ce passage, parce qu'il est

---

[1] *Coutumes de Beauvoisis,* ch. XXXII, p. 473 et suiv.

décisif. Le véritable propriétaire est forcé de rendre la possession, sauf à revenir, non plus ici par revendication, mais par la voie de la complainte, pour la réclamer indépendamment de la propriété. La personne réintégrée n'avait pas la possession annale. Enfin, dans le dernier paragraphe, on lit ces mots qui sont on ne peut plus explicites : « De quelque coze, je soie en saisine et que le saisine soit bone ou malvese et de quelque tans que ce soit, soit grans ou petit, etc.... » Un examen attentif est ici nécessaire.

Il est inutile sans doute de rappeler une fois encore que Beaumanoir connaissait et avait défini avec soin les cas où « ai je bone action de moi plaindre de *force* ou *de novele dessaisine.* » Il avait pris, selon toute apparence, les distinctions qu'il a adoptées dans le droit romain ; mais il les avait bien comprises, et il savait ne pas confondre ces deux cas, à la différence des *Olim* et des Établissements, qui ne semblent pas les distinguer encore; et lors même que cette distinction ne doit le mener à aucun résultat, il l'établit néanmoins très-nettement. Dans le § 15, au contraire, dans le § 23 que nous examinons en ce moment, tous les deux destinés à faire connaître les règles particulières à suivre en cas de *force,* suivant l'opinion générale au moins, Beaumanoir dit au § 15 : « Me puis je bien plaindre de *novelle dessaizine* »; et au § 23 : « Fist Pierre ajorner Jehan sor *novelle dessaizine.* » A coup sûr, nous sommes loin de prétendre que les règles exposées dans ces deux paragraphes ne fussent pas également applicables, s'il y avait eu violence, car *novelle dessaizine* était le terme générique, mais comment admettre que le mot *force* eût été omis, si les principes enseignés eussent exclusivement été applicables à cette hypothèse?

Beaumanoir ne met donc nullement dans la bouche du

demandeur cette allégation de violence qui, à elle seule, aurait dû suffire à assurer son triomphe. C'est, il faut en convenir, un plaideur bien maladroit! Il se borne à demander d'être rétabli « de l'aveine. . . . . lequel il avoit arrée et semée et laborée pesivlement et y estoit entrés pesivlement qu'onques nus à celui temps de lors n'i mist arrest ne contens pour debattre le labourage. » A quoi bon ces verbeuses explications, quand un seul mot doit suffire, et comment ce mot est-il le seul qui ne soit pas dit?

Ce ne sont là, si l'on veut, que des présomptions; des preuves plus directes ne nous manqueront pas.

De quoi fut-il jugé que Pierre serait ressaisi? *De l'aveine*, dit le texte. Sur quoi en effet avait porté la demande? Sur *l'aveine* que Jehan avait emportée, ou sur *toute la despueille de chele année*, selon la leçon d'un autre manuscrit. Si nulle part Pierre n'allègue la violence, nulle part, non plus, il ne demande et on ne lui accorde la saisine de la terre même, mais bien seulement de sa récolte.

Qu'on se reporte au § 15; on verra que Beaumanoir enseigne dans quel cas on a la complainte sans la possession annale : « Si come je suis en saizine d'un queval ou d'une autre beste, ou de denier, ou de mueble, quel qu'il soit, OU D'AUCUNE DESPUEILLE *que j'ai gaigniée et labourée en mon nom sans auctorité d'autrui.* » Cette *despueille* est mobilière; c'est pour cela que la saisine en est acquise sans condition d'annalité. Ce système n'est-il pas clair, logique, bien concordant, conforme aux textes et en rapport avec l'état des choses au XIII° siècle?

Beaumanoir a donc bien le droit de dire que : « De quelque coze je soie en saizine et que le saizine soit bone ou malvese et de quelque tans que ce soit grans ou petit, » la complainte pourra être intentée; mais cela doit s'entendre de quelque chose *mobilière* que ce soit. Beaumanoir ne l'a pas répété, c'est vrai; mais à quoi bon, puisqu'il a dit au § 15 que c'était des meubles seulement qu'on acquérait la saisine sans condition de temps? Est-ce un adjectif omis, parce qu'il était surabondant, qui aura la puissance de renverser tout un système bien lié, pour y substituer un système sans un mot qui lui serve d'appui et n'ayant pour fondement qu'un adjectif qui n'existe pas! N'oublions pas, en outre, que Beaumanoir exige ici, comme au § 15, qu'il y ait *saisine*. Qui donc a jamais cru que, non la simple détention, mais bien la saisine d'un immeuble, pût être acquise sans condition? Est-ce au xiiie siècle particulièrement, quand la saisine annale était déjà quelque chose d'exorbitant, qu'une pareille doctrine eût pu être enseignée?

Si une chose volée a été enlevée au larron avec ou sans violence, celui-ci aura donc la complainte, sauf plus tard, dit Beaumanoir, à être *justiciés du meffet*, comme il avait dit plus haut qu'il *en porteroit le hart*. Le vol ne fait pas obstacle à la saisine, et cette règle ne peut s'appliquer qu'aux meubles, seules choses qui soient susceptibles d'être volées. Il revient sur ce principe encore une fois au § 27, et il répète que si un cheval a été volé, *en est li toleres en saizine*.

Il est donc bien vrai qu'il importe peu que *le saizine soit bone ou malvese, ou de quelque tans que ce soit, soit grans ou petit,* puisque la saisine des choses mobilières, même volées, s'acquérait sans condition de temps et par le seul fait de la simple appréhension.

Beaumanoir, au reste, cite l'espèce qu'il pose comme présentant une singularité, et offrant quelque embarras pour la décision à rendre. Qui donc aurait regardé comme une singularité au xiii° siècle une dépossession violente ! Mais le texte va nous apprendre pourquoi Beaumanoir est revenu sur une règle déjà posée par lui au § 15, et en quoi la question soulevée au § 23 présentait en effet un point de vue nouveau.

« N° 24. Or, veons comment cil qui est tenus à resaizir par jugement se pot plaindre de novele desaizine de celi qu'il a resaisis et de ce meismes dont il a resaisi. Quant Jehan *eut resaisi de L'AVEINE dessus dite* et aempli le jugement, il fist Pierre ajorner, qui resaisi estoit sor novele dessaizine et proposa contre li, qu'à tort et sans cause estoit entrés en le saisine et possession de son HERITAGE et sans saisine de segneur et de novel puis un an et un jour, pourquoi il requeroit que cele saizine fut ostée à Pierre et baillié à Jehan, come à celi qui avoit esté en le derraine saisine de un an et un jor et jusqu'au jour qu'il entra en la terre por laborer et semer. A ce respondi Pierres qu'il avoit plédié au dit Jehan de cele meisme coze et sor novele dessaizine et li avoit esté livrée le saizine par jugement, par quoi il ne voloit estre tenus à nule resaizine fere ne à respondre, se n'estoit au plet de le propriété, quant il seroit sor le propriété ajornés et sor ce se mirent en droit. Il fut jugié que Pierres respondroit au claim que Jehan avoit fet contre li; car por ce se Pierre avoit esté resaisis de ce dont il avoit esté trové en saisine ; et il n'avoit maintenu la saisine d'un an et un jor entierement, ne demore pas que Jehans qui maintenoit sa saisine d'un an et un jor entièrement, ne se peut plaindre de novele dessaisine de Pierre, qui derrainement estoit en le saisine entrés et n'i avoit pas esté an et jor [1]. »

---

[1] *Coutumes de Beauvoisis*, ch. xxxii, p. 475.

Le débat portait donc sur ce point : Pierre avait-il pu acquérir la saisine d'une récolte, lorsqu'il n'avait pas la saisine de la terre même qui l'avait produite ? Jehan le niait et il fut condamné. Mais Pierre, à son tour, devait-il conclure de ce que la saisine de la récolte lui avait été donnée, qu'il ne fût tenu à répondre, en ce qui concernait l'héritage que *au plet de le propriété* ? Non certes ; Jehan qui *maintenoit sa saisine d'un an et un jor entièrement* obtint de rentrer dans la possession du fonds. La difficulté consistait à savoir si, en effet, il était possible qu'il y eût deux actions possessoires distinctes, l'une pour la récolte, l'autre pour la terre sur laquelle elle était née ? Beaumanoir décide l'affirmative. Mais quant à établir deux actions possessoires successives sur le même objet et entre les mêmes personnes, il n'en est nullement question, et il faut bien convenir que ce chapitre de Beaumanoir a été lu jusqu'à ce jour avec une étrange préoccupation.

Saint Louis s'était imposé une tâche à laquelle se dévouèrent également ses successeurs ; c'était de faire disparaître l'emploi de la force brutale. Son ordonnance de 1245 commença la réforme ; celle de 1260 défendit la preuve par bataille : la tendance était évidente. Il devait donc, sous peine d'inconséquence, venir au secours du possesseur déjeté et défendre qu'il se fît justice par lui-même, ainsi qu'il y avait été de tout temps autorisé. Mais on dit qu'en haine de cet abus de la violence, si universellement admis, il avait accordé au détenteur d'un immeuble qui en aurait été chassé par la force, lors même qu'il n'eût été qu'un usurpateur, la saisine sans condition et l'action possessoire contre l'auteur du trouble. On a cherché enfin dans les Établissements, comme dans la coutume de Beauvoisis, les règles de la réintégrande, et nous pensons qu'il est aussi impossible de les trouver dans l'un que dans l'autre de ces deux documents.

Nous n'avons pu découvrir dans le chapitre LXV du livre I des Établissements, rien qui ressemblât à une action possessoire; et nous l'avons dit, sans ignorer qu'au livre II il existe un chapitre qui rappelle d'une manière trop claire, pour que le doute soit permis, le principe qui préside à ces actions. Il porte ce titre et est ainsi conçu : « *Comment l'en doit demander en la saisine avant que d'en respondre*. Nul ne doit en nulle cort pleder desesis; mès il doit demander sesine en toute œuvre, ou doit savoir se il la doit avoir et n'est mie tenus de respondre desesis, ne despoüillés ne le sien tenant, ne ne fere nule connaissance, ne response, ne defaute nule, selon droit escrit en decrétales, el titre de l'ordre des connaissances en les decrétales qui commencent, *cum dilectus filius super spoliatione* et par tout le titre selon l'usage de court laie [1]. »

Saint Louis, il est bon de le constater, n'annonce pas avoir rien emprunté dans ce chapitre au droit romain; on sait avec quelle complaisance il le cite dans tout le cours des Établissements, quelquefois même assez mal à propos; il n'est ici question que des décrétales.

L'église n'avait jamais admis le droit de la force, reconnu et respecté par tous en dehors de son sein; à aucune époque elle n'avait permis qu'on se fît justice à soi-même, et depuis longtemps elle avait proclamé la maxime *spoliatus ante omnia restituendus*, commentée par tous les canonistes. De pareils principes étaient, pour ainsi dire, inhérents

---

[1] *Établissements*, liv. II, ch. VI.

à sa nature; elle ne les eût pas conservés, par tradition, du droit romain, qu'elle les eût à coup sûr créés. Cette règle avait un cachet d'ordre et de régularité qui devait plaire à saint Louis et l'engager à l'insérer, au moins comme principe, dans ses Établissements. Mais s'il avait fallu faire sortir cette règle de l'état de simple théorie, pour l'appliquer d'une manière efficace, ce texte n'en eût pas donné les moyens. Que l'on compare ce chapitre, où l'on veut voir une innovation, avec le chapitre LXV, qui n'a d'autre but que de consacrer des principes depuis longtemps admis. Dans celui-ci la marche que doit suivre la procédure est minutieusement expliquée; mais quant à l'autre, il faut, pour l'exécution, se reporter à des règles anciennes et bien connues de tous; et saint Louis, en effet, prétend si peu fonder une chose nouvelle, qu'il renvoie à *l'usage de court laie*.

On sait du reste avec quelle défiance il faut lire les Établissements. « Si l'on pouvait penser, dit M. Beugnot, que dans ce code, ouvrage de clercs et de légistes, ennemis déclarés de la féodalité, se trouvent renfermés les éléments véritables de cette forme de gouvernement, alors il faudrait admettre qu'en vertu de ces principes la royauté devait dominer tous les intérêts sociaux; l'aristocratie lutter avec peine pour le maintien de ses prérogatives; les habitants des villes jouir du droit de se défendre et de se régir par leurs propres lois; et le peuple des campagnes passer régulièrement du servage à la liberté et de la liberté à la bourgeoisie. Il faudrait supposer que les principes du droit romain pouvaient se marier sans effort aux usages féodaux, et que les formes de procédure reçues dans les cours ecclésiastiques étaient les seules qui convinssent aux cours féodales; en un mot, il faudrait rapprocher les idées les plus contradictoires [1]. »

Quoi qu'il en soit, quelques personnes ont prétendu que le chapitre LXV s'était occupé de la possession, dont il ne dit pas un mot, et avait réglé la complainte, quand le texte parle expressément de violence et porte : *il m'en a dessaisi à tort et à force.* D'un autre côté, on a trouvé dans le chapitre VI la législation particulière à la réintégrande, lorsque la *force,* il faut le reconnaître, n'y est pas même nommée.

Mais en admettant cette hypothèse, quelles seront les règles applicables? Ce seraient celles de la réintégrande canonique, qui sont fondées sur les principes de la possession romaine, dont elles ne peuvent être séparées; principes suivis par les décrétales et inconnus en France. On s'appuie sur ces mots, *nul ne doit pleder desesis;* nous ne pouvons y voir que le principe général qui domine toutes les actions possessoires, non la règle particulière, à la réintégrande. On trouve des expressions analogues dans tous les documents qui traitent des actions possessoires, et le sens en est clair. Celui qui a la possession juridique ou la saisine ne plaidera pas dessaisi *sur la propriété;* mais il ne peut prétendre à être réintégré, avant même de plaider *sur la possession;* il y a évidemment confusion.

Le chapitre VI dit si peu que la possession sera rendue à toute personne dépouillée par violence, qu'elle ait ou non un droit légitime, ce qui serait du reste contraire aux règles du droit canonique, ainsi que nous le prouverons plus tard [2], que le texte porte expressément : *mès il doit demander*

---

[1] *Assises,* t. I, p. LVII.
[2] Voy. *infra,* ch. VIII.

sesine. Une observation faite sur le texte de Beaumanoir est également applicable ici ; on ne saurait prétendre sans de graves raisons que saint Louis ait voulu que la saisine fût accordée aussi légèrement ; au moins aurait-il dit, en termes exprès, que le seul fait d'avoir usé de violence pour recouvrer son bien, faisait obtenir la saisine à tout possesseur déjeté. En plein droit féodal, lorsque l'emploi de la force était légalement autorisé dans tant d'occasions, lorsqu'on n'avait jamais connu d'autre dépossession que celle par violence, cela eût paru à coup sûr d'une étrange singularité !

Si quelque doute pouvait exister encore, nous en trouverions la solution dans Beaumanoir. Beaumanoir est, sans contredit, le meilleur commentateur des Établissements ; il tire les conséquences des principes que saint Louis quelquefois s'est contenté de poser ; il les développe et nous montre le véritable état des choses au moment où il écrivait. Nous n'avons pas besoin de revenir sur l'examen que nous venons de faire du texte de son ouvrage ; nous n'y avons trouvé que des arguments en faveur de l'opinion que nous soutenons.

La tendance vers le droit romain, qui se fait déjà sentir dans Beaumanoir et dans les Établissements, va devenir de plus en plus marquée chez les auteurs français ; nous croyons donc utile, avant d'aller plus loin, de dire quelques mots des règles qui régissaient à Rome les actions possessoires ainsi que de celles qui étaient adoptées par le droit canonique.

CHAPITRE VII.

« Une division importante, dit M. Charles Giraud, distribuait à Rome les fonds de terre en deux grandes classes: l'*ager privatus* et l'*ager publicus*.

« *Ager privatus* était la portion de territoire qui était dans le commerce libre des citoyens romains, ou bien des citoyens des municipes et des colonies, ou même des peuples libres et alliés des Romains. C'était la propriété privée dans toute l'étendue légale et politique de l'expression. Elle était dans la disposition illimitée des individus, tandis que l'*ager publicus* était indisponible, inaliénable, imprescriptible. Une loi seule pouvait en disposer : c'était la propriété de l'État, et l'État seul pouvait l'aliéner directement ou par ses mandataires réguliers; il pouvait donc être l'objet, soit de ventes publiques, soit de distributions gratuites, soit de baux à terme ou perpétuels plus ou moins avantageux[1]. »

Si l'on en croit les historiens des premiers siècles de Rome, son fondateur lui-même distribua une partie du sol dont il s'était emparé entre les citoyens de son naissant empire, et après avoir pourvu aux dépenses du culte, il composa avec les terres restées encore vacantes le domaine

---

[1] M. Ch. Giraud, *Recherches*, etc. liv. II, chap. I.

de l'État : la distinction qui existait à Rome entre la propriété privée et la propriété publique serait donc aussi ancienne que la ville elle-même.

Quoi qu'il en soit, si les conquêtes des Romains n'ont pas été le fondement de l'*ager publicus,* elles ont eu pour effet de l'accroître. Les peuples vaincus ne furent pas tous soumis à des conditions uniformes, mais tous contribuèrent, quoique dans des proportions différentes, à augmenter la propriété de l'État : « Les Romains, dit Appien, à mesure qu'ils soumettaient les différents peuples qui habitaient l'Italie, leur enlevaient une partie de leur territoire. »

De ces terres publiques, les unes étaient comprises dans ce rayon rapproché de la ville désigné sous le nom d'*ager romanus;* il s'étendit peu à peu, mais il ne dépassa jamais les limites de l'Italie; les autres étaient situées dans toutes les contrées où les Romains portèrent successivement leurs armes. Les premières donnèrent lieu aux lois agraires proprement dites, qui jouent dans l'histoire romaine un rôle si considérable; les autres reçurent les colonies que Rome fonda à diverses reprises dans l'intérêt de sa défense bien plus que dans celui des citoyens pauvres qui allèrent les habiter. Sans doute la fondation d'une colonie était une véritable loi agraire, puisqu'elle avait pour effet de distribuer à un certain nombre de citoyens des terres enlevées à l'ennemi et réunies au domaine public; mais les Romains, ainsi expatriés, perdaient en fait, si ce n'est en droit, puisque la question est controversée[1], le *jus suffragii,* le plus précieux de leurs priviléges. Les assignations faites dans les limites de l'*ager romanus,* au contraire, n'enlevaient aux citoyens en

___
[1] M. Laboulaye, *Rev. de lég.* 1846, t. II, p. 104.

faveur de qui elles étaient faites l'exercice d'aucune de leurs prérogatives, et les laissaient membres de la cité. Aussi, les unes, pendant longtemps au moins, rencontrèrent peu d'opposition parmi les patriciens, tandis que le bienfait qu'elles accordaient fut quelquefois repoussé par ceux à qui il était offert[1]; les autres, qui devaient avoir pour résultat d'arracher à des patriciens puissants des terres à leur convenance, usurpées par eux depuis un très-long temps, soulevèrent à toutes les époques les plus violents orages.

Les ventes publiques ainsi que les distributions gratuites de ces terres étaient rares. Lorsqu'elles étaient données à bail, nous ne connaissons pas d'une manière précise les conditions du contrat qui intervenait entre l'État et les concessionnaires. Il paraît certain toutefois que la redevance exigée était assez faible, dans l'origine au moins, pour que ces concessions fussent considérées comme un bienfait par les citoyens pauvres auxquels elles étaient faites; mais l'insatiable avarice des grands, caractère distinctif du patriciat romain, trouva bientôt moyen de les écarter. Les patriciens obtinrent seuls des possessions qui devinrent immenses; dans bien des occasions, ils surent même les usurper clandestinement, ou ils parvinrent à s'affranchir, pour celles qui avaient été affermées, du *vectigal*, signe du domaine éminent que conservait l'État, en même temps qu'il était une source de revenu. « Quant à la partie inculte de ce domaine, fruit de la conquête, dit Appien, qui était toujours la plus considérable, on n'avait pas coutume de la mettre en

---

[1] M. Macé, *Des lois agraires chez les Romains*, p. 162. M. Macé explique parfaitement les causes de ce refus, que Tite-Live feint de ne pas apercevoir.

distribution, mais on en abandonnait la jouissance à qui voulait la défricher et la cultiver, en réservant à l'État la dixième partie des moissons et la cinquième partie des fruits perçus. Les riches s'emparèrent peu à peu de cette partie des terres non partagée et livrée au premier occupant, et se confiant en la durée de leur possession, ils achetèrent de gré à gré ou enlevèrent par la force aux petits propriétaires voisins leurs modestes héritages, et formèrent ainsi de vastes domaines [1]. »

En droit, tant que les formalités nécessaires pour consommer l'aliénation d'une terre publique n'avaient pas été remplies, elle restait imprescriptible, et la possession, quelque longue qu'elle fût, ne pouvait, dans aucun cas, donner à celui qui en avait joui le droit de propriété. Ce principe ne fut jamais contesté par les possesseurs de terres publiques. Il exista donc à Rome, pendant plusieurs siècles, une possession d'espèce particulière, n'ayant plus rien de nos jours qui y soit analogue. Ce n'était ni la détention simple ni celle qui, obtenue et conservée sous certaines conditions, mène à la propriété : c'était beaucoup plus ou un peu moins. Le possesseur était sans droit pour aliéner *jure quiritium*, mais il avait des moyens pour vendre, pour donner, pour laisser par succession une possession qui lui conférait tous les bénéfices du propriétaire sans que nul pût les lui disputer, l'État excepté.

Les lois agraires n'avaient pas d'autre but que de contraindre l'État à exercer ce droit incontesté et à distribuer aux citoyens pauvres, après les avoir reprises aux hommes qui étaient parvenus à les accumuler entre leurs mains, ces

---

[1] Appien, *Guerres civiles*, 1, 7.

immenses possessions. « Les lois agraires, dit M. Macé, n'ont jamais été des lois sociales ou plutôt anti-sociales; elles ont été exclusivement des lois politiques. Elles n'ont jamais mis en question le droit de propriété; c'était le fondement même de la société romaine; elles se sont bornées à demander une meilleure distribution de quelques propriétés, non pas particulières, mais publiques[1]. »

Ces lois ont donc été pendant bien des siècles attaquées avec violence ou prônées avec enthousiasme, sans que de part ni d'autre on les connût. Aujourd'hui chacun peut aisément comprendre qu'un partage des terres conquises entre les plus pauvres citoyens, qui en avaient payé l'acquisition de leur sang, était une mesure juste et humaine. Un intérêt général, un intérêt politique, s'attachait en outre à l'adoption de ces lois, et fut le principal mobile qui fit agir un grand nombre de tribuns, et les plus illustres d'entre eux, Licinius Stolo et les Gracques.

Les premières distributions de terres conquises faites aux plébéiens datent des rois de Rome; mais déjà sous Servius Tullius ce fut avec peine qu'on put arracher aux patriciens les possessions qu'ils avaient usurpées. Ce roi populaire tomba première victime des longues luttes que devaient provoquer les lois agraires.

Sous la République, depuis la loi proposée en 485 par Spurius Cassius, immolé comme Servius Tullius aux ressentiments des patriciens, jusqu'aux rogations si connues de Licinius Stolo, des propositions nombreuses ont été faites, qui sont beaucoup moins célèbres. Ces lois répondaient à un besoin trop impérieux, elles s'appuyaient sur un principe

---

[1] *Des lois agraires*, etc. p. 32.

trop juste, pour rester longtemps oubliées. M. Macé a rétabli la vérité des faits un peu obscurcie à cet égard, en racontant les luttes vives et fréquentes qui remplissent cet intervalle de cent trente-trois ans[1], luttes malheureuses souvent, mais qui eurent toutefois pour résultat le partage du mont Aventin, du territoire de Véies et de celui de Promptinum, sans parler de la fondation de plusieurs colonies[2].

On a mis en doute si les propositions de Licinius Stolo doivent être comptées parmi les véritables lois agraires[3]. La même incertitude ne peut exister pour les lois obtenues par les efforts persévérants des Gracques : si les luttes ardentes qu'ils eurent à soutenir ne furent pas l'effort suprême tenté pour une cause juste, elles forment au moins le plus brillant épisode de cette longue histoire.

Depuis la chute des Gracques jusqu'à la dernière loi agraire que fit rendre César pour partager le territoire de la Campanie, quelques essais furent encore faits à diverses reprises; mais la lutte devait s'éteindre au milieu des guerres civiles qui désolèrent les derniers temps de la République. Marius et Sylla; César et ses collègues; Antoine, Octave sacrifièrent à l'envi les patriciens, la plèbe et l'État pour enrichir les soldats qu'ils voulaient gagner à leur cause. Ils leur prodiguèrent, non-seulement les terres publiques, mais les propriétés les plus légitimes des citoyens portés sur leurs longues listes de proscription. Des villes entières même furent détruites et leur territoire partagé entre les

---

[1] M. Macé, *Des lois agraires*, p. 139 à 184.
[2] Idem, ibidem, p. 167 et 176.
[3] Idem, ibidem, p. 204 et suiv. M. Laboulaye, *Rev. de lég.* 1846, t. II, p. 416 et suiv.

vétérans. Il n'y avait plus rien de commun entre ces dépossessions violentes, entre ces largesses faites à des soldats toujours prêts à s'armer contre leur patrie, et les sages et équitables mesures dirigées contre des usurpateurs, ayant pour but de fonder, sur de solides bases, la grandeur du nom romain et de perpétuer sa gloire. Lorsque Auguste mit un terme à ces iniques prodigalités, le domaine de l'État devait être épuisé; si quelques faibles restés avaient encore survécu, ils furent réunis au fisc impérial.

En parlant des terres publiques que l'État concédait à des particuliers, nous n'avons pas eu besoin d'ajouter que ce domaine était indépendant des routes, des fleuves, des temples, des choses sacrées ou religieuses, dont l'usage, sous certains rapports, était commun à tous. Il ne pouvait y avoir lieu, à l'occasion de ces objets, à une action, proprement dite, du préteur; et l'on dut néanmoins sentir quelquefois la nécessité de venir au secours des citoyens qui, troublés dans une jouissance légitime, n'auraient eu d'autre moyen pour appuyer leur droit que d'en appeler à la violence. Le magistrat interposa son autorité dans l'intérêt de la tranquillité publique et créa les interdits.

Ainsi par l'interdit *Ne quid in loco publico vel itinere fiat*[1], le préteur pourvoit à ce que chaque citoyen puisse jouir des choses publiques, sans être gêné par des ouvrages qui en restreindraient l'usage.

Ceux qui préparent ou rétablissent la voie publique sont protégés par l'interdit : *Quominus illi via publica*[2]. Tout ce qui aurait été fait de nature à y porter atteinte devait

---

[1] L. II, pr. D. *Ne quid in loco publico* (43. 8).
[2] L. I, pr. D. *De via publica et itinere publico* (43. 11).

être enlevé : *Quod in via publica itinereve publico factum, immissumve habes, quo ex via idve iter deterius sit, fiat restituas*[1].

Le préteur par l'interdit *Ne quid in flumine publico*[2], garantit les fleuves contre les dégradations ou les usurpations qui pourraient être tentées sur les rivages. Il prohibe les travaux qui seraient de nature à en changer le cours par l'interdit *In flumine publico inve ripa ejus facere*[3]; il en assure la libre navigation par l'interdit *Quominus illi in flumine publico*[4]. Si quelque ouvrage était fait qui pût gêner l'exercice de ce droit, le préteur en ordonne la destruction par l'interdit : *Quod in flumine publico ripave ejus fiat*[5].

Les interdits protégeaient également les tombeaux[6], les inhumations[7], les lieux sacrés[8].

Il en existait d'autres encore enfin pour la défense de toutes les choses de droit commun ou public, divin ou religieux.

La possession des terres publiques ne pouvait pas plus être le fondement d'une action, que l'usage d'une route ou d'un fleuve ; les moyens de protection créés en faveur d'une partie des domaines de l'État furent étendus aux terres qui en dépendaient également, et donnèrent lieu à la

---

[1] L. II, § 35. D. *Ne quid in loco publ.* (43, 8).
[2] L. I, pr. D. *De fluminibus* (43, 12). Gaïus, *Comm.* IV, § 159.
[3] L. unic. pr. D. *Ne quid in flumine publico* (43, 13).
[4] L. unic. pr. D. *Ut in flumine publico* (43, 14).
[5] L. I, § 19, D. *De fluminibus* (43, 12).
[6] L. I, pr. D. *De mort. inf.* (11, 8).
[7] L. I, § 5, D. *Idem, ibidem.*
[8] D. lib. XLIII, tit. vi.

création des interdits possessoires. En effet, Niebuhr et Savigny, qui l'a suivi, après avoir constaté qu'on cherche en vain la trace d'une institution juridique particulière à cette possession de l'*ager publicus*, l'un des établissements les plus fréquents et les plus importants de l'ancienne Rome, rappellent que l'esprit d'ordre et de justice des Romains ne permet pas de douter cependant que cette institution n'ait existé; elle est représentée, suivant ces auteurs, par cette classe d'interdits auxquels s'applique particulièrement la qualification de possessoires.

Les interdits possessoires sont les plus connus aujourd'hui. Au temps de Justinien, l'utilité de ces voies de droit pour régler la possession paraissait être leur principal avantage : « Quod tum maxime fiebat, disent les Instituts, cum « de possessione aut quasi possessione inter aliquos conten-« debatur[1]. » Gaïus même ne s'était pas exprimé autrement : « Quod tum maxime facit, cum de possessione aut quasi « possessione inter aliquos contenditur[2]. » Mais on était loin déjà de l'époque où les interdits avaient été créés, et les termes de l'édit indiquent suffisamment à quel besoin on avait voulu pourvoir.

En effet, les interdits *Retinendæ possessionis* étaient bien employés dans trois circonstances : lorsque le possesseur avait éprouvé un trouble; lorsqu'il avait lieu de le craindre; enfin, lorsqu'il s'agissait de régler l'instance sur la propriété, sans qu'il y eût à redouter aucune violence; mais ce cas, le plus fréquent, sans contredit, dans le dernier état du droit, était précisément en dehors de l'édit; les mots *vim fieri veto*

---

[1] *Inst. pr.* lib. IV, § 15.
[2] Gaïus, *Comm.* IV, § 139.

ne lui étaient pas applicables. On a dû assimiler plus tard cette instance toute pacifique à une menace réelle de trouble, et considérer, par une interprétation un peu forcée, tout cas de possession contestée comme présentant essentiellement danger imminent de voies de fait, pour que l'interdit pût lui être appliqué [1].

Il semble naturel d'admettre qu'il doive y avoir dans le droit de tout peuple civilisé, dans une législation parvenue à un certain degré de perfection, un moyen pour régler le rôle des parties dans une revendication; mais il ne peut exister de doute qu'aussi longtemps que les actions de la loi subsistèrent, les interdits étaient inutiles pour répondre à un besoin suffisamment satisfait; et si l'époque où les interdits possessoires ont pris naissance n'est pas bien connue, il est admis, au moins, qu'ils ont précédé la chute des actions de la loi. A ce moment, la nécessité de régler le possessoire dans les revendications, dut se faire sentir; les interdits, quoique créés dans un tout autre but, pouvaient répondre à ce besoin nouveau. La simplicité des formes était chose dont le génie romain était peu soucieux, et ce n'est pas se livrer à de bien aventureuses hypothèses que de supposer qu'on usât d'un moyen qui se présentait naturellement, en étendant aux fonds privés ce qui avait été créé pour les terres publiques.

L'*ager publicus* disparut peu de temps après la chute des actions de la loi; les interdits possessoires, par suite de l'extension qui leur avait été donnée, trouvèrent une application dans les contestations relatives à l'*ager privatus*, et ils survécurent ainsi au motif qui les avait fait naître.

---

[1] Savigny, p. 4; § 37, p. 444.

Possessio, possessor, possidere sont donc, suivant Niebuhr et Savigny, des expressions techniques pour désigner la possession et la jouissance de l'*ager publicus*; ils ont appuyé cette opinion d'un grand nombre de citations [1]. M. Charles Giraud y a ajouté une série de textes, qui paraissent tout à fait décisifs : « *Possessor,* dit-il, fut donc admis comme synonyme de détenteur de l'*ager publicus*; *possessiones* comme synonyme de l'*ager* occupé par les *possessores*; et *possidere* comme synonyme de posséder l'*ager* avec le droit de faire respecter cette possession par tout autre que par l'État [2]. »

Il nous semble difficile de contester la justesse de la découverte due aux savants que nous venons de citer et de trouver une opinion historique mieux établie, s'expliquant d'une manière plus satisfaisante ; les considérations qu'ils ont fait valoir, les textes qu'ils ont accumulés la mettent hors de toute controverse. Ajoutons qu'il n'y a rien de si naturel que de voir les deux espèces de propriétés formant à Rome le domaine public, défendues par les mêmes moyens.

« La restitution du caractère propre de la possession romaine a donc été, dit M. Charles Giraud, l'un des plus signalés services qu'aient rendus à la science MM. Niebuhr et de Savigny. Le droit romain ancien en est ressorti avec plus d'éclat et les obscurités inexplicables des ignorantes compilations de l'empire d'Orient en ont reçu une vive lumière. Mais qu'il nous soit permis de le dire, sans diminuer l'estime qui est acquise à l'un des érudits les plus renommés de notre siècle, les idées de M. Nieburh, que nous avons recueillies comme une doctrine fondamentale, comme une

---

[1] Nieburhr, *Hist. rom.* t. II, p. 161 et suiv. Savigny, p. 1; § 9, p. 198.
[2] M. Ch. Giraud, *Recherches*, etc. liv. II, ch. II.

clef des antiquités du droit romain, n'étaient point la propriété personnelle du savant danois. L'illustre et modeste Savigny avait rendu à l'émule de Cujas, à Doneau, la justice de le reconnaître comme le premier auteur d'une théorie vraie de la possession civile. Nous regrettons que M. Niebuhr n'ait pas rendu la même justice aux premiers créateurs de la théorie historique de la possession romaine, je veux parler d'Alciat et de Brisson. Le premier introduisit dans l'étude du droit romain la lumière de la littérature classique, et le second fut un des plus profonds érudits du xvie siècle. L'un et l'autre avaient démêlé la nature primitive de la possession et avaient tracé son caractère avec assez de précision et une remarquable sagacité[1]. »

Il existait donc à Rome plusieurs espèces de possession.

1° La possession nue ou détention simple. Ce fait, qui ne représente qu'un rapport purement physique entre l'homme et la chose, était à Rome à peu près dépourvu de tout effet juridique.

2° La possession de l'*ager publicus* accordée sous certaines conditions, et protégée par les interdits, ainsi que nous venons de le voir ; mais le possesseur d'un fonds de terre ou même d'un objet mobilier, put aussi, par la suite, invoquer les interdits, détournés de leur signification primitive et étendus par analogie aux fonds privés.

3° Enfin, quand la possession *animo domini* était accompagnée de circonstances tout à fait favorables, elle menait à la propriété par l'usucapion.

La possession, considérée en elle-même et indépendam-

---

[1] M. Ch. Giraud, *Recherches*, etc. liv. II, ch. II.

ment de toute idée de propriété, produisait donc en droit romain deux effets : l'usucapion et les interdits [1]. Nous n'avons pas à nous occuper de l'usucapion ni de la *longi temporis præscriptio* qui vint s'y ajouter, et plus tard la remplacer; nous ne parlerons que des interdits.

Les interdits peuvent être classés de diverses manières : ainsi on les distinguera comme se rapportant aux choses de droit divin ou aux intérêts purement humains, *aut de divinis rebus aut de humanis*. Si l'on se reporte à la nature de l'ordre contenu dans l'interdit, ils sont prohibitoires, restitutoires ou exhibitoires; à un autre point de vue, ils sont simples ou doubles. Enfin, les interdits possessoires particulièrement se divisaient en interdits *adipiscendæ, retinendæ* et *recuperandæ possessionis*.

Le nom particulier qui leur a été donné semble naturellement expliqué par cette circonstance, que celui à qui ils appartenaient avaient un *jus possessionis*. « L'application de cette notion aux interdits *retinendæ* et *recuperandæ possessionis*, dit Savigny, ne présente aucune difficulté; mais quant aux interdits *adipiscendæ possessionis*, le demandeur ne prétend ni posséder actuellement ni avoir jamais eu la possession [2]. » Aussi le savant allemand soutient-il qu'on n'avait jamais songé à Rome à réunir ces trois espèces d'interdits sous une dénomination commune [3]. Quoi qu'il en soit, cette question présente peu d'intérêt pour nous.

Les interdits *adipiscendæ possessionis* n'étaient pas donnés, ainsi que le nom l'indique suffisamment, à des possesseurs ou dépouillés ou inquiétés; mais bien à des personnes

---

[1] Savigny, p. 1; § 2, p. 6 et § 4, p. 17.
[2] *Idem*, p. 4; § 35, p. 426.
[3] *Idem*, p. 4; § 35, p. 430 et 433.

voulant acquérir la possession réelle de choses qui ne leur avaient jamais appartenu. Nos actions possessoires n'ont évidemment aucun rapport avec cette sorte d'interdits.

Les interdits *retinendæ possessionis* avaient un double but, soit de donner au possesseur le moyen d'obtenir réparation d'un dommage ou protection contre un trouble imminent, soit de régler le rôle des parties dans une instance en revendication.

Celui qui avait recours à ces interdits devait, en premier lieu, prouver que la possession juridique de l'immeuble lui appartenait encore, soit que cette possession eût été ou non justement acquise. En second lieu, la possession devait avoir été troublée par des actes de violence accomplis contre le gré du possesseur et devant avoir pour effet de porter atteinte à sa jouissance.

L'interdit *Uti possidetis* est le plus important comme le plus connu parmi ceux de cette classe; la formule était ainsi conçue : « Uti eas ædes quibus deagitur, nec vi, nec clam, « nec precario alter ab altero possidetis, quominus ita pos-« sideatis, vim fieri veto[1]. » Gaïus enseigne que la préférence était accordée à celui qui possédait au moment même où l'interdit était rendu, pourvu que sa possession ne fût ni clandestine, ni précaire, ni violente à l'égard de son adversaire, *ab adversario*[2]. A l'égard de tout autre, ces vices étaient indifférents : « Justa enim an injusta adversus cœteros pos-« sessio sit in hoc interdicto nihil refert; qualiscumque enim « possessor hoc ipso quod possessor est, plus juris habet « quam ille qui non possidet[3]. » Cet interdit était annal.

---

[1] L. 1, pr. D. *Uti possidetis* (43, 17).
[2] Gaïus, *Comm.* IV, § 150.
[3] L. 2, D. *Uti possidetis* (43, 17).

L'interdit *Utrubi* était à la possession des meubles ce que le précédent était à celle des immeubles; la formule en était ainsi conçue : « Utrubi hic homo de quo agitur, ma-« jore parte hujusce anni fuit, quominus is eum ducat, vim « fieri veto [1]. » Quoique les termes de la formule semblent en restreindre l'application aux seuls esclaves, il n'existe aucun doute sur l'extension que l'interdit avait reçue à toute espèce de meuble [2]. La préférence devait être donnée à celui dont la possession, sans avoir été ni violente, ni clandestine, ni précaire, avait duré pendant la plus grande partie de l'année [3], et sans avoir égard à la possession au moment même où l'interdit était demandé. Il n'en était pas moins, malgré cette circonstance, compté parmi les interdits *retinendæ possessionis;* suivant Savigny, on considérait par une fiction de droit, la *major anni pars* comme possession actuelle [4]. Mais sous les empereurs chrétiens, peut-être sous Justinien seulement, cette différence entre les interdits *Uti possidetis* et *Utrubi* disparut, et dans l'un comme dans l'autre cas, on n'eut égard qu'à la possession actuelle [5]. Les deux interdits étaient doubles.

Les autres interdits *retinendæ possessionis* sont : L'interdit *De superficiebus* [6], qui est l'interdit *Uti possidetis* donné utilement;

L'interdit *De itinere actuque privato* [7], relatif au droit de

---

[1] L. 1, D. *Utrubi* (43, 31).
[2] Gaïus, *Comm.* IV, § 149.
[3] *Idem, ibidem*, § 150.
[4] Savigny, §§ 39 et 40.
[5] *Inst.* liv. IV, tit. xv, n. 4.
[6] L. 1, D. *De superficiebus* (43, 18).
[7] L. 1, pr. D. *De itinere* (43, 19).

passage : il différait de l'interdit *Uti possidetis*, en ce qu'il était simple et qu'il était accordé à celui qui avait possédé pendant la dernière année ;

L'interdit *De aqua cottidiana*[1] et celui *De aqua æstiva*[2], relatifs aux conduites d'eau ;

L'interdit *De rivis*[3], qui est pour les cours d'eau privés ce que d'autres que nous avons eu occasion de mentionner sont pour les fleuves publics ;

L'interdit *De fonte*[4], qui se donnait tantôt pour l'usage, tantôt pour les réparations de la source soumise au droit de servitude ;

Enfin, l'interdit *De cloacis*[5], applicable seulement aux égouts particuliers, et dont la formule, par un motif d'intérêt public, ne contenait pas la restriction *nec vi, nec clam, nec precario*, que l'on retrouve dans tous ceux que nous venons d'énumérer.

La troisième classe d'interdits possessoires est celle des interdits *recuperandæ possessionis* : ils avaient pour but de faire recouvrer la possession à ceux qu'un acte indépendant de leur volonté, et la violence particulièrement, en avait privés.

Le plus connu est l'interdit *Unde vi*.

Les principes de la possession juridique n'étaient pas à Rome semblables à ceux que nous avons adoptés et conservés en droit français ; la spoliation faisait à l'instant même perdre la possession : « Constat possidere nos, donec nostra

---

[1] L. 1, pr. D. *De aq. cott.* (43, 20).
[2] L. 1, § 31, D. eod. tit.
[3] L. 1, pr. D. *De Rivis* (43, 21).
[4] L. unic. pr. D. *de Fonte* (43, 22).
[5] L. 1, pr. D. *De cloacis* (43, 23).

« voluntate discesserimus, aut vi dejecti fuerimus[1]. » Celui qui sollicitait l'interdit récupératoire *Unde vi* était donc à ce moment privé de la possession juridique de l'immeuble qu'il demandait à recouvrer ; la violence exercée à son égard avait suffi pour la lui enlever, mais il n'était pas moins nécessaire que cette possession lui eût appartenu, et il devait avant tout en fournir la preuve. A cette condition seule, il pouvait se faire écouter : « Interdictum autem hoc nulli competit
« nisi ei qui tunc, cum dejiceretur, possidebat; nec alius de-
« jici visus est quam qui possidet[2]. »

On a prétendu quelquefois, en s'appuyant sur un passage assez obscur des Pandectes, que la possession naturelle ou simple détention suffisait pour obtenir l'interdit *Unde vi*[3]; il en résultait une antinomie inexplicable entre le paragraphe dont il s'agit et les autres dispositions de la même loi. Cette opinion a été réfutée, et le texte est devenu clair depuis la lumineuse explication de Savigny sur la qualification de *naturalis* donnée à la possession *ad interdicta*, lorsqu'elle est opposée à celle *ad usucapionem*.

On distinguait, il est vrai, la *vis armata* de la violence sans armes, *vis quotidiana*; peut-être en résultait-il dans la procédure des différences sensibles; on ne peut émettre à cet égard que des doutes. La célèbre oraison *pro Cæcina*, qui semblait devoir éclaircir la question, a eu un effet tout contraire, parce qu'il est resté douteux si, dans cette occasion, Cicéron avait parlé comme avocat et pour le besoin de

---

[1] L. 3, § 9, D. *De acq. poss.* (41, 2).
[2] L. 1, § 23, D. *De vi.* (43, 16).
[3] L. 1, § 9, D. *De vi.* « Dejicitur is qui possidet, sive civiliter sive na-
« turaliter possideat, nam et naturalis possessio ad hoc interdictum per-
« tinet. »

sa cause, ou comme jurisconsulte, et en expliquant les vrais principes de la matière.

La formule de l'interdit *Unde vi,* était ainsi conçue :
« Unde tu illum vi dejecisti; aut familia tua dejecit, de eo, « quæque ille tunc hibi habuit, tantum modo intra annum; « post annum de eo quod ad eum qui vi dejecit pervenerit, « judicium dabo [1]. »

Le maître devait avoir perdu la possession par suite d'un acte de violence dirigé contre sa personne ou ses représentants et exercé par l'adversaire lui-même ou par les siens, par son ordre ou à son instigation. Cet interdit était, dans le principe au moins, particulier aux immeubles.

Au temps de Gaïus encore, s'il n'y avait pas eu violence armée, le défendeur pouvait alléguer que la personne expulsée par lui possédait, *aut vi, aut clam, aut precario* [2]; dans le dernier état du droit et sous les empereurs chrétiens, on suivit d'autres règles. Une constitution de Valentinien Ier effaça toute différence entre les deux espèces de violence; le défendeur ne fut admis dans aucun cas à proposer d'exception; celui qui s'était saisi d'une chose par force perdit sa propriété si la chose lui appartenait; dans le cas contraire, il dut, après l'avoir restituée, en payer en outre la valeur à celui qui avait souffert de ce fait [3]. Si un temps fort court toutefois s'était écoulé entre l'expulsion et la réintégration violente, le possesseur pouvait être considéré comme ayant employé la force en cas de légitime défense, plutôt que dans le but de recouvrer ce qu'il aurait perdu :

---

[1] L. 1, pr. D. *De vi et vi armata* (43, 16).
[2] Gaïus, *Comm.* iv, § 155.
[3] *Inst.* liv. IV; tit. xv, n° 6.

son acte alors n'avait plus rien d'illicite : « Qui possessionem
« vi ereptam, vi in ipso congressu receperat, in prestinam
« causam reverti potius quam vi possidere intelligendus est. »
Cet interdit, en principe, n'était donné que dans l'année de
l'expulsion, mais cette règle était soumise à de nombreuses
exceptions; il ne s'appliquait qu'à la personne même du
spoliateur : de même que tous les interdits restitutoires, il
était simple.

Les autres interdits *recuperandæ possessionis* sont : l'interdit *De clandestina possessione*, tombé sans doute en désuétude, car l'existence n'en est révélée que par quelques mots d'Ulpien [1].

Celui *De precario*, utile pour recouvrer la possession des choses données à précaire : l'origine en paraissait difficile à expliquer ; il semblait surprenant qu'il n'y eût pas une véritable action pour un cas semblable. Savigny a donné la clef de cette difficulté, en supposant que cet interdit avait été créé pour les terres publiques, dont les patriciens abandonnaient parfois la possession à leurs clients[3].

Enfin, un fragment d'Ulpien récemment découvert a révélé l'existence de deux interdits *tam adipiscendæ quam recuperandæ possessionis*; ils sont appelés *Quem fundum* et *Quem hereditatem*. Au moyen de ces interdits, le demandeur, dans la revendication ou d'un objet particulier, ou d'une hérédité, obtenait, si le défendeur ne fournissait pas caution, la possession de l'objet contesté, soit qu'il ne l'eût jamais possédé, soit qu'il en eût perdu la possession[4].

---

[1] L. 7, § 5, D. *Comm. divid.* (10, 3).
[2] L. 2, pr. D. *De precario* (43, 26).
[3] Savigny, § 42.
[4] M. Pellat, *Rev. de lég.* 1836, p. 411.

Créés dans un intérêt public et de bon ordre, devant être considérés comme des actes de police administrative, les interdits, quant à la procédure, différaient en bien des points et d'une manière tranchée des actions proprement dites. Le magistrat ne renvoyait pas à un juge à qui il pouvait déléguer sa *jurisdictio*, mais non son *imperium*; c'était de lui que devait émaner la décision ou l'ordre, pour mieux dire, car les termes de la formule étaient toujours impératifs : « Aut jubet « aliquid fieri, dit Gaïus, aut fieri probibet[1]. » Cet ordre ou cette défense, en bien des cas, était intimé aux deux parties.

Ainsi, dans les actions, le préteur ne statuait point sur le fond; il posait les questions à résoudre et renvoyait les parties devant les juges qui prononçaient la sentence : dans les interdits, au contraire, il tranchait lui-même la difficulté. Si la partie à laquelle l'ordre avait été intimé se soumettait, le procès était terminé; dans le cas contraire, il y avait lieu à demander une action proprement dite, qui désormais pouvait être accordée. Le préteur, en effet, par l'ordre qu'il avait intimé, avait, pour ainsi dire, promulgué une loi particulière qui devenait celle du procès; si elle était transgressée, ce fait constituait un délit qui donnait ouverture à une véritable action.

Dans l'origine, les interdits étaient des décrets spéciaux rendus sur chaque affaire; mais lorsque les occasions d'y recourir se furent multipliées, les préteurs inscrivirent dans l'édit les formules générales des interdits. Il fut donc permis de demander directement l'action, pour tous les cas prévus dans l'*album*, sans recourir au préteur, de même que si un interdit spécial avait été rendu pour la cause.

---

[1] Gaïus, *Comm.* IV, § 139.

On doit aux Instituts de Gaïus quelques notions sur la procédure suivie dans les interdits. Préoccupés de l'idée qu'ils étaient, en droit romain, l'image de nos actions possessoires, quelques auteurs avaient cru que la marche en était simple et sommaire; il a fallu renoncer à une pareille opinion [1]; toutefois, peut-être était-elle plus rapide que celle des actions ordinaires.

Il est impossible de croire que les Romains aient établi une pareille procédure dans le but de simplifier les préliminaires d'une demande en revendication ou de terminer sommairement, sans charges pour les parties, une multitude de petits procès, en donnant à tous des garanties égales et les moyens de faire valoir des droits légitimes. Tout porte à croire que les interdits possessoires ont été créés pour protéger un intérêt principal, et que rien ne dut faire songer à obtenir une simplicité de formes, qui ne semblait pas nécessaire dans les autres procédures en usage à Rome. On dut, au contraire, prendre celles-ci pour modèle, et l'on trouve, en effet, des analogies très-grandes entre la procédure des interdits, et celle qui était suivie dans l'action *per sacramentum* [2].

Dans le dernier état du droit, et lorsque les anciennes *possessiones* avaient depuis longtemps disparu, tous les *judicia* étaient extraordinaires; la distinction entre le droit civil et le droit prétorien s'était effacée; et il n'y eut plus aucune différence entre les interdits et les actions, dans le sens au moins que représentait ce mot sous les empereurs chrétiens. Au temps de Justinien, il ne restait plus des in-

---

[1] Gaïus, *Comm.* IV, § 162 et 166.
[2] *Idem, ibidem,* IV, § 13, 14, 16.

terdits que le souvenir et le nom ; « Sed perinde, judicetur
« sine interdictis, atque si utilis actio ex causa interdicti
« reddita fuisset [1].

A une époque plus rapprochée de nous, nos actions possessoires ont été appelées par tous les auteurs *interdits,* et quelques personnes ont pensé que nous les avions empruntées au droit romain. Nous ne partageons pas cette opinion. La complainte et les interdits n'ont eu rien de commun que de s'appliquer à la possession, mais ni les principes ni les conditions d'exercice ne sont les mêmes; et l'on ne peut s'appuyer sur les Pandectes que dans quelques espèces sur lesquelles il est peu surprenant que les décisions des jurisconsultes romains jettent du jour quelquefois, puisque en définitive c'est toujours de la possession qu'il s'agit, quoique le droit de possession lui-même fût tout différent à Rome de ce qu'il est et a été en France.

« L'action possessoire est réelle en droit français. Elle naît d'un droit en la chose, dit M. Charles Giraud.

« L'action résultant d'un interdit était personnelle chez les Romains. Elle naissait d'un délit. Elle était non recevable quand elle était dirigée contre l'héritier.

« L'action possessoire est basée sur une présomption de propriété dans le droit français, la possession étant l'expression de la propriété.

« A Rome, l'action possessoire n'avait aucun rapport avec la propriété. La loi 12, § 1 ff. *De posses.* est formelle : il n'y a rien de commun entre la propriété et la possession ; c'est ce qui fait qu'on ne refuse pas l'interdit *Uti possidetis* à celui qui a intenté son action en revendication.

---

[1] *Inst.* lib. IV, tit. xv, § 8.

« Chez nous, il faut une possession annale pour avoir droit d'intenter l'action.

« Chez les Romains, il suffisait, pour obtenir l'interdit, de la possession au moment du litige. On admettait la prescription annale contre l'action; mais la possession annale antérieure à l'action n'était point exigée.

« En droit français, on peut joindre sa possession à celle de son auteur, pour intenter l'action possessoire, parce que la possession est l'expression d'un droit.

« En droit romain, cette jonction de possession pour l'interdit *Uti possidetis* n'était point admise, parce que la possession n'était point jugée comme un droit, mais considérée comme un fait. *Possessio a positione.* C'était une position : la jonction eût même été inutile, puisque c'était la possession du moment qui obtenait l'interdit.

« Enfin, une cinquième différence consiste dans la nature diverse des possessions qui servent de base à l'interdit et à l'action possessoire. . . . . . .

« La possession requise pour l'interdit n'était pas *stricto jure*, celle qui était requise pour l'usucapion, celle qui faisait acquérir la propriété, le *dominium*. Dans le droit français, au contraire, la possession, base de l'action possessoire, doit être utile à la prescription [1]. »

Cette distinction est fondamentale; et de tout temps, à Rome, la possession *ad interdicta* est restée distincte de la possession *ad usucapionem*.

---

[1] M. Ch. Giraud. Thèse; 1830, n° 8, p. 21.

CHAPITRE VIII.

Il faut remonter jusqu'à la naissance du christianisme pour trouver les fondements de cette république sacrée appelée l'Église; état dans un état; ayant une organisation particulière, sa juridiction et ses lois. Renfermés encore dans les murs de Jérusalem, les chrétiens s'y rassemblaient déjà en société distincte et reconnaissaient saint Jacques pour chef. Lorsque les compagnons de l'apôtre se furent répandus dans l'empire romain, l'organisation de cette première église fut imitée par toutes celles que leurs prédications parvinrent à fonder.

Chaque congrégation chrétienne fut soumise à l'autorité d'un évêque pris parmi les prêtres. On a mis en doute si les premiers évêques se distinguaient des autres prêtres par leur dignité et une supériorité hiérarchique ou seulement par leurs fonctions; mais il semble naturel d'admettre que cette suprématie ait existé; elle a dû en effet appartenir aux apôtres, et il est certain que l'établissement de la puissance épiscopale a suivi de si près leurs prédications, qu'on doit expliquer la vénération dont elle fut entourée dès son début, en pensant que les évêques furent regardés comme les continuateurs des compagnons de Jésus-Christ.

Les évêques étaient chargés d'administrer les sacrements,

de la consécration des ministres ecclésiastiques, des cérémonies religieuses et de la discipline. Dès leur création, ils eurent, en outre, une juridiction, toute volontaire il est vrai; ils prononçaient sur les différends que les fidèles, confiants dans leur sagesse et leur vertu, s'empressaient de leur soumettre ou par esprit de paix, ou par horreur du juge idolâtre appelé par les lois de l'empire à prononcer la sentence.

Chaque église gouvernée par l'évêque, les prêtres et les anciens, formait une petite république indépendante qu'aucun lien n'unissait à ses sœurs; il n'existait pas de chef suprême ou d'assemblée générale à qui appartînt le droit de promulguer des lois obligatoires pour tous. L'envoi fréquent de lettres et de députés que se faisaient les églises, pour établir entre elles quelque liaison, fit naître au second siècle l'idée des synodes provinciaux. Deux fois par an, à des époques déterminées, les évêques se rendirent dans la capitale de la province et réglèrent en commun divers points de doctrine et de discipline. Leurs décrets furent appelés *canons*.

Ces assemblées eurent lieu dans toute l'étendue de l'empire; elles établirent entre elles une correspondance régulière; elles se communiquèrent et approuvèrent mutuellement leurs décrets, et apportèrent ainsi un notable perfectionnement dans l'organisation de la grande république chrétienne.

Les synodes devaient avoir pour résultat de fonder une dignité nouvelle; l'évêque de la ville capitale, siége de l'assemblée, semblait naturellement appelé à en être le président. Bientôt en effet, sous le nom de métropolitain ou d'archevêque, il eut sur les évêques, anciennement ses égaux, une supériorité qui fut admise et une juridiction respectée. Entre les métropolitains eux-mêmes, les distinctions de primats, d'exarques, de patriarches servirent d'acheminement à la dignité unique et souveraine de pape, inconnue, on le sait, dans la primitive église.

Cette organisation de la chrétienté, comme corps distinct, recevant ses lois des synodes et soumis à la juridiction des évêques, est attestée par les persécutions des empereurs romains et sert à les expliquer.

Les persécutions religieuses étaient inconnues dans l'antiquité polythéiste; le panthéon s'ouvrait à Rome pour toutes les divinités, et à toutes donnait une place. Athènes avait dressé un autel aux dieux inconnus, et cette religion facile qui exigeait par mesure d'ordre, plutôt que par tout autre motif, le respect des peuples, était prête à rendre à tous les cultes ses rivaux un hommage égal à celui qu'elle recevait. Au milieu de cette molle indifférence, les juifs seuls avaient donné l'exemple d'une foi ferme et intolérante. Soumis par les armes romaines, leurs révoltes ont été fréquentes et souvent accompagnées de circonstances odieuses; la vengeance des empereurs, cependant, ne dépassa pas de justes bornes; le peuple ennemi fut soumis; le sectaire ne fut point persécuté.

La religion chrétienne, fille de la loi de Moïse, hérita de son intolérance, mais non de cet esprit jaloux qui voulait faire du culte du vrai Dieu le partage exclusif des enfants d'Abraham. Si les chrétiens chargeaient les gentils d'anathèmes et les vouaient à la damnation, c'était en les conjurant d'abjurer leurs erreurs, en leur offrant une place dans la nouvelle église et le partage du bonheur éternel promis aux fidèles dans l'autre vie. On ne peut accuser les chrétiens d'avoir attiré sur eux par leurs soulèvements un châtiment mérité; loin de là, ils souffrirent patiemment les persécutions qui vinrent les chercher. Mais le gouvernement ombrageux des empereurs, redoutait par-dessus tout les associations dans le sein de l'état : les congrégations chrétiennes durent exciter leurs soupçons et leur défiance. Ils défendirent les assemblées, et provoqués par la pieuse désobéissance des fidèles, ils recoururent aux rigoureuses mesures qui ont peuplé le ciel d'un si grand nombre de martyrs.

Il est permis de croire que les juges romains voyaient dans les chrétiens amenés devant eux des conspirateurs plutôt que des néophytes, dont ils n'eussent point songé à condamner les opinions. La dernière et la plus rigoureuse des persécutions, celle de Dioclétien, fut à coup sûr déterminée par cette considération, que les chrétiens formaient une république gouvernée par ses propres magistrats et ses lois particulières, ayant un trésor public, et à laquelle il ne manquait, pour devenir un ennemi redoutable, qu'une organisation militaire. Si ce danger n'était pas à craindre, la vérité des autres allégations le rendit au moins vraisemblable.

La conversion de Constantin, en rendant la paix à l'église, eut pour effet de modifier son organisation et sa discipline; elle commence une seconde époque de l'histoire ecclésiastique.

Le chef de l'empire romain avait toujours eu le droit de s'intituler souverain pontife; ses lois étaient obligatoires, qu'elles eussent pour objet le culte ou le droit civil; elles étaient reçues, dans l'un et l'autre cas, avec un égal respect et une égale soumission. Cet état de choses ne pouvait subsister sans modification; Constantin vit bien qu'il y aurait désormais dans le monde une puissance temporelle et une puissance spirituelle, et peut-être conflit entre elles; mais il céda le moins qu'il put de ses prérogatives. Les conciles œcuméniques ne purent être convoqués et présidés que par lui; ses décrets se mêlèrent aux canons de l'église, et un élément nouveau entra dans le corps des lois ecclésiastiques. Mais les évêques regardèrent presque comme une usurpation la juridiction suprême que Constantin se réserva sur l'ordre ecclésiastique, et comme la reconnaissance de droits imprescriptibles, au contraire, les faveurs et les priviléges dont cet empereur et ses successeurs les ont comblés.

L'église jusqu'à ce moment composée de deux parties, les laïques et le clergé, prit une signification plus restreinte : c'est du jour où elle fut réduite aux prêtres seuls, que date la fondation du corps ecclésiastique, tel qu'il existe encore de nos jours. Deux circonstances devaient y apporter encore par la suite des modifications profondes.

Un édit de Théodose avait assuré l'exercice exclusif du vrai culte dans tout l'empire; les pratiques du paganisme furent prohibées. Mais la religion du Christ ne devait pas rester renfermée dans ces limites; elle étendit ses conquêtes chez les Barbares, et dans le cours du IIIe siècle, les différentes tribus de la nation des Goths, les Bourguignons, les Suèves, les Vandales, et bientôt après les Francs, reçurent le baptême.

La conversion des royaumes barbares est une époque qui doit être signalée; elle a rompu cette unité qui avait existé, même après la conversion de Constantin; la chrétienté, en effet, c'était l'empire; l'église semblait unie au corps politique dont elle dépendait. Dans les conciles œcuméniques, les évêques de tout l'univers chrétien, rassemblés avec l'autorisation de l'empereur, reconnaissaient sa suprématie. Ce centre d'unité allait leur manquer. Désormais aussi les malheurs de l'empire pouvaient ne pas atteindre l'église; il n'y avait pas, il n'y avait plus au moins solidarité entre ces deux grands corps. Dès ce moment devint possible cette complète scission qui éclata plus tard, lorsque l'église trouva dans les rois barbares ses plus fermes soutiens, et dans le pape, un chef respecté.

Au VIIe siècle, toutefois, des Barbares plus dangereux que ceux qui jusqu'alors avaient paru sur la scène du monde, vinrent frapper à leur tour aux portes de Constantinople. Les Arabes, peuple ennemi de l'empire, mais en même temps convertis enthousiastes d'une religion nouvelle, faillirent du même coup renverser l'empire et détruire l'Église.

Maîtres de l'Orient, dominateurs de l'Espagne, les Sarrasins, malgré les héroïques efforts d'Eudes, duc d'Aquitaine, s'étaient avancés en vainqueurs jusqu'aux bords de la Loire, et semblaient ne devoir plus rencontrer d'obstacle pour soumettre l'Europe. Mais Charles Martel, le héros de l'Occident, mit une borne aux victoires des Mahométans; et si la bataille de Tours n'a pas sauvé la civilisation, qui avait peu à perdre dans le triomphe des compagnons d'Abdérame sur les orthodoxes austrasiens, cet immortel fait d'armes préserva sans aucun doute l'Église du plus grand danger qu'elle ait jamais couru.

Rome, descendue au dernier degré de la misère et de l'humiliation, dut à la religion chrétienne de renaître, pour ainsi dire, de ses cendres, de retrouver son ancienne splendeur éclipsée et le glorieux surnom de la ville éternelle. Grégoire le Grand, le dernier parmi les évêques de cette cité qui ait obtenu le titre de saint, peut être regardé comme le fondateur de la Rome chrétienne et de la puissance des papes. Successeur de saint Pierre, le prince des apôtres, il s'éleva contre le titre orgueilleux de patriarche œcuménique que prenait l'évêque de Constantinople, son redoutable rival; déguisant ses ambitieuses prétentions sous les dehors les plus humbles, il s'intitulait lui-même *Servus servorum Dei*, titre que les papes ont continué à prendre. Les églises d'Afrique et d'Asie avaient de tout temps lutté avec énergie contre les empiètements des évêques de Rome; mais dans l'Occident, cette église était la plus ancienne; c'était aussi la plus riche, la plus puissante, et la plus nombreuse; elle avait donc obtenu sans peine le respect et une certaine suprématie. Grégoire, dont le pontificat fut en réalité glorieux, devait plus que tout autre auprès des évêques d'Italie, des Ariens d'Espagne, ramenés par lui à l'Église orthodoxe; de la Bretagne, que ses missionnaires avaient convertie, arriver à être reconnu, si ce n'est comme pape encore peut-être, au moins comme primat de l'Occident.

Aux yeux de l'Église, Grecs et Barbares étaient tous égaux; mais si les premiers étaient schismatiques, elle avait tout à gagner au triomphe des seconds. Sous Grégoire II et Grégoire III, les Romains, révoltés contre les décrets de Léon l'iconoclaste, repoussèrent par les armes les envoyés et les troupes de l'empereur, et soutenus par les Barbares, ne voulurent reconnaître de souverains que les papes, défenseurs de la foi orthodoxe.

Les querelles entre les églises de Rome et de Constantinople avaient commencé avant l'hérésie des iconoclastes; elles ne devaient point s'éteindre par le rétablissement du culte des images. La lutte continua tantôt apaisée, tantôt plus vive jusqu'au xie siècle; mais en 1054, la scission éclata; le pape et le patriarche de Constantinople s'exclurent mutuellement de la communion de l'Église, et les tentatives de rapprochement faites à plusieurs reprises depuis cette époque, sont restées sans résultat.

Pour nous désormais, il n'existe pas d'autre Église que celle d'Occident, sauvée par Charles Martel, protégée par ses descendants et parvenue au moyen âge, sous le gouvernement des papes, à une importance telle que nous ne pouvons même essayer d'en esquisser l'histoire, sans perdre tout à fait de vue notre sujet.

Le droit particulier de l'Église se développa avec sa puissance.

Le droit ecclésiastique primitif se composait de l'écriture sainte; des cinquante canons de apôtres: des canons des quatre premiers conciles généraux et des divers conciles particuliers tenus dans les premiers siècles de l'ère chrétienne; enfin, des écrits des SS. Pères. A ces sources purement ecclésiastiques il faut joindre les constitutions des empereurs chrétiens, qui étaient admises dans celles de leurs dispositions au moins qui accordaient au clergé de précieux priviléges.

Le corps entier du clergé avait été exempté de toutes les charges personnelles qui frappaient les autres citoyens: « Curialibus muneribus atque omni inquietudine civilium « functionum exsortes cunctos clericos esse opportet [1]; » et le nom, comme les priviléges de clerc, avait été étendu à une multitude de pieuses confréries en dehors des ordres mêmes de la prêtrise. Les lois des empereurs leur assuraient également, en matière criminelle, les plus grands avantages[2].

---

[1] *Cod. Theod.* lib. XVI, tit. II, l. 9. Voy. égalem. l. 7, 11 et 39.
[2] *Ibidem, De episc.* et *De relig.*

Après la formation des nations barbares, le principe de la personnalité des lois permit à l'Église de vivre sous le droit romain et de réclamer le bénéfice des dispositions rendues en sa faveur. « Les églises, considérées comme personnes juridiques, dit Savigny, suivaient naturellement le droit romain. D'abord, elles l'avaient toujours suivi, et le maintien de leur droit était alors pour les peuples article de foi; en outre, il leur était indispensable, à cause des règles qu'il contenait sur leurs nombreuses prérogatives et sur tant de matières étrangères au droit germanique. Les mêmes motifs existaient pour les droits personnels des clercs, quelle que fût leur origine. Le clergé formait une nation nouvelle, dont les membres étaient engagés par une foule de priviléges à adopter le droit romain[1]. »

L'Église avait, non-seulement un droit particulier; mais en outre une juridiction indépendante; quelle qu'en ait été l'origine, qu'elle soit due à un édit de Constantin, ce qui a été contesté, sans doute à juste titre; qu'elle ait été usurpée et légitimée par le temps, il est certain qu'elle a existé. « Aux yeux de l'Église, dit Walter, la lutte des procès est au moins contraire à la charité chrétienne et même un péché, s'il y a mauvaise foi; aussi, dès le temps des apôtres, était-il recommandé aux chrétiens de ne pas déférer aux juges séculiers leurs différends, mais de les vider amiablement par transaction ou par l'intermédiaire de l'évêque. Ce n'était néanmoins qu'une exhortation, non un devoir absolu et, comme pour toute procédure arbitrale, l'assentiment des deux parties était nécessaire; mais l'Évêque une fois saisi, sa sentence devait, aux termes d'une constitution de Constantin, repro-

---

[1] Savigny, *Hist. du dr. rom.* t. I, ch. III, § 40.

duite par ses successeurs, être exécutée sans appel par le pouvoir séculier..... Quant au clergé, ce qui n'était pour les laïques qu'une exortation était pour lui un devoir, parce qu'il devait donner l'exemple de la charité chrétienne. Conséquemment, défense était faite aux clercs, sous menace de peines ecclésiastiques, de déférer aux tribunaux séculiers les contestations nées entre eux; ils devaient s'adresser aux évêques et les évêques au synode. Cette disposition fut également introduite dans les royaumes germaniques et même renouvelée par des conciles provinciaux modernes[1]. »

Les monuments du droit ecclésiastique se compliquèrent quelquefois de règles particulières à chaque nation.

L'Église ne pouvait admettre que des chrétiens appartenant à la même communion, frères par la religion, devinssent ennemis pour un intérêt temporel. Ce résultat était évidemment contraire aux préceptes et à l'esprit du christianisme : le chrétien n'a pas de patrie sur la terre; il ne doit y connaître d'ennemi que celui qui attaque sa foi. L'Église resta donc universelle, une et indivisible. L'autorité souveraine du pape était nécessaire pour obtenir ce résultat; elle ne fut pas suffisante toutefois pour le rendre complet. Les églises d'Occident n'ont pas renouvelé contre l'évêque de Rome les anciennes luttes si vives et si radicales qu'il eut à soutenir contre les églises d'Orient; mais, tout en reconnaissant l'autorité du souverain pontife, quelques-unes cherchèrent à limiter son pouvoir et à se créer, si l'on peut ainsi parler, des franchises provinciales. Les souverains durent les y pousser quelquefois; en France particulièrement, qui n'a entendu parler des libertés de l'église galli-

---

[1] Walter, *Manuel du droit ecclésiastique*, liv. IV, ch. III, § 177.

canc et des controverses qu'elles ont soulevées. Cependant, on peut dire que jusqu'au concile de Constance, tenu à la suite du grand schisme d'Occident, l'Église reprenait son ancien caractère dans la majesté des conciles ; mais, pour la première fois, on vit les membres de cette assemblée se constituer par nation.

Jusqu'au XIIe siècle, les sources du droit canonique, continuellement augmentées, se trouvaient disséminées dans un nombre infini de collections et d'ouvrages ou séculiers, ou spécialement destinés à l'Église. Au nombre de ces publications il y avait notamment cette collection célèbre connue sous le nom des *Fausses decrétales*, et qui fut publiée sans doute dans le cours du IXe siècle. Ce n'est qu'au XVe siècle que les critiques de quelques savants attaquèrent l'authenticité des pièces contenues dans ce recueil, et bientôt elles furent unanimement reconnues pour apocryphes. C'est de cette collection qu'a été tirée la décrétale *de redintegranda*, souvent citée dans les matières possessoires, et sur laquelle nous aurons à revenir bientôt.

Vers le milieu du XIIe siècle parut la première collection complète de tout le droit canonique : elle est due à Gratien, moine appartenant à l'ordre des camaldules. Cet ouvrage, intitulé *Decretum*, ou *Corpus decretorum*, ou *Concordia discordantium canonum*, était, non-seulement plus complet que tous ceux qui l'avaient précédé, mais s'en distinguait encore par l'esprit qui avait présidé à sa rédaction. C'est un véritable traité scientifique, appuyé sur la citation des textes et la conciliation des antinomies.

Les universités de Paris et de Bologne étaient les centres principaux du mouvement intellectuel, qui depuis plus d'un siècle avait commencé en Europe ; le recueil de Gratien y fut reçu avec une faveur particulière, servit de base à de nombreux travaux et principalement à des gloses, et devint bientôt un objet d'enseignement et la base d'une nouvelle science. Les gradés de cette récente école furent appelés d'abord *magistri* et plus tard *doctores decretorum;* ceux qui en suivaient les cours furent désignés sous le nom générique de canonistes, décrétistes ou décrétalistes.

Après la publication du décret de Gratien, le droit canonique continua à s'enrichir de nombreux documents, qui donnèrent lieu à la publication de nouveaux recueils; nous en mentionnerons cinq particulièrement, parce qu'ils furent reconnus par les papes et envoyés par eux aux universités.

Bernard, prévôt du chapitre de Pavie, et qui fut professeur à Rome et à Bologne, est l'auteur du premier, qui parut vers 1190 et reçut le nom de *Compilatio prima*. Johannes Gallensis en publia un second, contenant les décrétales antérieures à Innocent III; il fut nommé *Liber secundus*. Innocent III lui-même, en 1210, avait déjà fait rassembler et mettre en ordre, par Pierre de Bénévent, les constitutions rendues par lui jusqu'à cette époque : cette collection prit le nom de *Compilatio tertia*. Un nouveau recueil, comprenant les décrets du quatrième concile de Latran et les décrétales d'Innocent III depuis 1210, a été appelé *Compilatio quarta*. Enfin, Honorius III rassembla, sous le titre de *Compilatio quinta,* les décrétales qu'il avait publiées.

Grégoire IX, en s'aidant principalement de ces cinq ouvrages, et en y joignant ses propres constitutions, fit composer, par Raymond de Pennafort, un recueil qui rendit inutiles et fit disparaître tous ceux qui avaient paru depuis le décret de Gratien; il fut envoyé en 1234 aux universités de Paris et de Bologne, et approuvé par le pape à l'exclusion de tous autres.

Trois petits recueils publiés par Innocent IV, Grégoire X et Nicolas III furent refondus par Boniface VIII. Cet ouvrage, publié en 1298 dans un consistoire de cardinaux, forma une espèce de supplément aux cinq livres du recueil de Grégoire IX et fut appelé *Liber sextus*.

Enfin, Clément V, au commencement du xiv° siècle, réunit les décrets du concile de Vienne et les décrétales rendues par lui; ce sont les *Clementinæ constitutiones* ou *Clémentines*. Les Clémentines furent également publiées dans un consistoire de cardinaux, approuvées par le pape et envoyées aux universités.

Le *Corpus juris canonici* se trouva donc composé de quatre parties; 1° le décret de Gratien; 2° le *Liber decretalium* de Grégoire IX; 3° le *Liber sextus*; 4° les Clémentines.

Plus tard, on y joignit encore les décrétales des papes postérieures à la publication des Clémentines; elles portèrent le nom d'*Extravagantes* et ne jouirent pas d'une autorité aussi grande que les textes compris dans les recueils généraux. Le droit canonique entier est publié généralement en trois tomes; le premier comprend le décret; le second, les décrétales de Grégoire IX; le troisième, le *Liber sextus*, les Clémentines et les Extravagantes.

Le droit canonique, ainsi formé peu à peu, avait été reconnu déjà par les Mérovingiens; plus tard, les Carlovingiens suivirent les mêmes errements : « Ego Hludovicus « promitto, dit l'un d'eux, teste ecclesia Dei, canonicum privilegium et debitam legem atque justitiam conservabo[1]. »

---

[1] Cap. de 877. Baluze, t. II, p. 271.

Non-seulement l'ancienne législation ecclésiastique fut adoptée par les souverains des Francs ; mais elle fut encore modifiée dans un sens favorable à l'Église.

Ainsi, de toutes les prétentions du clergé, celle à laquelle il attachait, avec raison peut-être, le plus haut prix, était d'obtenir, dans toute son étendue, le privilége clérical; les constitutions du Bas-Empire avaient posé le principe[1]; les lois barbares l'étendirent : « Presbyteri, diaconi, vel clerici, « disent-elles, ab episcopis secundum... canones judicentur[2]. »

Les édits des Mérovingiens étaient conformes à ces principes : « Qui vero convicti fuerint de crimine capitali, juxta « canones distringantur et cum pontificibus examinentur[3]. »

Les empereurs carlovingiens allèrent plus loin encore et chargèrent le pouvoir temporel de contraindre les pécheurs de se soumettre, au gré des évêques, à la pénitence publique prononcée contre eux par le pouvoir spirituel : « Sciat unus-« quisque nobis subjectus quia qui in uno ex his repertus « atque convictus fuerit, et honores si habet, omnes perdere « et in carcerem se usque ad justam emendationem atque « per publicæ penitentiæ satisfactionem retrudi et ab omni « fidelium consortio fieri alienum[4]. »

Les Capitulaires disaient encore : « Qui peccator commo-« nitus de certa et manifesta causa, ut ad emendationem et « correptionem redeat, inobediens et incorrigibilis perman-« serit, et ad emendationem redire noluerit, et excomuni-« cationem canonicam de causis designatis et manifestis

---

[1] L. 23 et l. 41, *Cod. Th. De episc.* l. 1 ; *De relig.*

[2] *Loi des Bavarois*, t. I, ch. II, art. 3 ; et ch. XIII, art. 3, Baluze, t. I, p. 99 et 100.

[3] Édit de Chlotaire II, art. 4, an 614 ; D. Bouquet, t. IV, p. 118.

[4] Cap. de Charlemagne, 803 ; Baluze, t. I, p. 412

« parvi penderit, regiam vel reipublicæ potestatem per se
« vel per ministros suos, aut per litteras suas, episcopus
« adeat ut constringatur quatenus ad emendationem ac pœ-
« nitentiam idem peccator redeat[1]. »

Nous ne pousserons pas plus loin nos citations; ce que nous avons dit suffit bien sans doute pour établir que le droit particulier de l'Église fut reconnu dans l'empire franc; le fait du reste n'a jamais, que nous sachions, été contesté.

Les priviléges obtenus par le clergé existaient plus grands encore en matière civile qu'en matière criminelle.

Toutes les contestations élevées entre ecclésiastiques étaient de plein droit exclusivement soumises au jugement des évêques; Justinien, par ses Novelles, avait ordonné que les affaires mixtes entre les séculiers et les clercs seraient portées en premier lieu devant les évêques[2]. Ce privilége continua de subsister dans les royaumes barbares. Les croisés, les femmes veuves étaient spécialement sous la protection du clergé et de ses tribunaux[3].

Une juridiction bien autrement importante pour l'Église que celle qui lui était attribuée en raison des personnes, était la juridiction *ratione materiæ*. Elle comprenait toutes les affaires contentieuses qui avaient un rapport même indirect avec les devoirs de conscience ou de religion. Les envahissements de l'Église avaient été poussés extrêmement loin à cet égard : c'est ainsi qu'à raison du sacrement du mariage, les tribunaux ecclésiastiques prenaient connaissance de la dot, du douaire et des autres conventions ma-

---

[1] Cap. de 869, t. XL, c. x; Baluze, t. II, p. 213.
[2] *Novelles* 79, 83, 123.
[3] Beaumanoir, ch. xi, n°⁵ 8 et 9.

trimoniales : la légitimité des enfants dépend de la validité du mariage; ils étaient donc juges des questions d'état. L'accomplissement des dernières volontés d'une personne décédée est un devoir de conscience; en outre, on supposait qu'il ne devait pas y avoir de testaments sans legs pieux : la connaissance des testaments leur appartenait donc et, par suite, les scellés et les inventaires. Toutes les obligations garanties par serment rentraient aussi dans leur compétence, à cause de la sainteté de cet acte. Quant aux sacrements, au service divin, aux sépultures, aux oblations, aux dîmes, aux droits de patronage, aux bénéfices, dont nous parlerons bientôt, c'étaient autant de matières évidemment ecclésiastiques.

Les papes eux-mêmes crurent devoir prendre l'initiative pour réprimer ces usurpations, qui menaçaient de tout envahir; mais il vint un moment où les rois, aidés des parlements, le firent d'une manière plus radicale et plus complète par leurs ordonnances. Dans le dernier état du droit, la juridiction ecclésiastique avait presque partout été restreinte aux plus étroites limites; en France, particulièrement, à cause de la jalousie des parlements, les choses en étaient venues à ce point que Fleury était obligé de s'exprimer ainsi : « Ce qui doit consoler les évêques de voir leur juridiction réduite à des bornes si étroites est que, dans son origine et suivant l'esprit de l'Église, elle ne consistait pas à faire plaider devant eux, mais à empêcher de plaider[1]. »

Nous ne voulons pas descendre jusqu'à ces temps rapprochés de nous; mais en exposant ce qui existait au moyen âge et au temps de la plus grande splendeur de la juridic-

---

[1] *Instit. du dr. canonique*, partie III, ch. v.

tion ecclésiastique, même à cette époque, il faut le remarquer, cette juridiction resta étrangère toutefois aux matières réelles, si ce n'est entre clercs, pour les biens qu'ils tenaient des églises; et pendant longtemps, des contestations de ce genre purent bien difficilement s'élever entre eux. « Li quars cas, dit Beaumanoir, de quoi le juriditions apartient à sainte Église, si est des clers, c'est-à-dire de toz les contens qui poent moevoir entre clers de meubles, de catix et d'actions personeles et des biens qu'ils ont de sainte Église, exceptés les héritages qu'ils tiennent en fief lai ou a chens, ou a rentes de segneur; car, quiconque tiengne tex heritages, le juriditions en apartient au segneur de qui li heritages est tenus, si come dit est. Et aussi quelque plet li lai voelent mouvoir contre clerc, le connissance en apartient à sainte Église, exeptés les plès d'eritages dessus dis[1]. »

Tous les biens d'une église, dans les temps primitifs, formaient une masse unique sous l'administration supérieure de l'évêque; les revenus étaient divisés en quatre parts; l'une pour les pauvres; l'autre pour les frais du culte, l'entretien des édifices sacrés, etc.; la troisième pour les clercs dépendants de cette église; la quatrième enfin pour l'évêque; mais des modificatons furent introduites avec le temps dans cet ordre de choses.

Lorsque les anciens solitaires de l'Égypte se furent rassemblés en corps sous une discipline réglée et eurent formé des congrégations religieuses, chaque monastère voulut avoir ses biens séparés et obtenir le privilége de n'en pas rendre compte à l'évêque.

---

[1] Beaumanoir, ch. XI.

La concession de la jouissance d'un bien particulier donnée à un clerc pour lui tenir lieu de son droit au partage des revenus de l'Église avait été interdite; mais plus tard elle put être accordée par exception, et les cures dispersées loin de l'église épiscopale, comme les offices mêmes de chaque paroisse, eurent des dotations particulières consistant souvent en immeubles. La mense des chanoines eux-mêmes se sépara de celle de l'évêque, et il leur assigna des biens dont l'administration fut remise au prévôt. Les chanoines sont, de tous les ecclésiastiques, ceux qui ont le plus longtemps conservé la vie commune; mais peu à peu, cependant, ils arrivèrent à faire entre eux le partage des biens du chapitre et ils érigèrent ce que l'on a appelé les prébendes. Les choses enfin en vinrent à ce point que chaque officier de l'Église eut un revenu séparé, dont il eut la jouissance entière, sans être tenu d'en rendre aucun compte. C'est ce qui a constitué les *bénéfices*[1].

Cette organisation nouvelle de la propriété ecclésiastique put rendre applicables entre clercs les actions possessoires et fut la cause, sans doute, qui obligea les décrétales à s'occuper de cette matière. Bien des siècles s'écoulèrent avant qu'un pareil état de choses s'établît; mais, à ce moment, il put arriver aussi que les tribunaux ecclésiastiques aient eu à juger quelquefois des contestations possessoires élevées entre des clercs, sans qu'un office fût attaché à l'immeuble, objet de la contestation.

Rien n'empêche de croire, si l'on veut, que bien avant les décrétales des papes, et dès les premiers siècles de la

---

[1] Ducange, *Glossarium*, v° *Beneficia ecclesiastica*. M. Guérard, *Polyptique*, t. I, ch. VII, *Des bénéfices*.

monarchie franque, le droit barbare n'ayant rien créé, rien établi sur la matière de la possession, les principes romains, soit sur la possession elle-même, soit sur les moyens juridiques de la faire valoir, se soient conservés sur notre sol dans toute leur énergie[1]. Rien n'appuie cette opinion, il faut bien le reconnaître; mais aucun texte positif ne peut être cité qui la combatte d'une manière péremptoire; la loi romaine, en effet, continua d'être suivie par le clergé, si l'on s'en rapporte à des documents dont l'authenticité ne peut être contestée.

Toutefois, il n'est pas facile de déterminer quel est le sens exact, dans les premiers siècles du moyen âge, de l'expression *lex romana*. Elle a différentes acceptions : souvent elle s'applique à des recueils tout à fait barbares, et l'on a même été jusqu'à prétendre qu'elle désignait exclusivement le *Breviarium*[2]; au moins peut-on dire qu'on serait aussi loin que possible de la vérité, en l'interprétant dans le sens de corps complet du droit romain, tel que nous le connaissons aujourd'hui.

Il faut ajouter que le principe de la personnalité des lois, que nul ne songe à contester, recevait néanmoins certaines restrictions; ainsi il ne s'appliquait pas en matière criminelle par exemple[3]; et Savigny parlant même du droit civil a dit : « Jusqu'ici j'ai considéré le droit dans son application aux personnes; dans son application aux espèces, il présente des difficultés particulières à cause du conflit des dif-

---

[1] M. Crémieux, 2ᵉ partie, ch. 1ᵉʳ, n°178 . M. Troplong, *Prescription*, t. I, n° 293.

[2] Savigny, t. I, ch. III, § 37; et Ducange, v° *Lex romana*.

[3] Savigny, t. I, ch. III, § 47; et M. Pardessus, *Loi salique*, 2ᵉ dissertation, p. 449.

férents droits. Les renseignements historiques sont ici fort incomplets. J'ajouterai que les règles ont dû varier suivant les temps, suivant les lieux, et peut-être la question n'a jamais été posée ni résolue complétement[1]. »

Il est incontestable, en outre, que les lois rendues par les souverains étaient générales, à moins d'une réserve expresse, et également obligatoires pour tous les sujets de l'empire franc, qu'ils fussent Barbares, ecclésiastiques ou Romains.

Nous rappellerons enfin que, parmi les édits des Mérovingiens, se trouvent les constitutions de Chlotaire et de Childebert, qui garantissent aux Romains et à l'Église le bénéfice de la prescription. La loi romaine, qui consacrait des principes identiques, ne leur offrait donc pas une protection suffisante. Peut-être aussi, ainsi que nous l'avons déjà dit, les Romains, invoquant la loi romaine, n'étaient-ils écoutés qu'autant que la loi barbare contenait elle-même des dispositions correspondantes sur le même objet; et en ce qui concerne la prescription, si la coutume en avait introduit le principe chez les Germains, leurs lois au moins avaient gardé le silence à cet égard.

Quant aux actions possessoires, nous avons prouvé que le principe en était inconnu chez les Barbares. S'il existait quelques documents établissant d'une manière positive que les règles en avaient été conservées par l'Église, il pourrait être douteux qu'une pareille disposition fût jamais sortie des limites de la théorie pour être appliquée d'une manière effective; mais, loin de là, nous ne trouvons partout qu'un silence complet dans la législation ecclésiastique antérieure au XIIIe siècle : dans les prescriptions législatives don-

---

[1] Savigny, t. I, ch. III, § 46.

nées par les conquérants aux vaincus; dans les lois barbares qui, comme celle des Visigoths, ont le plus emprunté à la législation romaine, comme dans celles qui sont restées purement germaniques ainsi que la Loi salique. Pour l'Église comme pour les Romains, comme pour les Barbares, les actions possessoires, nous le croyons, étaient entièrement inconnues; et, en ce qui concerne l'Église particulièrement, l'organisation des propriétés qui formaient son domaine lui eût offert, avant la création des bénéfices, peu d'occasions de recourir aux actions possessoires. L'avénement du système féodal, qui changea si complétement les principes sur lesquels reposait la propriété territoriale, dans tous les cas, les aurait fait disparaître.

L'Église, à bien des égards, a joui, sous le système féodal, d'un régime privilégié, et elle n'a supporté que la moindre partie des charges et des dépendances domaniales de la féodalité [1]. Elle le dut en partie à des actes positifs, qui lui accordèrent, en bien des occasions, l'amortissement de certains droits féodaux; elle le dut surtout à son organisation. Mais quels que fussent les avantages appartenant à l'Église, il ne s'ensuit pas que l'on ait pu admettre un principe qui aurait fait dériver le droit du seul fait de la détention, lorsque le système entier qui dominait à cette époque y était aussi essentiellement contraire. L'Église qui, de tout temps, a cherché à faire prévaloir le droit sur le fait, moins que tout autre, au reste, aurait eu cette tendance. Il a fallu que les actions possessoires, en cas de saisine, aient été généralement adoptées par le droit civil, et que la rénovation complète de l'étude du droit romain ait forcé pour ainsi

---

[1] Mademoiselle de Lezardière, partie 1, liv. III, ch. II.

dire l'Église à adopter les règles des interdits, en même temps que toutes les autres dispositions des Pandectes, pour qu'elle en ait admis le principe; mais, toutefois, ce qui peut-être n'a pas été assez remarqué, en le modifiant profondément.

« Il ne peut y avoir de juste possession sans titre en matière bénéficiale, dit Fleury..... Il faut donc... avant que de juger le possessoire, examiner les titres et les capacités. On appelle titres, les actes qui donnent droit aux bénéfices, comme les lettres de provision ou de visa, l'acte de prise de possession ; on appelle capacités, les actes qui prouvent les qualités de la personne, comme l'extrait baptistaire, les lettres de tonsure, d'ordre, de doctorat [1]. » Cette manière de procéder est à tel point éloignée du principe des actions possessoires, qu'en fait, le jugement une fois rendu sur l'action possessoire en matière bénéficiale, l'action n'était plus suivie au pétitoire. « Après que le juge laïque a prononcé définitivement sur le possessoire, dit encore Fleury, il devrait, suivant l'ordonnance, renvoyer les parties pour le pétitoire par-devant le juge d'église ; mais, dans la pratique, on ne le fait plus, parce que, comme sous prétexte de possessoire, on a examiné la matière dans le fond et souvent en deux ou trois degrés de juridiction, *il semble inutile, et même onéreux aux parties, de les engager dans un nouveau procès pour le jugement du même différend* [2]. »

Cette façon d'envisager et de juger les actions possessoires obligea à établir un préalable pour régler au moins les rôles des parties. « Comme il est nécessaire, dit Fleury, d'établir

---

[1] Fleury, 3ᵉ partie, ch. v.
[2] *Id. Ibid.*

d'abord les qualités des parties, et de savoir qui est le demandeur et le défendeur, on a distingué deux sortes de possessions : la possession provisionnelle ou récréance, qui sert pendant le jugement du procès, et la possession définitive ou pleine maintenue [1]. »

C'est au commencement du xii° siècle qu'Irnerius restaura l'étude du droit romain, et dans le recueil de Gratien, publié en 1150, il n'est encore nullement question des actions possessoires.

Quelques auteurs, il est vrai, ont soutenu une opinion contraire, et ont prétendu trouver dans Gratien les règles d'une véritable action possessoire, distincte même de celles qui étaient reconnues par le droit romain; il y a, à cet égard, confusion.

C'était une ancienne règle admise par l'Église, qu'un évêque accusé de crime ne pouvait être dépossédé et chassé de son siége qu'après un jugement solennel rendu contre lui. Les monuments les plus anciens du droit ecclésiastique rappellent cette maxime, et elle se trouvait confirmée par deux passages des fausses décrétales. C'est à cette source que Gratien a puisé les textes qui, dans sa collection, s'appliquent à cette partie du droit ecclésiastique. Gratien s'exprime ainsi :

« Quidam *episcopus* a propria sede dejectus est, petit res-
« titui : post restitutionem ducitur in causam, inducias pos-
« tulat, tandem ad ejus accusationem procedit quidam non
« legitime conjunctus et duo infames et tres religiosi; accu-
« satores testes de domo sua producunt et alios sibi inimicos
« extra suam provinciam; reus criminoso judici offertur ab

---

[1] Fleury, 3ᵉ partie, ch. v.

« uno tantum audiendus et judicandus. Quidam de accusa-
« toribus et testibus absentem per epistolam illam accusare
« et in eum testificari contendunt : cum multa capitula et
« objicerentur ; in primo accusatores deficiunt : demum in
« accusatorem vertitur.

« 1° Hic primum quæritur, an restitutio danda sit quibus-
« libet expoliatis ;

« 2° De induciis, an post restitutionem tantum, an etiam
« post vocationem ad causam quibuslibet concedenda sint ;

« 3° Quo spatio mensium utrique sint concedendæ ;

« 4° An infames et non legitime conjuncti ad accusa-
« tionem sint admittendi ;

« 5° An testes de domo accusatorum sint producendi, vel
« inimicorum vox sit audienda ;

« 6° An extra provinciam reus sit producendus ;

« 7° An sit audienda ejus sententia quem cum reo par
« inficit malitia ;

« 8° An ab uno tantum episcopus sit audiendus, vel ju-
« dicandus ;

« 9° An accusatores, vel testes in absentem vocem accu-
« sationis vel testificationis exhibere valeant ;

« 10° An deficientes in primo capitulo sint admittendi
« ad sequentia ;

« 11° An accusato liceat accusationem in accusatorem
vertere [1]. »

C'est dans les trois premiers chapitres, parmi ceux qui
ont été rassemblés par Gratien sous cette rubrique, que se
trouvent les textes qui ont été cités quelquefois comme
contenant les règles de la réintégrande, et une modifica-

[1] Decr. greg. pars 2°; causa 3, q. 1

tion aux principes de l'interdit *Unde vi.* Ils sont ainsi conçus :

« C. 1. Episcopis suis rebus expoliatis, vel a propriis se-
« dibus ejectis, omnia quæ ei ablata sunt, legibus sunt re-
« dintegranda : quia priusquam hoc fuerit factum, nullum
« crimen ei objici potest.

« C. 2. Episcopi, si a propriis sedibus, aut ecclesiis sine
« auctoritate Romani Pontificis, expulsi fuerint antequam
« ad synodum vocentur, proprius locus et sua omnia eis
« redintegranda sunt. Nulla enim permittit ratio, dum ad
« tempus eorum bona, vel ecclesiæ, atque res ab æmulis,
« aut a quibuscumque detinentur, ut aliquid illis objici de-
« beat. Necquicquam potest eis quoquo modo quilibet ma-
« jorum, vel minorum objicere dum ecclesiis, rebus aut po-
« testatibus carent suis.

« C. 3. Redintegranda sunt omnia expoliatis, vel ejectis
« episcopis præsentialiter ordinatione. Pontificum et in eo
« loco unde abscesserant funditus revocanda quacumque
« conditione temporis aut captivitate, aut dolo, aut vio-
« lentia majorum, aut per quascumque injustas causas, res
« ecclesiæ, vel proprias, aut substantias suas perdidisse nos-
« cuntur ante accusationem aut regularem ad synodum vo-
« cationem eorum et reliqua [1]. »

Ces textes mêmes démentent, de la manière la plus évidente, l'interprétation que l'on a voulu leur donner; mais, si quelque doute pouvait s'élever à cet égard, pour expliquer le sens de chacun des chapitres, on le rapprocherait de ceux qui l'accompagnent et qui sont, ainsi que nous l'avons fait connaître, exclusivement consacrés à des matières purement

---

[1] *Decr. greg.* pars. 2ᵉ; causa 3, q. 1, c. 1 à 3.

criminelles. Il est à remarquer encore que les règles établies par ces chapitres s'appliquent exclusivement aux évêques. Eux seuls jouissaient de ce privilége. Ce principe admis par la primitive église n'avait d'autre but que d'accorder aux évêques, poursuivis criminellement, une espèce d'exception dilatoire, et de prohiber contre eux, par respect pour leur dignité, l'emploi de toute mesure préventive.

Les motifs qui avaient donné naissance à ces règles subsistaient encore à l'époque où furent publiées les fausses décrétales et le décret. Ils avaient acquis même un plus haut degré d'importance, parce que ces règles constituaient alors, à l'égard du pouvoir temporel, un des priviléges de l'Église; il y avait donc double raison pour les rappeler.

Quant aux actions possessoires, ce ne fut que plus tard et par les décrétales qu'on trouve rassemblées dans le recueil publié en 1234 par Grégoire IX, qu'elles sont mentionnées pour la première fois et expliquées par les textes des lois romaines.

Le titre XII du liv. II, intitulé : *De causa possessionis et proprietatis;* et le titre suivant : *De restitutione spoliatorum,* s'occupent des actions possessoires. Les difficultés que ces différents chapitres ont pour but d'aplanir sont telles, qu'il n'est pas permis de croire qu'elles eussent pu rester en suspens, si en effet les actions possessoires avaient été depuis longtemps usitées en droit ecclésiastique.

Ainsi le pape Grégoire dit : « Causa possessionis et pro-« prietatis sub eodem judice terminari debet [1]. » On n'avait donc pas su jusqu'à ce moment si c'était le même juge ou deux juges différents, ainsi qu'on le demandait au pape,

---

[1] *Decret. greg.* lib. II, tit. XII, c. 1.

qui devait connaître de ces actions : « Petebat a papa, dit
« la glose, ut causam possessionis committeret uni judici
« et causam proprietatis alii. »

Une décrétale de 1198, due à Célestin III, décide qu'on
peut faire marcher de front les deux actions[1]; et diverses
décisions d'Inocent III règlent les difficultés que pouvait
soulever cette manière de procéder[2].

En empruntant au droit romain le principe des actions
possessoires, les papes durent adopter avec empressement
les règles que cette législation avait établies pour défendre
les possesseurs contre la violence qui pourrait être dirigée
contre eux; mais ils n'ont rien créé à cet égard; la réintégrande canonique n'est que l'interdit *Unde vi*: « Vidimus su-
« pra, dit la glose sur la rubrique du chap. XIII, *De restitutione*
« *spoliatorum*, quo ordine causæ possessionis et proprietatis
« tractandæ sunt, sed quia dubitari posset an spoliatus sit
« indistincte restituendus, ideo subjecit hanc rubricam[3]. »
Quelle que fût cependant la haine de l'Église pour l'abus
de la force, le droit canonique se refusa à adopter les
règles que les constitutions impériales avaient créées pour
le cas de violence, et en vertu desquelles le spoliateur, fût-il
même légitime propriétaire, devait rendre le fonds dont il
s'était violemment emparé, et perdait le droit de le revendiquer désormais. Les anciens principes de l'interdit *Undi vi*
furent seuls conservés; la décrétale *Sæpe contingit* contient
l'unique modification que les papes aient apportée à l'ancien droit sur cette matière; elle est conforme à l'équité

---

[1] *Decret. greg.* lib. II, tit. XII, c. II.
[2] *Ibid.* c. III, V, VI.
[3] *Ibid.* tit. XIII.

et n'a rien de contraire aux principes, du moment que l'interdit est métamorphosé en une simple action civile[1].

Les règles de la réintégrande semblent donc claires et faciles à saisir ; toutefois, nous les avons vues différemment interprétées par les auteurs. Nous citerons particulièrement Belime, qui a laissé sur les actions possessoires un ouvrage plein de mérite ; et M. Troplong, qui ont eu, tous les deux, à examiner incidemment les principes de cette matière : en effet, si la réintégrande existe en droit français, d'un commun accord, elle suivrait les règles du droit canonique ; il a donc fallu en apprécier le sens et la portée : la décrétale *Olim causam*[2] leur a servi de texte.

Quelques religieux avaient obtenu de l'évêque la permission de construire un oratoire et une habitation, et de l'occuper moyennant certaines redevances. Forcés d'abandonner cette possession à un Maître des Templiers, auquel ils n'osèrent pas sans doute résister, ils surent toutefois faire accepter comme condition de l'abandon fait par eux, que l'évêque ratifierait ce qu'ils avaient fait : *Ea tamen conditione apposita*, dit le texte, *si vobis quod faceret, complaceret.*

L'évêque, loin de donner sa ratification, se transporta sur les lieux et expulsa violemment les chevaliers du

---

[1] « Sæpe contingit, dit la décrétale, quod spoliatus per spoliatorem « in alium re translata (dum adversus possessorem non subvenitur per « restitutionis beneficium spoliato), commodo possessionis amisso, propter « difficultatem probationum, juris proprietatis effectum. Unde non « obstante juris civilis rigore sancimus ut si quis de cetero scienter rem « talem receperit, cum spoliatori quasi succedat in vitium (eo quod « non multum intersit quò ad periculum animæ, injuste detinere ac inva- « dere alienum), contra possessorem hujusmodi spoliato per restitutionis « beneficium succuratur. » (*Decr. greg.* lib. II, tit. XIII, cap. XVIII.)

[2] *Decret. greg.* lib. II, cap. XIII, c. 2.

Temple. Il en résulta une instance judiciaire. Le pape, au jugement de qui la cause fut portée, renvoya l'évêque absous. Belime en fait connaître la raison en termes que nous approuvons complétement : « D'après le droit canonique, dit-il, cet évêque était considéré comme le vrai possesseur actuel; ce n'était pas lui qui avait déjeté son adversaire ; c'est lui qu'on avait essayé de déjeter, lorsqu'il rentrait dans sa chose. Il n'avait donc attaqué personne; il avait seulement repoussé la force par la force, comme tout possesseur en a le droit[1]. »

On ne nous accusera pas d'amoindrir les objections de notre adversaire ; loin de là, nous allons compléter ces observations en rapportant les termes de la glose qui s'accordent avec lui. « Et sic patet, dit-elle, quod non sufficit « probare quod aliquis fuerit spoliatus, nisi probet *se posse-« disse*. Duo enim probare debet qui petit restitui : *possedisse* « et *spoliatum fuisse;* sed hic non possidebat, ut dixi, quia « sub conditione possessionem accepit. »

Cela nous semble clair; peu importait que l'évêque eût perdu la détention, la possession physique; pourvu qu'il eût retenu la possession juridique, il pouvait impunément user de violence pour recouvrer sa chose. On répondait aux plaintes de son adversaire, qu'il n'avait pas été déjeté, mais repoussé ; il ne lui suffisait pas de dire *se spoliatum fuisse*, s'il ne prouvait en outre *se possedisse;* à cette condition fondamentale était subordonnée l'action de réintégrande.

M. Troplong demande précisément l'application de principes semblables en droit français[2]. Il veut que l'usurpa-

---

[1] Belime, *Traité des actions possessoires*, n° 373.
[2] *Prescription*, t. I, n° 297.

teur d'un fonds puisse en être chassé par le propriétaire, fût-ce même par la violence, sans avoir le droit d'élever la voix, si la possession juridique appartient encore à son adversaire; parce que l'usurpateur dans ce cas peut bien dire, comme le Templier : *se spoliatum fuisse;* mais non *se possedisse.*

Les principes admis par l'Église avaient été empruntés aux lois romaines. « Il est certain, dit Belime, que le droit canonique avait adopté la règle des lois romaines, qui n'exigeaient pas la possession annale pour agir au possessoire. Jamais les canons, jamais les commentateurs n'en ont parlé, et nous mettons quiconque au défi de prouver le contraire. Ils accordent l'interdit à tout possesseur actuel public et paisible troublé dans la possession de sa chose [1]. »

Cette assertion de Belime est parfaitement exacte. Le possesseur actuel public et paisible avait la possession juridique sans condition d'annalité, d'après les lois canoniques comme d'après les lois romaines; il avait donc l'action possessoire, mais il l'avait sans distinction, soit que le fait dont il avait à se plaindre fût ou non accompagné de violence. Elle lui était refusée au contraire, nous ne saurions trop le répéter, quand il ne pouvait prouver que la possession juridique lui appartenait, s'il intentait un interdit *Retinendæ possessionis,* tel que l'interdit *Uti possidetis;* ou qu'elle lui avait appartenu, s'il intentait un interdit restitutoire, tel que l'interdit *Unde vi,* ainsi que nous le voyons dans l'espèce prévue par la décrétale *Olim causam.*

En droit français, nous voulons également que l'action possessoire ne soit accordée qu'à celui qui peut justifier qu'il

---

[1] Belime, n° 373.

a, ou même, si l'on veut, qu'il a eu la possession juridique; mais il faut, et il a toujours fallu pour la fonder, en outre des conditions exigées par les lois romaines et les décrétales, l'annalité. A notre tour, pour emprunter les expressions de Belime, nous dirons : *Nous mettons quiconque au défi de prouver le contraire.*

La manière d'acquérir et de perdre la possession juridique est donc diverse dans les deux législations; mais les conditions pour exercer l'action possessoire seront les mêmes; ni la réintégrande, ni aucune autre n'a jamais été donnée à une personne qui ne pouvait justifier avoir eu la possession juridique.

Les auteurs, en petit nombre au reste, qui ont voulu rendre obligatoire en France le droit canonique, en ce qui concerne les actions possessoires, en ont donc complétement dénaturé l'esprit et la lettre même. Pour procéder avec logique et méthode, pour donner un point d'appui aux doctrines qu'on voulait faire prévaloir, il fallait, non pas citer le droit canonique, mais, avant tout, changer les conditions de la possession juridique en France ; c'est ce que personne n'a fait et n'a même essayé ou proposé de faire.

La maxime *spoliatus ante omnia restituendus* signifie que la personne dépouillée n'est tenue de répondre à aucune demande au pétitoire avant d'être réintégrée. C'est le principe général de toutes les actions possessoires. Belime rappelle, pour combattre cette proposition, que les juges ecclésiastiques, cependant, pouvaient prononcer sur les deux actions en même temps. Cela est vrai, mais ils ne pouvaient le faire que du consentement du spolié. « Le spolié, en agissant lui-même à deux fins, dit Belime, renonce au bénéfice de la réintégrande, et consent à ce que le juge entre dans l'examen du fond¹. » S'il en est ainsi, et Belime en convient lui-même, la maxime était nécessaire pour donner au spolié la liberté d'agir à son gré; elle établissait la règle générale et protectrice; libre au spolié d'y renoncer s'il le jugeait plus utile à ses intérêts ². »

Est-ce à dire, cependant, que le droit canonique ne fît aucune différence lorsqu'il y avait eu violence ou lorsqu'elle n'avait pas existé? Cette proposition ne serait pas exacte. On ne comprendrait pas pourquoi l'on trouve, dans le recueil de Grégoire IX, un titre intitulé : *De restitutione spoliatorum;* mais, pour comprendre cette différence, il faut se mettre au point de vue canonique et non à celui du droit civil.

En droit civil, l'action possessoire a pour but de faire reconnaître un simple fait, et ce fait, une fois admis, suffit pour faire attribuer la possession; en droit ecclésiastique, il aurait tout au plus pour résultat de faire adjuger la récréance, mais le plein possessoire n'était donné qu'à celui qui prouvait son droit. Les règles de la réintégrande dispensèrent de cette preuve celui qui avait été déjeté violemment; elles rétablirent pour lui le principe des actions possessoires, tel qu'il existe en droit civil, et c'était beaucoup. Mais il va de soi que cette différence tombe, si la réintégrande sort du domaine du droit canonique et des règles particulières à ses actions possessoires.

Cette action de réintégrande, du reste, telle que nous venons de la faire connaître, souleva, devant les tribunaux ecclésiastiques, des difficultés et des embarras tels, qu'il fallut

---

¹ Belime, n° 373.
² *Decr. greg.* lib. II, tit. xii, cap. 1, 2, 3, 5, 6, etc.

en modifier les règles. Innocent IV, au concile de Lyon, s'occupa de cet objet [1], et ces règles furent même, par la suite, tout à fait abrogées. « Une exception célèbre chez les canonistes, dit Fleury, est celle de spoliation..... Sur ces fondements, on avait introduit plusieurs chicanes..... Aussi, cette exception de sopliation fut-elle restreinte en diverses manières au concile de Lyon, sous Grégoire X, et *à présent il ne s'en parle plus en France* [2]. »

Durand de Maillane n'est pas moins explicite : « A prendre les mots d'intrus et d'intrusion dans leur signification originaire, on ne doit les concevoir qu'en se formant l'idée d'une usurpation dont l'histoire nous donne de trop fréquents exemples ; mais ils sont très-anciens, et depuis longtemps on ne considère plus tant, en matière d'intrusion, la violence qui l'accompagne, que le défaut de titre ou la nullité de celui dont se pare l'intrus. Un homme qui aura été canoniquement pourvu d'un bénéfice, ne sera pas qualifié d'intrus pour avoir exercé *quelques violences* contre son église. Celui, au contraire, qui sera mis en possession d'un bénéfice sans titre, sera traité d'intrus, quoiqu'il n'ait commis aucune violence ni contre le collateur, ni contre le clergé ou les fidèles de l'église dont il s'est mis en possession [3]. » C'était le retour aux véritables principes du droit canonique, où le droit seul, et non le fait, était pris en considération.

On voit à quoi s'était réduite, dans le droit ecclésiastique, cette action de réintégrande qu'on a prétendu avoir

---

[1] *Liber sextus*, lib. II, tit. v : *De restitutione spoliatorum*.
[2] Fleury, 3ᵉ partie, ch. vi.
[3] *Dictionnaire de dr. can.* v° *Intrus*.

existé et exister encore dans le droit civil, et quelle importance les juges ecclésiastiques donnaient à la circonstance de violence : elle était de nul effet. Nous aurons occasion, sans doute, de rappeler les propositions établies dans ce chapitre, que nous avons amené jusqu'aux temps modernes, pour ne pas scinder la matière dont nous nous occupions. Nous allons reprendre maintenant l'ordre chronologique; chercher à faire connaître quel était, au xve siècle, l'état de la législation sur les actions possessoires, et la part d'influence qu'ont exercée le droit romain et le droit canonique, dont nous venons de faire connaître les principes sur cette matière.

CHAPITRE IX.

« Droict escrit, dit Boutheiller, est la noble constitution des loix qui sont faictes et passées par les empereurs et par les saincts concilles, consaux des sénats et des sainctes décrétales faictes par nostre Sainct Père le Pape, qu'on appelle droit canon; et les lois données par les empereurs sont appelées droit civil [1]. » Charondas se croit obligé de mettre en note sur ce passage : « Il devait ajouster les lois et ordonnances faites par les roys, qui sont autant souverains que les empereurs. »

On admettait donc en France trois législations diverses : le droit romain, le droit canonique, et ce que nous appellerons le droit français, composé des coutumes et ordonnances de nos rois.

La nation romaine avait subsisté au milieu des peuples barbares après la chute de l'empire. Le droit qui lui était propre, grâce au système des lois personnelles, s'était maintenu. Savigny a mis ce fait hors de doute, en même temps qu'il a défini avec exactitude les limites assez restreintes dans lesquelles furent renfermées l'étude et l'application du droit romain jusqu'au XIIe siècle. Mais, à cette époque, l'é-

---

[1] *Somme rural*, liv. I, tit. I.

tude des lois romaines reçut tout à coup une impulsion nouvelle; les progrès accomplis furent assez éclatants pour qu'il ait été permis de les confondre avec la résurrection véritable d'une ancienne science oubliée.

Savigny a trouvé en France, jusqu'au xve siècle, des matériaux moins riches que ceux que lui offrait l'Italie. La position des deux contrées, les luttes qu'elles eurent à soutenir, le but où tendaient les deux peuples, sont des éléments qu'on ne peut négliger, si l'on veut se rendre compte de cette différence.

L'état politique de la France au moyen âge n'avait aucune analogie avec celui de l'Italie. Le pays est indépendant, et s'il lutte contre l'étranger, c'est pour reculer ses frontières et augmenter sa puissance. L'aristocratie est souveraine. Les lois qui régissent le pays tout entier ont été faites par elle et pour elle. Pressée entre les communes et la royauté qu'elle domine, les premières l'attaquent au nom des vieilles coutumes qui représentent le droit germanique ; celle-ci s'appuie sur le droit romain et y trouve des armes, mais le parlement et les magistrats qui la secondent ont seuls besoin de s'en servir. Ce n'est que lorsque le rôle politique du droit romain fut terminé en France, qu'il y fut cultivé avec éclat comme science; jusque-là, la magistrature en eut pour ainsi dire le monopole, l'expliqua, et l'appliqua à sa manière et conformément aux intérêts de la royauté, à laquelle elle était toute dévouée.

Lorsque le pape Honorius III, en 1220, défendit, par une décrétale célèbre, l'enseignement du droit romain dans l'Université de Paris [1], les rois de France ne s'opposèrent en

---

[1] «Quia tamen in Francia et nonnullis provinciis laicis imperatorum

aucune façon à l'exécution de cette mesure; ils étaient sûrs de trouver toujours un nombre suffisant de clercs sachant assez de droit romain pour soutenir leurs prétentions, et ils consentirent sans peine que cette étude fût reléguée dans quelques universités de province, où que les Français allassent en Italie s'instruire d'une science proscrite au sein de l'Université de Paris.

L'Église, pendant plusieurs siècles, n'avait pas eu d'autre législation que le droit romain; les sources qui formèrent plus tard le droit canonique proprement dit, n'étaient pas assez abondantes pour constituer un corps de lois distinct; et, dans aucun temps, le droit ecclésiastique ne se sépara et n'aurait pu se séparer complétement du droit romain; mais l'Église ne voulait pas qu'il fût émancipé de sa tutelle. Les décrétales, en modifiant quelques-unes de ses parties, en réglant quelques objets dont il ne s'était pas occupé, avaient prétendu fonder un droit nouveau auprès duquel ne pouvait plus subsister l'ancien. L'Église se considérait comme le continuateur des diverses autorités législatives qui avaient créé et changé le droit romain; elle n'en connaissait pas d'autre que celui qui avait été interprété par elle; elle ne pouvait donc souffrir patiemment qu'on enseignât, comme existant encore, un droit qui, dans quelques-unes de ses parties, était à ses yeux légalement abrogé; elle ne pouvait pas davantage reconnaître des interprétations données par des hommes sans caractère. Sans doute, le

---

« Romanorum legibus non utuntur et occurunt rarò ecclesiasticæ causæ
« tales quæ non possint statutis canonicis expediri : ut plenius sacræ pa-
« ginæ insistatur, firmiter interdicimus et destrictius inhibemus, ne Pa-
« risiis vel in civitatibus seu aliis locis vicinis quisquam docere vel audire
« jus civile præsumat. »

droit canon avait besoin de l'appui du droit romain, mais les papes et les conciles ne voulaient pas qu'il formât une science séparée et rivale.

En Italie, toutefois, les papes ne purent pas lutter ouvertement contre un enseignement populaire; ils accordèrent à différentes reprises, sans aucune réserve, aux universités italiennes, l'autorisation d'enseigner le droit romain. Les ecclésiastiques purent en suivre les cours; et, peu à peu aussi, les glossateurs et les canonistes, qui pendant longtemps avaient formé deux écoles ennemies, se rapprochèrent. Ceux-ci invoquèrent, comme ils l'avaient toujours fait, les principes du droit romain, et les premiers se soumirent aux règles du droit ecclésiastique.

En France, le droit romain, s'il était moins bien connu, surtout moins étudié au xive siècle qu'il ne l'était en Italie, y jouissait, toutefois déjà, d'une incontestable autorité. Le droit ecclésiastique, d'un autre côté, y était reçu et appliqué; le droit coutumier subsistait encore, et les dispositions diverses de ces trois législations sur l'action possessoire devaient parfois jeter quelque confusion dans les règles, et leur enlever cette simplicité qu'elles avaient eue jusqu'alors. Les principes, sans doute, en étaient désormais trop bien arrêtés pour qu'ils pussent éprouver des modifications radicales; l'influence du droit romain, quelque prédominante qu'elle ait été, n'aurait pu amener un résultat semblable, mais elle mérite, néanmoins, d'être signalée, et elle se fait déjà remarquer d'une manière sensible dans l'ouvrage si connu sous le nom de *Grand coutumier de Charles VI*.

« Messire Simon de Bucy, dit l'auteur de ce traité dans une note marginale, trouva premièrement les cas de saisine et de nouvelleté »; et le texte porte : « Messire Simon de

Bucy, qui premierement trouva et mist sur les cas de nouvelleté, ne voulait mye que l'on mist es actes dônés au dit cas ces mots : sauf la question de la propriété. Car il tenait que l'on pourrait intenter le cas de simple saisine ainsi comme le commencement de cest article le soutient : touttefoys on n'a point veu que aucun bon advocat se soit osé bouter en ce doubte [1]. »

Quelques auteurs, en rapportant les premiers mots du passage que nous venons de transcrire, en ont conclu que le Grand coutumier attribuait la création des actions possessoires à Simon de Bucy, mort premier président au Parlement de Paris, en 1358. Une pareille erreur, de la part d'un homme si bien instruit de l'état du droit à son époque, n'est pas présumable. Mais Simon de Bucy apporta dans la procédure des changements notables empruntés au droit romain : ce sont ces changements dont l'honneur lui est reporté.

Depuis Beaumanoir jusqu'à Simon de Bucy, il existait trois cas différents de dépossession, ainsi que nous avons eu souvent occasion de le dire, la dessaisine et la force, qui se confondaient, et le trouble. « Dans le premier et le second des trois cas qu'on vient de marquer, dit de Laurière, c'est-à-dire dans les cas de force et de dessaisine, celuy qui se plaignait se disait dessaisi, et agissait pour recouvrer la possession et la saisine qu'il avait perdues ; mais, dans le dernier cas, c'est-à-dire dans le cas de *trouble*, il se disait saisi, parce qu'il l'était en effet, et il demandait seulement que le trouble fût ôté ; et, par conséquent, il est tout visible que, de ces trois cas, il n'y avait que le dernier où le com-

---

[1] *Grand coutumier*, liv. II, ch. XXI.

plaignant se disait saisi et se plaignait du trouble ou de la *nouveauté* qui luy était faite.

« Or, comme en ce temps-là et surtout dans le commencement du xiv⁰ siècle, l'on étudiait beaucoup en France les loix romaines, on se servit, pour perfectionner notre droit, des décisions de ces loix, et souvent assez mal à propos..... on introduisit cette maxime, dont on abusa, qu'en général la volonté suffisait pour conserver la saisine de quelque manière qu'on eût été spolié de son immeuble, et sur ce fondement, il n'y eut plus de complainte de force et de dessaisine; mais, dans tous les cas, on n'intenta plus que la complainte en cas de saisine et de nouvelleté, parce que la force et la dessaisine furent regardées comme nouveau trouble, et ce fut messire Simon de Bucy qui étendit ainsi ou qui mit sus de la force le cas de nouvelleté [1]. »

Le même auteur, rappelant dans un autre ouvrage ces innovations faites par Simon de Bucy, ajoute : « Et c'est ce qu'a voulu nous faire entendre l'auteur du Grand coutumier, qui composait son ouvrage en 1383, quand il a écrit que messire Simon de Bucy fut le premier qui trouva et mit sus le cas de nouvelleté [2]. »

La procédure introduite par Simon de Bucy est exclusive de l'action en réintégrande, tout le monde en convient. Si, en effet, la réintégrande, telle qu'on l'entend généralement, c'est-à-dire l'interdit *Unde vi* eût existé, il serait fort singulier qu'un partisan aussi passionné du droit romain, dans un siècle où chacun partageait ses idées, trouvant une action basée sur les règles des Pandectes, eût voulu l'abroger, et eût accordé l'interdit *Uti possidetis*, dans le cas où

---

[1] De Laurière, *Glossaire du droit français*, v° *Se complaindre*.
[2] *Dissertation sur leténement*, ch. ii, n° 8.

le droit romain donnait évidemment l'interdit *Unde vi*. Mais cet emprunt n'avait jamais été fait. Nous avons vu, dans Beaumanoir, qu'on avait puisé dans le droit romain certaines distinctions qui semblaient en contradiction avec les anciennes règles des actions possessoires, se résumant en une procédure toujours uniforme ; mais ces distinctions étaient purement nominales. Simon de Bucy revint à l'ancien état de choses. De nouveau, il n'y eut plus qu'une seule complainte, et il fit disparaître les différences de rédaction qui s'étaient introduites ; la même forme fut applicable à tous les cas. « Ce fut une précaution, dit de Laurière, à celuy qui voulait user de ce dernier interdit, de s dire toujours saisi, comme nous l'apprenons de Dubreuil, dans le livre premier de son Ancien style du parlement, ch. XVIII, § 3, en ces termes : *Item conquerens in tali casu novitatis, cavere debet ne se dicat spoliatum, vel dessaisitum, quia tali casu non posset agere hoc interdicto,* ce que l'autheur du Grand coutumier a donné aussi pour règle dans son livre second, ch. XXI, p. 151 : *Celuy qui se plaint en cas de nouvelleté,* dit cet autheur, *se doit garder de dire, qu'il soit dessaisi ou depouillé de sa saisine ; car il ne pourrait pas intenter la nouvelleté, s'il ne possedait ou contendait posséder*[1]. » En présence de pareils textes, il ne peut exister de doute qu'une action particulière, basée sur la dépossession violente, n'existait pas dans la procédure civile.

Simon de Bucy créa aussi, par une imitation malheureuse du droit romain, l'action de simple saisine ; elle doit être comptée parmi les actions pétitoires, et ne pas être confondue avec la complainte [2].

---

[1] *Glossaire, etc.* v° *Se complaindre.*
[2] Voir ce que nous avons dit ch. IV, p. 105.

Au XIVe siècle le mot saisine désignait désormais la possession juridique; il fallait qu'elle réunît les conditions exigées par le droit romain et qu'elle eût été acquise *nec vi, nec clam, nec precario;* ces mots mêmes avaient été naturalisés en France, et étaient cités par tous les auteurs, mais on y avait ajouté la condition d'annalité.

« Jaçoit que le droit de possession et saisine n'aient point différence expresse; toutefois, par coutume, ils ont telle différence que comme à juste cause et à injuste cause, possession se peut acquérir par occuper seulement, mais s'acquiert momentairement, et par icelle possession continuée *non vi, non clam, non precario,* la saisine est acquise par an et jour, et pour ce par la coutume, saisine est reputée juste de soi *propter temporis adminiculum;* mais possession non *quia temporis adminiculum non requirit.* Et emporte cette saisine grand effet : car, si je m'allègue saisi par an et jour, si mon adversaire n'allègue saisine contraire, l'on presumera pour moy et non pour luy, tellement que, pendant le plaid, la chose ne sera pas mise en la main du roy, mais demeurera à mon profit. Et ainsi vous pouvez voir que saisine comprend et dénote possession, et naît saisine de possession et non *e contra* [1]. »

La saisine acquise par simple occupation n'avait pas fait disparaître la saisine de droit : « Pour aparfondir cette matière de nouvelleté, dit le même document, que communément est en cour et en plaige et pour sçavoir dont elle despend, il est à considérer qu'elle despend et naist de saisine; et saisine de possession. Ils sont trois espèces de possession suffisans à saisine; c'est à sçavoir: possession acquise par suc-

---

[1] *Grand coutumier,* liv. II, ch. XXI.

cession; possession acquise par tradition; de faict[1]. » Ces saisines diverses produisaient du reste des effets semblables.

Cette influence du droit romain, que nous venons de signaler, se fait plus vivement sentir encore, au moins quant à la forme, dans la Somme rural de Jean le Boutheiller[2], ouvrage à peu près contemporain du coutumier de Charles VI. Ainsi, pour faire bien comprendre la complainte de nouvelleté, il s'exprime ainsi : « Et si divise cette action de nouvelleté en sept manières : la première si est des généraux interdits si comme quand aucun faict fouir dessous les murs d'un autre ou plante des arbres, dont les racines y puissent grever : à ce doibt par ceste action avoir remède.

« Après ensuit action de nouvelleté desquels biens que les clers appellent *quorum bonorum*, si comme quand aucun héritage eschet à autre par ligne latéral ou collatéral et on luy veut mettre empeschement; par ceste action il peut et doit estre remedié et pourveu, mais que dedans l'an, le face après la mort de celuy par qui ceste succession lui vient, car après l'an n'aurait cette action lieu, ne ne luy vaudrait.

« Après ensuit, action de nouvelleté de quels laiz, que les clers appellent *quorum legatorum*, ainsi comme si aucun demande à voir le lay qui lui est donné en testament par aucun trépassé, mais que dedans l'an le demande après

---

[1] *Grand coutumier*, liv. II, ch. XXI.
[2] Jean le Boutheiller, vaillant chevalier, héritier de plusieurs fiefs près de Namur, et lieutenant du bailli de Tournay, né vers 1344, a été conseiller au parlement de Paris; on a son testament daté de 1395, et il est à présumer que l'ouvrage qu'il nous a laissé est d'une date plus ancienne : on le croit écrit en 1360; il est intitulé : *Somme rural, ou le Grand coutumier general de practique civil et canon.*

le trespas du legateur ; car autrement n'aurait lieu ceste action.

« Après ensuit action de nouvelleté de force faicte, que les clers appellent *unde vi,* si comme quand aucun prend ou happe par force héritage ou possession d'aucun ; par ceste action de nouvelleté, y peut et doit estre pourveu, voire mais que dedans l'an après la force faicte, on vienne au remède.

« Après ensuit action de nouvelleté par trouble sur l'expatrié comme quand aucun trouble le droict de celui qui pour juste cause est expatrié, car par ceste action que les clers appellent *si per vim vel alio modo turbata fuerit absentis possess.* y peut et doit estre pourveu à l'expatrié.....

« Après ensuit action de nouvelleté comme vous tenez que les clers appellent *uti possidetis,* comme si chacune partie se vante que sur un héritage, il y a plus dernière et juste possession et ceste action est la plus commune et qui plus souvent eschet [1]. »

Charondas dans ses notes sur ce passage dit avec justice, en parlant de Boutheiller : « Il recite icy plusieurs espèces d'interdits qui sont mieux distinguez par les jurisconsultes et Justinian [2]. » On ne sait en effet pourquoi Boutheiller en dit autant ou si peu, et sur quoi est fondé le choix qu'il a fait parmi les interdits, dont quelques-uns seulement sont transportés par lui dans le droit français.

Les romanistes purs étaient bien autrement complets : on peut consulter, en ce qui concerne notre sujet, et prendre pour exemple l'ouvrage intitulé : *Summa Othonis Senonensis de interdictis, juditiisque possessoriis et eorum libellis, etc.*

---

[1] *Somme rural,* liv. 1, tit. XXVII.
[2] Charondas sur Boutheiller.

La procédure des actions possessoires, si simple encore au XIIIe siècle avait dû étrangement se compliquer du moment qu'il avait été permis d'invoquer tout à la fois les coutumes, Justinien, le droit féodal et les décrétales. Othon, dans l'ouvrage dont nous venons de parler, se propose de mettre fin à ces difficultés : « Idcirco, dit-il, ego
« Otho Senonensis junior, dictus de Santo Salvatore, legum
« professor, licentiatusque in decretis, quarumdam venera-
« bilium personarum discere cupientium precibus ac etiam
« supplicationibus annuens, Christi auxilio et beatæ Virginis
« gloriosæ primitus invocato, tractare intendo in hac sum-
« mula materiam de juditiis possessoriis et libellis eorum-
« dem quæ hodie propter judicia possessoria et quasi posses-
« soria per usum incursu causarum est quotidiana et pro
« posse meo intendo jus ad factum applicare prout hodie
« servatur [1]. »

L'intention de l'auteur clairement énoncée par le titre seul de l'ouvrage, est répétée dans ce passage de l'introduction; néanmoins, il n'en croit pas moins utile, pour jeter de la lumière dans une matière d'où surgissent tant de procès et de difficultés, de suivre scrupuleusement les Pandectes et d'expliquer tous les interdits qui s'y trouvent. On n'est pas médiocrement surpris dans un ouvrage consacré aux actions possessoires, de voir figurer des interdits qui n'ont pas avec la possession le moindre rapport. Pour rendre son ouvrage utile aux praticiens : « libellos etiam, dit-il, prout in usu
« sunt formando super quolibet interdicto, cavillationesque
« utiles scribam et contra ipsas remedia seu solutiones; » et il le fait en effet, aussi bien pour l'interdit : *De locis et itine-*

---

[1] *Summa,* etc. p. 1.

ribus publicis, ou pour celui : *De libero homine exhibendo,* que pour l'interdit : *Uti possidetis.*

L'auteur se soumet à l'autorité des Décrétales et il les cite à l'appui de ses opinions aussi bien que les Pandectes : « In multis locis, dit-il, juris canonici vel juris civilis prout « hodie servatur ac mihi bene videbitur, adhibebo[1]. »

Il reconnaît également l'existence du droit féodal ; ainsi lorsqu'il parle de l'interdit *Quorum bonorum,* il fait allusion aux règles suivies en France : « De consuetudine tamen regni « Franciæ, dit-il, mortuus sanxit unum scilicet heredem « suum adita hereditate, nisi in feudis, quia in illis requiri- « tur investitura[2]. »

Lorsqu'il explique l'interdit *Uti possidetis,* il examine cette question, évidemment étrangère au droit romain : « Sed « quæro ; ego teneo a te in feudum castrum ; tu tenes a Ticio « in feudum, numquid cuilibet nostrum, si turbetur, da- « bitur hoc interdictum[3]. »

Notre auteur donne l'interdit *Uti possidetis* au possesseur actuel sans condition d'annalité : « Datur istud interdictum « cuicunque possidenti vel quasi possidenti rem immobilem « in totum vel in partem pro diviso[4]. » Il ne fait également nulle difficulté de donner l'action possessoire pour les meubles en vertu de l'interdit *Utrubi*[5].

Dans l'interdit *Unde vi,* il rappelle comme devant être appliquée la règle insérée au Code : « Qui enim spoliat sine

---

[1] *Summa,* p. 1.
[2] *Ibid.* p. 26.
[3] *Ibid.* p. 30.
[4] *Ibid.*
[5] *Ibid.* p. 125.

« judice, quantumcumque jus habeat in re illa, debet per
« hoc suum jus amittere[1]. »

Cet ouvrage curieux à étudier brille par un luxe de subtilités fort à la mode à l'époque où il a été écrit; on en peut voir de remarquables exemples dans la partie de chaque chapitre consacrée aux *cavillationes*. Ainsi comme question de doctrine, il croit devoir examiner à propos d'actions possessoires cette difficulté : « Quid si tu commisisti adulterium
« de mandato meo, vel committis adulterium sine mandato
« meo, nomine tantummodo; postea ego ratifico; nunquid
« ego teneor de adulterio? Glosa dicit quod non, quia istud
« delictum non potest per alium explicari. Ego dico quod
« teneor sicut in aliis delictis[2]. »

Quoique l'auteur prétende s'adresser aux praticiens, il est peu probable que son ouvrage ait pu être utile, surtout en France; il n'a rien de ce qui donne à Beaumanoir, au Grand coutumier, à la Somme rural, le cachet d'ouvrages pratiques; il montre seulement la tendance exagérée de quelques esprits vers le droit romain; en ce qui concerne les actions possessoires, elle fut en partie repoussée.

Toutefois à une époque où de pareils ouvrages étaient écrits, on comprend que Boutheiller ait cité les interdits; entre les anciens souvenirs de la coutume et les exagérations des romanistes purs, il crut avoir trouvé un juste milieu raisonnable. Il semble naturel également que toutes les règles du droit romain qui n'étaient pas en opposition directe avec les anciens principes de l'action possessoire coutumière se soient introduites par suite de la faveur qui s'attachait à

---

[1] *Summa*, p. 73.
[2] *Ibid.* p. 74.

cette étude nouvelle. Ainsi nous avons vu dans le Grand coutumier, que la procédure française, par exemple, avait emprunté au droit romain les trois conditions que doit remplir la possession pour être juridique; Boutheiller le confirme en termes explicites : « Encore veulent les droits distinguer possession par trois autres voyes et manieres, c'est à sçavoir par possession clandestine, par possession acquise par force et par possession acquise par priere, que les clers appellent *clam, vi, precario*. Car par nulle de ces trois manieres possession acquise ne donne point action de possession, mais en sont a debouter tels detenteurs[1]. »

Mais l'action continua dans tous les cas, à être annale, et dut avoir pour appui la possession d'an et jour : « Sçachez, dit encore Boutheiller, que quiconque se sent aggravé de nouvelle possession que on veuille faire sur son heritage, dedans l'an, se doit complaindre : si non l'an passé par complainte de nouvelleté, ne s'en peut jamais douloir et n'y est à recevoir[2]. »

C'est à l'époque à peu près où écrivait Boutheiller, que s'introduisit dans le droit français la *dénonciation de nouvel œuvre*[3] dont cet auteur parle avec détail.

[1] *Somme rur.* liv. I, tit. XXXI.
[2] *Ibidem,* liv. I, tit. 20.
[3] « Sçachez, dit Boutheillier, que quiconques se sent aggravé d'aucune nouvelle œuvre que on face contre luy et en son prejudyce : sçachez que dedans le temps de nouvel œuvre peut venir sur l'ouvrage qu'on faict et appeler gens en tesmoignage, et prendre une pierre en sa main et dire : ceste nouvelle œuvre que icy faictes et commencez à faire et ouvrer, je m'en sens aggravé et vous denonce que vous en desistez et cessez, deffaictes et reparez tout ce que faict en avez au premier estat et deu. Si ce ne faictes, je proteste que par le juge qui cognoistre en devra, tout soit reparé et remis au premier estat et deu aux despens et au peril d'amende

Le droit germanique est complétement étranger à cette action ; elle constitue un emprunt fait au droit romain, dont on a, il est vrai, singulièrement dénaturé les principes en cette matière[1].

La dénonciation de nouvel œuvre en droit romain était un acte purement privé. Elle n'avait nul besoin pour rendre obligatoire la suspension des travaux d'être fondée sur un droit, et tout ouvrage fait contrairement à la dénonciation était illégal.

Cet acte ne nécessitait ni la présence, ni l'intervention d'aucun magistrat ; le texte est encore très-précis sur ce point : « Nunciatio ex hoc edicto necessariam non habet præ« toris aditionem » (l. 1, § 2).

Alban d'Hauthuille a fait observer toutefois que ce texte même indiquait que l'autorisation du préteur était quelquefois demandée (l. 16, l. 19). Le temps avait sans doute amené des changements aux règles primitives dont quelques textes conservent encore la trace ; même dans le dernier état du droit, cette intervention qui avait cessé d'être nécessaire, conservait encore cependant quelques avantages.

Il importait peu en quel lieu l'ouvrage eût été fait (l. 1,

---

d'icelles ou de ceux qui ceste œuvre font ou font faire, et en tesmoin doit la pierre que en sa main tient jetter en l'œuvre aussi avant qu'il sent que de droict il a. Et ce fait si depuis y est œuvré, tout doit estre reparé et remis à deu estat par le juge, à la complainte du renonçant : et si tant attendoit que l'œuvre fust complete, il conviendroit faire par complainte ou denonciation de nouvelle œuvre en dedans l'an et l'an passé, on n'y seroit à recevoir. » (*Somme rural*, liv. I, tit. xx. Voy. également, liv. I, ch. xxxi.)

[1] Dans ce que nous allons dire sur la dénonciation de nouvel œuvre, nous suivrons presque pas à pas Alban d'Hauthuille, de si regrettable mémoire, dont nous nous bornons à analyser le remarquable travail.

§ 14, et l. 20, § 2), soit sur le terrain du dénonçant, soit sur celui de son adversaire (l. 5, §§ 8 et 9). Ulpien enseigne toutefois que, dans le premier cas, il était plus avantageux de recourir à l'autorité du préteur ou d'agir *per manum, id est per lapilli ictum.*

Le nouvel œuvre devait être *opus solo conjunctum* (l. 1, § 12), ayant déjà une forme d'ouvrage (l. 21, § 3); mais imparfait. Si la construction eût été terminée, il aurait fallu recourir à l'interdit *Quod vi aut clam factum erit* (l. 1, § 1).

Celui qui avait à se plaindre de travaux faits à son préjudice, et auxquels il ne s'était pas opposé avant leur achèvement, ne restait donc pas sans moyen pour les faire détruire; il avait l'interdit, véritable action possessoire; et, en outre, l'action pétitoire, exigeant la preuve du droit de servitude; mais il n'y avait plus lieu à la dénonciation.

La dénonciation devait être faite en présence de la chose, *in re præsenti* (l. 5, § 2); en l'absence du propriétaire, il suffisait qu'elle fût adressée à quelqu'un sur les lieux, soit même à l'un des maçons ou ouvriers, pourvu que les défenses pussent être reportées au maître, *ut domino possit renunciari* (l. 5, § 3). Aussi Alban d'Hauthuille a-t-il dit que la dénonciation était faite dans l'intérêt et au nom d'un fonds contre le sol où le nouvel œuvre est construit, et non contre la personne qui l'a fait élever[1].

Il est aisé de se convaincre que rien dans cette procédure n'a la moindre ressemblance avec une action possessoire; elle en était même la négation, puisque le dénonçant s'obligeait à poursuivre l'instance au fond après ce préliminaire,

---

[1] *Rev. de législ.* t. V, p. 357.

abandonnant les avantages du rôle de défendeur à l'auteur des travaux.

La dénonciation et ses effets étaient paralysés; 1° par la satisdation, qui mettait à couvert les intérêts du dénonçant (l. 21, § 4); 2° par la prescription annale; si le dénonçant laissait écouler une année sans intenter son action, l'auteur des travaux était dégagé de toute entrave; c'est du moins ainsi que doit être entendue une disposition de l'ancien droit rapportée par Justinien [1]; 3° enfin, si l'auteur des travaux ne voulait ni donner caution, ni attendre l'expiration de l'année, il demandait la mainlevée ou *remissio* au préteur. La rémission n'était qu'un moyen de forcer le dénonçant à rompre le silence et à faire valoir ses droits au fonds, sous peine d'être débouté de sa demande [2].

« Il résulte de tout ce qui précède, dit Alban d'Hauthuille,

« Que la dénonciation de nouvel œuvre n'est dans le droit romain autre chose qu'une opposition provisoire, laquelle doit être justifiée ultérieurement par le dénonçant dans une instance définitive sur le droit par lui prétendu d'empêcher les travaux;

« Qu'ainsi loin d'être un moyen de se maintenir en possession, elle contient implicitement reconnaissance de la possession de l'adversaire auquel elle en attribue les avantages;

« Que l'obstacle apporté par la dénonciation à la continuation des travaux finit naturellement par la dénonciation au fonds sur l'instance introduite de plein gré par le dénonçant, ou provoquée par l'auteur des travaux au moyen

---

[1] *Rev. de législ.* t. V, p. 364.
[2] *Ibid.* t. V, p. 366.

de la demande en *rémission;* et qu'il peut aussi être levé par la caution donnée de démolir, ou bien encore tomber de plein droit par la prescription annale [1]. »

Il n'y avait lieu à interdit que dans le cas où l'auteur des travaux continuait à bâtir malgré la dénonciation; le préteur l'accordait alors au dénonçant pour forcer son adversaire à remettre les choses dans l'ancien état; il y avait encore lieu à interdit d'un autre côté, si l'auteur des travaux avait donné caution; le préteur l'accordait alors pour se défendre contre le dénonçant.

Justinien apporta à ces règles quelques modifications que nous n'avons aucun intérêt à examiner.

Les glossateurs bouleversèrent complétement ces principes et ces règles. Ulpien avait dit, en parlant d'un cas particulier : « Melius esse eum per prætorem vel per manum, id « est lapilli ictum prohibere quam operis novi nunciatione; » la glose vit dans ce passage l'indication de deux autres dénonciations; après les avoir créées, elle leur donna des règles, et elle leur appliqua celles des interdits possessoires, prétendant que les principes que nous avons fait connaître n'étaient suivis que pour la première de ces trois dénonciations; celle dont les textes avaient parlé avec détails et qui se faisait *verbis.* « Nunciatio novi operis, dit Othon, fit altera « de tribus modis, simplici verbo, jactu lapilli, per judi- « cem : qui opus nuntiat simplici verbo, possessionem illius « loci, si quam habet, et transfertur in adversarium quasi « ille nuncians timidus fuerit [2]. »

Une fois dans une pareille voie, on ne put expliquer

---

[1] *Rev. de législ.* t. V, p. 367.
[2] *Summa,* etc. *De remissionibus.*

pourquoi, dans ces trois dénonciations, l'une faisait abdiquer au dénonçant le rôle et les avantages de défendeur; et deux, au contraire, les lui conservaient : la glose n'en put donner qu'une raison pitoyable; et aussi quand nous voyons dans Boutheiller la dénonciation de nouvel œuvre introduite en France, on a complétement abandonné le principe fondamental qui rendait défendeur l'auteur des travaux. Cette dérogation en amena d'autres. On ne put faire la dénonciation qu'avec l'autorité du juge et l'on arriva peu à peu à la confondre entièrement avec la complainte, dont les coutumes ni la doctrine même ne la séparèrent plus : « Vrai est, dit Papon, que l'on y a voulu pratiquer une action nommée dénonciation de nouvel œuvre, qui n'est pas diverse du cas de nouvelleté, nommée complainte [1]. »

Cette influence du droit romain sur les actions possessoires dont nous avons trouvé la preuve dans le Grand coutumier et la Somme rural devait être récente encore et ne peut remonter à une époque bien antérieure à celle où ces deux ouvrages furent écrits. En effet, un document qui date également du XIVe siècle, *la Très-ancienne coutume des pays et duché de Bretagne,* écrite, suivant l'opinion commune, en 1330, prouve que ces principes nouveaux n'avaient pas encore pénétré jusqu'en Bretagne.

Ce livre est un ouvrage de doctrine publié par un simple particulier et non une coutume officielle ayant un caractère légal. L'auteur dit dans sa préface qu'il a voulu être utile aux juges, qui souvent ignorent les coutumes qui sont établies en Bretagne : « Plaise à tous ceux qui verront et orront ceste matiere, ajoute-t-il, l'amender en ce que voirront que devera

---

[1] Papon, tit. de l'interd. *Unde vi,* liv. VIII.

estre amendée et ajouster ce que devera estre adjousté et oster ce que devera estre osté et acomplir ce que devera estre acomply par rayson ; car nous attendons faire ce le mieulx que nous pourrons. »

Soit parce que cet ouvrage est d'une date un peu antérieure au Grand coutumier et à la Somme rural, soit parce que le droit romain pénétra plus lentement en Bretagne, on n'y trouve pas, comme dans ces deux autres documents, en ce qui touche la saisine et l'action qui en dérive, la confusion avec les interdits que nous avons remarquée ; la division imaginée par Beaumanoir n'est même pas rappelée ; on se croit revenu aux *Olim,* si ce n'est que l'effet produit par la possession annale est plus fermément accusé.

L'auteur, en effet, distingue bien la saisine de droit d'avec la saisine de fait acquise par l'an et jour ; mais il les assimile, du reste, quant aux effets qu'elles produisent. Le chapitre xxxvii, porte ce titre : « Comment nul ne doit estre empêché qui soit hoir du défunt, de la saisine d'iceluy ; et de ceux qui ont eu saisine par an et par jour paisible ; et comment il doit estre gardé. »

Le texte porte :

« Nul ne peut venir par voie de plegement contre hoir du défunt en luy empeschant la saisine de leritage. Car nonobstant nul debat que l'en y mette, s'il n'est du fait à celui hoir ou hoirs, la court sera tenue bailler la saisine d'iceluy heritage à celuy hoir ou hoirs. Sauf a venir par adjournement ou requeste faisant ou demande envers court et partie. Laisné du noble doit avoir la saisine de toute la descence de quelzconques choses que ce soit ; car les heritages doivent ensuivir la personne, ne nul ne doit respondre dessaisi. Et doit chascun avoir sa raison par voie d'action : se ce n'est des choses dont il est dit. Ne nul ne peut venir par voie de plegement contre celuy qui a eu saisine paisible par an et par jour, en la luy empeschant : se ce n'est que la partie die icelle chose avoir esté tenue par voie d'engaige ou de louage et que de celui temps n'y ait plus et qu'il soit cheu en celle année [1]. »

On peut consulter également les chapitre xxxix, xl et xli; mais désormais le caractère de la saisine a été établi assez clairement par les documents que nous avons déjà cités, pour qu'il soit peu utile d'insister à cet égard. Il nous reste encore a constater quelle a été la part d'influence du droit canonique et quelles furent les modifications que subit la procédure des actions possessoires au xve siècle.

[1] *La Très-ancienne coutume de Bretagne*, ch. xxxvii.

CHAPITRE X.

Le droit canonique a exercé sur les législations modernes une grande et salutaire influence, corrigeant ce que les lois barbares avaient souvent de rudesse, et opposant, en mainte occasion, l'équité au génie éminemment formaliste du droit romain; on trouve encore dans nos codes à chaque pas la trace des principes qu'il a fait triompher. Prenant la conscience pour seule règle de conduite, l'Église voulut que tous les contrats, librement consentis, devinssent, quelle qu'en fût la forme, également obligatoires; c'est elle qui voulut aussi que le possesseur, invoquant en sa faveur le bénéfice de la prescription, prouvât que sa bonne foi avait persisté pendant le cours entier du délai nécessaire pour l'accomplir. Dans les actions possessoires particulièrement, dérogeant à la rigueur du droit civil, les décrétales permirent au spolié d'agir contre le tiers détenteur, et ce n'était pas le seul secours qu'elles accordaient au possesseur dépouillé. Toutefois, l'empreinte que les décrétales ont pu laisser sur les principes des actions possessoires françaises est à peu près effacée; en effet, lorsqu'elles se confondent dans leurs prescriptions avec les règles du droit romain, chercher quelle a été la part d'influence des unes ou de l'autre devient impossible; lorsqu'elles s'en séparent, elles ont souvent été prévenues par la coutume dans le retour vers l'équité. Dans quelques circonstances, des textes positifs ont proscrit les principes du droit canonique ; ainsi il permettait le cumul du possessoire et du pétitoire sous certaines conditions; l'ordonnance de Montil-lez-Tours le défendit d'une manière absolue : « Avons ordonné et ordonnons, dit-elle, que doresnavant ne soyent baillées lettres en noz chancelleries pour conduire le petitoire et le possessoire en matière de nouvelleté ensemble[1]. » On a prétendu quelquefois, il est vrai, que l'ordonnance ne s'opposait pas à ce que les deux actions fussent poursuivies en même temps, pourvu qu'elles le fussent séparément ; mais cette interprétation est erronée.

Un autre motif sert à expliquer encore le peu d'influence exercé par le droit canonique sur les actions possessoires.

Au nombre des personnes qui composèrent au moyen âge cette classe nouvelle désignée sous le nom de gens de robe, les ecclésiastiques d'un ordre inférieur habitués à une procédure plus régulière et, à quelques égards, supérieure à celle de la cour des barons, jouèrent un grand rôle, et ils contribuèrent puissamment, pour leur part, à rendre le roi, suivant l'expression de Beaumanoir, *le souverain pardessus tous*. Le clergé, opprimé dans bien des circonstances par la brutalité et l'avarice des barons, avait soutenu la politique envahissante des Capétiens, qui devait avoir pour résultat de détruire la féodalité, à laquelle ils devaient leur couronne; comme les communes, il se tourna vers la royauté, où il vit son sauveur; et comme les communes,

---

[1] Art. 72. *Ord.* t. IV, p. 284.

il fut asservi, semblable au cheval de la fable qui avait voulu se venger du cerf. La juridiction ecclésiastique, qui avait pu se développer sous le régime féodal, fut restreinte de jour en jour à mesure que la puissance royale s'accrût. Nous avons vu les actions possessoires représenter un principe destructeur du système féodal, et devenir contre lui entre les mains de la royauté une arme dangereuse; en droit ecclésiastique, leur importance était grande aussi, puisqu'elles comprenaient la matière des bénéfices. Aussi la justice royale ne tarda pas à s'en emparer et les tribunaux ecclésiastiques furent dépossédés de toute participation au jugement des actions possessoires.

« Item, s'il advenait, dit Boutheiller, que personne laye se complaignit en nouvelleté de personne d'église, pour ce ne demeureroit pas que la personne d'église ne fust tenue de procéder sur ce avec le complaignant; car pour sa clergie ne se pourrait défendre qu'il ne convenist respondre à la la complainte. Et la raison est que toute complainte de nouvelleté a espèce réelle, combien que formellement ne soit mie réelle. Et chacun peut en ceste cause estre demandeur[1]. »

Le principe posé par Boutheiller n'était pas restreint aux termes dans lesquels il l'énonce; ainsi il cite un arrêt du parlement de 1373, statuant sur une querelle élevée entre l'évêque de Châlons et le chapitre, qui refusait de se joindre aux processions ordonnées par l'évêque[2].

Le parlement se rend également juge entre *deux curez de Normandie* en procès pour savoir quelle était la limite de

---

[1] *Somme rural*, liv. I, t. XXXI.
[2] *Ibid.*

leur circonscription spirituelle[1]. Le débat, possessoire dans ces cas divers, était entre deux ecclésiastiques et pour chose éminemment spirituelle; le parlement n'en était pas moins saisi.

« On voit sous le mot juridiction, dit Durand de Maillane, l'ancien état de la juridiction ecclésiastique; quelque étendue qu'elle ait jamais été, il paraît que les juges royaux ont toujours connu ou dû connaître en France du possessoire, par les raisons que nos auteurs exposent[2]. » Si cette assertion n'est pas absolument vraie, et ne peut pas être admise sans quelque restriction, il est certain qu'un pareil état de choses remonte à une époque très-reculée.

« La complainte, dit Boutheiller, demeure en la cognoissance du souverain, si on s'en traict prèmier à luy pour ce que c'est cas de prévention[3]. » Suivant Charondas, la connaissance n'en appartenait cependant pas privativement au souverain, si ce n'est spécialement pour les matières bénéficiales où le juge royal, à l'exclusion des hauts justiciers, était seul compétent[4]; il cite de nombreux arrêts qui ont ainsi jugé.

La plus ancienne ordonnance que l'on retrouve parlant de la complainte, rendue en 1315 par Louis X, rappelle cette règle exclusive de la juridiction ecclésiastique.

Cette ordonnance fort curieuse avait été rendue dans le but de réprimer les entreprises des officiers royaux sur les droits des barons; provoquée par les plaintes des nobles des

---

[1] *Somme rural*, liv. 1er, chap. XXXI.

[2] *Dictionn. de dr. can.* v° *Possession*.

[3] *Somme rural*, liv. 1er, ch. XXXI. Voy. aussi le *Grand coutum.* liv. II, ch. XXI.

[4] *Charondas sur Boutheiller*, liv. 1er, ch. LI.

bailliages d'Amiens et de Vermendois, elle fut loin, soit dit en passant, de leur donner satisfaction.

Après avoir posé en principe que les personnes laïques seront justiciables de leurs seigneurs, « ce n'est, ajoute le texte, de cas spirituel, dont la cognoissance soit seulement à l'Église[1] », et reconnu ainsi d'une manière expresse les droits des tribunaux ecclésiastiques, le roi, par les articles 12 et 22 leur enlève, sans distinction, la connaissance des cas de trouble et de nouvelleté.

L'ordonnance rendue à Montils-lez-Tours en avril 1453, par Charles VII, ou *Établissement pour la reformation de la justice*, dans le titre relatif aux matières bénéficiales, donne les actions possessoires à *nostre court de parlement et autres noz cours*[2]. Cette attribution ne paraissait pas être contestée.

Les ordonnances postérieures ont maintenu cet état de choses, mais n'ont rien pu dire de plus explicite.

L'ordonnance de Villers-Cotterets, qui a servi de règle jusqu'à l'ordonnance de 1667, a soin de rappeler, il est vrai, un principe favorable au clergé et qui ne lui avait pas été disputé : « Après le possessoire intenté en matière bénéficiale, dit le texte, ne pourra faire poursuite par-devant le juge d'église sur le pétitoire, jusqu'à ce que le possessoire soit entièrement vuidé par jugement de pleine maintenue[3]. » Le droit du juge ecclésiastique au pétitoire était donc sauvegardé; mais, en fait, cette attribution était nulle.

Fleury explique fort bien la situation que nous venons

---

[1] Art. 11. *Ord.* t. Ier, p. 561.
[2] Art. 76. *Ord.* t. XIV, p. 284.
[3] Ord. de 1539, art. 49.

d'indiquer. « Après que le juge laïque a prononcé définitivement sur le possessoire, dit l'abbé Fleury, il devrait, suivant l'ordonnance, renvoyer les parties pour le pétitoire par devant le juge d'église; mais dans la pratique on ne le fait plus. Parce que, comme sous prétexte de possessoire, on a examiné la matière dans le fond et souvent en deux ou trois degrés de juridiction, il semble inutile et même onéreux aux parties de les engager dans un nouveau procès pour le jugement du même différend. Quoi qu'il en soit, on ne souffre plus que les parties se pourvoient devant le juge d'église pour le pétitoire des bénéfices; et s'il rendait quelque jugement ou quelque ordonnance en cette matière, les gens du roi en appelleraient comme d'abus. Ainsi l'Église est entièrement privée en France de la connaissance des matières bénéficiales. La sentence de récréance est exécutoire, nonobstant l'appel, et la maintenue s'exécute aussi en cas d'appel par forme de récréance[1]. »

Les ecclésiastiques, ainsi entraînés pour les matières possessoires devant les juridictions séculières, s'ils ne purent y faire prévaloir les principes du droit canonique, y introduisirent au moins quelques-uns de ses termes; ainsi, le nom de *réintégrande,* par exemple, vint se mêler au vocabulaire des actions possessoires, et prendre place à côté de l'interdit *Unde vi,* qu'il finit par remplacer. « L'opportunité du lieu, dit Imbert, suade et requiert que nous traittons icy semblablement la manière d'intenter réintégrande, dont nous usons aujourd'huy : car quant est de l'interdit *Unde vi* par le droit introduit pour recouvrer la possession dont l'on a été spolié, il n'est pas si en usage que la réintégrande [1]. »

[1] Fleury, 3ᵉ partie, ch. v.
[2] *Inst. for.* liv. 1ᵉʳ, *De réintégrande,* p. 58.

Imbert semble croire que l'interdit *Unde vi* et la réintégrande différaient l'un de l'autre. En droit, il en était ainsi sans doute, surtout en se reportant aux règles introduites en cette matière par les empereurs du Bas-Empire; mais ces règles n'ont jamais été admises en France, et les deux actions en fait se confondaient. « Au lieu de l'interdit *Unde vi* (le seul dont eût parlé Boutheiller), à présent, dit Charondas, on practique la réintégrande, qui a esté introduite par les canonistes [1]. » L'ordonnance de 1539 est le premier acte officiel qui ait employé le mot *réintégrande* en matière profane [2].

Ce mélange, devant les mêmes tribunaux des actions civiles et des causes bénéficiales, rendit également commun aux deux matières le mot de *récréance;* mais ici l'emprunt fut fait par le droit ecclésiastique.

La récréance était une ancienne institution du droit français. Beaumanoir en parle : « Noz avons parlé, dit-il, el capitre devant cesti des prises ; si est bon que noz parlons ensivant des récréances, por ce que des prises qui sont fetes, naist le requeste qui doit estre fete par recréance avoir [3]. » Elle était encore appliquée d'une manière générale; plus tard, elle fut restreinte au seul cas de complainte. « Item peux et dois savoir, dit Boutheiller, qu'en complainte de nouvelleté, quiconque peut monstrer avec saisine lettres de tiltre, incontinent doit avoir la recréance, sans autre preuve [4]. »

Charondas, dans ses notes sur ce passage, indique très-

---

[1] *Charondas sur Boutheiller*, liv. 1ᵉʳ, ch. XXVII.
[2] Ord. de 1539, art. 62 et 63.
[3] *Coutumes du Beauvoisis*, ch. LIII, *Des récréances*.
[4] *Somme rural*, liv. 1ᵉʳ, ch. XXXI.

bien quel caractère devait être attribué à la récréance en cas de complainte : « La complainte, dit-il, contient trois chefs, à sçavoir : le sequestre, la récréance et la maintenue [1] ; » elle n'était donc, ainsi que le sequestre, qu'un chef de l'action et non une action elle-même.

L'ancienne procédure suivie dans l'action possessoire, telle qu'on la trouve expliquée dans le Grand coutumier [2] et dans l'ordonnance de 1347 [3], avait pour résultat de faire ordonner, en toute circonstance, le séquestre de la chose contestée. Les inconvénients inhérents à cette manière de procéder devenaient plus graves encore par les abus qui s'y mêlaient.

Il arrivait souvent, en effet, qu'une fois le sequestre ordonné, les délais, au moyen des *lettres de relievement,* se prolongeaient à l'infini. L'ordonnance de 1453 chercha à remédier à cet abus, et voulut, en outre, qu'on pût substituer la récréance au séquestre [4].

Quelques coutumes, néanmoins, consacraient des principes contraires à ceux établis par cette ordonnance ; celle du Nivernais était du nombre [5]. Mais Guy-Coquille nous

---

[1] *Charondas sur Boutheiller,* liv. 1ᵉʳ, ch. XXXI.
[2] *Grand coutumier,* liv. II, ch. XXI.
[3] Ord., t. II, p. 266.
[4] Ord. de 1453, art. 74. Ord. t. XIV, p. 284.
[5] *Coutumes du Nivernois,* ch. 1ᵉʳ, art. 18. Guy Coquille dit sur cet article : « Cecy se rapporte à l'usance ancienne qui de present est abolie, quand la complainte en cas de saisine et de nouvelleté était ramenée sur le lieu. Le sergent en vertu de lettres royaux (et lors était accoutumé de prendre lettres royaux en forme de complainte en la chancellerie), ou par commission expresse du juge, ajournait la partie adverse ayant fait le trouble, à comparoir par devant luy sergent sur le lieu contentieux : s'il n'y avait point de débat, le sergent maintenait le complai-

apprend que ces anciennes règles ne purent se maintenir, et indique, comme constamment suivie, une procédure tout à fait conforme aux art. 71, 72 et 73 de l'ordonnance d'avril 1453.

Le séquestre tomba bientôt tout à fait en désuétude; mais le principe de la récréance, introduit comme amélioration dans la procédure des actions possessoires, était devenu lui-même à son tour, entre les mains des praticiens, une nouvelle source d'abus. L'ordonnance de Villers-Cotterets porte : « Nous défendons à tous nos juges de faire deux instances séparées sur la recréance et la maintenue des matières possessoires; ains voulons être conduits par un seul procès et moyen, comme il est contenu ès anciennes ordonnances de nos prédécesseurs sur ce faictes [1]. » Cette règle était ancienne en effet, et c'était contrairement aux prescriptions des ordonnances qu'on avait introduit l'habitude de plaider d'abord sur la récréance, et plus tard, d'introduire une nouvelle instance sur le plein possessoire. L'ordonnance pros-

gnant en possession : s'il y avait débat, il renvoyait les parties par devant le juge et cependant séquestrait la chose contentieuse, qui était ce qu'on apppelait le fournissement de complainte. C'était un circuit de peu de fruit, et le sequestre ainsi fait sans connaissance de cause était périlleux. Soixante ans sont ou environ, que l'on a aboly cette façon de sequestrer par un tempérament, en ordonnant que le sergent ferait seulement le sequestre verbal, et sur le réel seraient ouies les parties par le juge. Suivant ce le lundy 18 juin 1551 en plaidant, le sequestre réel fait par un sergent en vertu de lettres royaux de complainte fut déclaré tortionnaire et furent faites defenses aux secrétaires du roy en chancellerie de signer et expedier dorenavant telles lettres portans clause de sequestre. Enfin tout a été aboly et vient en droit au juge par action, où l'on conclud pour le plein possessoire, pour la récréance, et pour le sequestre. »

[1] Ordonn. de 1539, art. 59.

crit cet abus, et laisse subsister la récréance comme simple incident de la complainte; l'usage s'en perdit néanmoins peu à peu. Pendant que la réintégrande, abandonnée par le droit ecclésiastique, se naturalisait dans le droit civil, la récréance, au contraire, dans le dernier état du droit, n'était plus usitée qu'en matière bénéficiale [1]. L'ordonnance de 1667 n'en fait aucune mention.

Nous devrions peut-être, pour être complet, parler de toutes les chicanes, de toutes les difficultés qu'a soulevées, dans l'ancienne jurisprudence, la matière des actions possessoires et des remèdes qu'on chercha à y apporter; la liste en serait plus longue qu'intéressante, et nous préférons renvoyer aux textes officiels qui en font foi [2].

A côté des ordonnances rendues par les rois, existaient les diverses coutumes qui avaient acquis, par une sanction officielle, force de loi. Loisel, dans ses institutes coutumières, a résumé les dispositions à peu près identiques qu'elles contiennent toutes sur la matière des actions possessoires.

L'action possessoire ne se maintint pas pour les meubles. « Pour simples meubles, dit Loysel, on ne peut intenter complainte; mais en iceux, échet aveu et contre aveu [3]. » De Laurière ajoute en note : « Avouer un meuble, c'est le réclamer, le revendiquer [4]; » et, en effet, la revendication existait dans l'ancien droit pour les meuble. La complainte continua à pouvoir être intentée pour des universalités mobilières.

[1] Denizart, v° *Récréance*.
[2] Ord. de 1347, préambule; ord. de juillet 1493, art. 48 et 49; ord. du 14 novembre 1507; ord. de 1510; ord. d'août 1539, art. 61 et 62.
[3] Loisel, l. v, t. IV.
[4] De Laurière sur *Loysel*.

« Possession vaut moult en France, dit encore Loysel. En toutes saisines le possesseur est de meilleure condition [1]. » Le Grand coutumier avait établi les mêmes principes à peu près dans les mêmes termes : « En toutes saisines, le possesseur est de meilleure condition ; car jaçoit qu'il soit moins fondé en droit ou qu'il n'ait que possession encore telle quelle ; toutefois, si le demandeur son adversaire ne prouve son droict, la saisine est adjugée au possesseur [2]. »

Loysel dit : « Qui a joui par an et jour d'aucune chose réelle ou droit immobilier par soi ou son prédécesseur, *non vi, non clam, non precario*, en a acquis la saisine et possession, et peut former complainte dans l'an et jour du trouble à lui fait [3]. »

Les formes de procédure introduites par Simon de Bucy, et qui supposent le complaignant saisi dans tous les cas, avaient été adoptées par la pratique. Loysel enseigne encore la même règle : « En cas de nouvelleté, se faut bien garder de dire qu'on ait été spolié ; mais simplement troublé ou dejetté de sa possession par force [4]. »

« Trouble s'entend, dit-il plus loin, non-seulement par voie de fait, mais aussi par dénégation judiciaire [5]. »

Lorsque l'ordonnance de 1667 parut, elle trouva donc les principes des actions possessoires établis par les ordonnances, consacrés par l'usage, et elle n'eut qu'à les résumer ; c'est ce qu'elle a fait en sept articles qui forment le titre XVIII de ce monument juridique.

---

[1] *Institutes coutumières*, liv. II, tit. IV, reg. 1 et 2.
[2] *Grand coutumier*, liv. V, ch. XXI.
[3] *Inst. cout.* liv. V, tit. IV, reg. 10.
[4] *Id. ibid.* reg. 11.
[5] *Id. ibid.* reg. 12.

CHAPITRE XI.

La procédure n'était pas plus uniforme en France au xvıı^e siècle que toute autre partie du droit. Le génie organisateur de Louis XIV abrogea, en ce qui concernait cette matière, toutes les ordonnances précédentes, les coutumes, lois, statuts, règlements, styles et usages, au milieu desquels on se dirigeait avec peine; les deux ordonnances de 1667 et de 1670 accomplirent à peu près ce grand ouvrage.

On crut devoir comprendre, dans une ordonnance sur la procédure, les actions possessoires, faute que le législateur a renouvelée de nos jours. Un titre leur fut consacré, et rassembla, dans un petit nombre d'articles, les règles admises en cette matière.

Dans les diverses dispositions de cette loi, rien n'y est relatif à la possession annale. Ferrières en concluait qu'elle n'était en aucun cas nécessaire [1]. Cette opinion, qui, ainsi généralisée, n'avait rien que de logique et s'appuyait sur un texte précis, était contredite par trop de monuments pour qu'elle pût être admise; la possession annale était exigée par tous les commentateurs comme base de l'action possessoire.

Les coutumes s'étaient accordées pour passer complète-

---

[1] Sur Paris, art. 96, n° 21.

ment sous silence la réintégrande mentionnée dans l'ordonnance de 1667; la coutume de Bretagne, seule entre toutes, paraît faire exception et a donné naissance à une doctrine particulière que nous allons exposer.

« Le spoliateur ne peut soy pleger, dit la coutume, pour raison de la chose dont on prétend spoliation avoir esté faite : ains la spoliation vérifiée, doit le spoliateur estre pris et arresté jusques à ce qu'il ait restably ladite chose spoliée [1]. »

Cette règle rencontrait dans son application de graves difficultés, ainsi que le constate d'Argentré sur cet article. On ne savait comment la concilier avec la disposition de l'article suivant, dont les termes semblaient en contradiction avec le principe qui venait d'être posé. « Et par la coustume, porte cet article, celui n'attente qui use de son droit [2]; » aussi d'Argentré ajoute-t-il : « Ex eo fit ut utroque possessio- « nem sibi asserenti, difficilis sit cognitio attentatorum [3]. »

Duparc Poullain a expliqué cette contradiction d'une façon assez ingénieuse.

Si le possesseur annal, suivant lui, rentrait, même par violence, dans son héritage, il n'avait rien à craindre, pourvu qu'il n'eût pas laissé écouler une année depuis la voie de fait qui l'avait dépouillé. Il n'y avait lieu d'appliquer l'article 109, c'est-à-dire que le possesseur déjeté n'était dispensé de prouver sa possession annale qu'autant que le trouble était causé par un tiers n'ayant aucun droit [4].

Au point de vue des principes que semblait établir la

---

[1] Tit. IV, *Des plegements et attentats sur iceux*, art. 109.
[2] *Id. ibid.* art. 110.
[3] D'Argentré, *id. ibid.*
[4] *Principes du droit français*, t. X.

coutume de Bretagne, ce système, bien différent de celui qu'a voulu faire prévaloir de nos jours Henrion de Pansey, pouvait, sans doute, être soutenu ; mais il ne faut pas oublier que la coutume de Bretagne contenait des règles qu'aucune autre n'avait répétées, et qu'elle est aujourd'hui sans autorité. Ce système manque désormais de base pour l'appuyer.

L'ordonnance de 1667, en mentionnant la réintégrande, a-t-elle eu pour but d'introduire un droit nouveau ? a-t-elle voulu qu'en cas de violence l'action possessoire pût être intentée sans être appuyée de la possession annale ? Nous avons prouvé que jusqu'alors au moins il n'en avait point été ainsi ; que Beaumanoir n'avait pas été compris [1] ; que le droit canonique, cité si souvent, disait tout autre chose que ce qu'on lui avait prêté [2]. Il reste à examiner quelles règles on suivait sous l'ordonnance.

« La réintégrande, dit Pothier, est une action possessoire par laquelle celui qui a été dépossédé, par violence, de quelque héritage conclut à y être rétabli.

« On appelle en droit cette action *Interdictum unde vi*. Celui qui a été ainsi dépossédé a le choix de se pourvoir par cette action ou par la voie criminelle ; et, lorsqu'une fois il s'est pourvu par une de ces deux voies, il ne peut plus avoir recours à l'autre, à moins que le juge, en prononçant sur la voie criminelle qu'il aurait prise, ne lui eût réservé l'action civile.

« La procédure se fait sur la demande en *réintégrande comme sur les autres actions* [3]. »

---

[1] Ch. vi, p. 152.
[2] Ch. viii, p. 219.
[3] *Traité de la procédure civile*, 2ᵉ partie, ch. iii, art. 3.

Le texte de Pothier établit, de la manière la plus claire, que l'usage n'avait rien changé aux termes de l'ordonnance ; c'était, il faut le dire, l'opinion généralement admise. Belime a rassemblé avec soin les autorités qu'il a cru y être contraires, et nous allons les faire connaître d'après lui.

Argou est le premier auteur cité par lui. Ses Instituts contiennent, non au chapitre des actions, mais bien à celui de la possession, un passage sur la réintégrande qui a paru décisif à Belime, pour prouver que la possession annale n'était pas exigée de celui qui intentait cette action : « Il est certain, dit Argou, et dans le droit et dans nos mœurs, que, dès le moment qu'un homme a été chassé par force et par violence, *il cesse de posséder* ; mais il a une action qu'on appelle réintégrande, laquelle il peut intenter dans l'an et jour, pour être rétabli dans la possession qui lui a été ôtée par force, action si favorable, que quand ce serait le véritable propriétaire qui aurait commis la violence, et qu'il justifierait sa propriété sur-le-champ, *on ne l'écoute point*, jusqu'à ce qu'il ait rétabli celui qu'il a dépouillé ; c'est ce que disent les canonistes, *spoliatus ante omnia restituendus*[1]. »

Argou revient sur ce sujet dans un autre passage que nous citerons tout à l'heure et qui sert de commentaire à celui-ci. Disons, dès à présent, toutefois, qu'il est complétement inexact qu'en droit français, si *un homme a été chassé par force et par violence, il cesse de posséder* ; ces règles sont particulières aux Pandectes et aux décrétales. Sans doute, quand *ce serait le véritable propriétaire, et qu'il justifierait sa propriété sur-le-champ*, il ne serait pas écouté ; ce n'est point, soit parce qu'il aurait perdu la possession, soit parce qu'il

---

[1] Argou, liv. II, ch. IX.

y aurait eu violence, mais bien parce qu'il n'est point permis de cumuler le pétitoire avec le possessoire.

Quoi qu'il en soit, ce passage d'Argou paraît à Belime tellement péremptoire, qu'il s'écrie : « Que devient, devant ce témoignage, l'assertion si pleine d'assurance de M. Troplong? Que devient l'édifice de ses preuves, si péniblement échafaudé sur quelques phrases ambiguës de nos vieux auteurs et sur le silence des coutumes? Osera-t-il soutenir encore que c'en est fait de la réintégrande à partir de Simon de Bucy; que la complainte seule avait survécu, et qu'il fallait, dans tous les cas, faire preuve de la possession annale [1]? »

Il est impossible de se dissimuler, toutefois, qu'Argou ne dit pas, même dans ce passage, que le demandeur soit dispensé, dans le cas de réintégrande, de prouver sa possession annale; aussi Belime ne croit-il pas inutile, pour le succès de sa cause, de joindre au passage d'Argou, qui ne dit rien de cette exception, un extrait de Papon, qui n'en parle pas davantage : ce serait incroyable, si ce n'était imprimé.

« Pour la fin de cette matière, dit Papon, sera noté que si en toutes autres actions possessoires n'est reçu faict ni exception qui seront trouvés de haute disquisition et de longue connaissance, certes en cet interdit de réintégrande n'en est point reçu du tout, et doit être deniée au spoliateur toute audience, jusqu'à ce qu'il aura réintégré le spolié. Ne vaudra contre ce opposer par le defendeur au demandeur : tu jouissois par force; tu t'étois clandestinement saisi; tu tenois de moi à titre précaire ce dont je t'ai dechassé [2]. »

---

[1] Belime, n° 376.
[2] Papon, 11ᵉ note, liv. VIII, tit. de l'interdit *Unde vi*.

Papon dispense le demandeur des conditions exprimées par ces mots : *non vi, non clam, non precario;* et rien ne prouve que cette opinion fût juste, mais il se tait quant à la possession annale.

Argou, il est vrai, renvoie, par une note marginale, à la pratique d'Imbert, qui s'est exprimé ainsi : « Les conclusions en cette matière de réintégrande sont qu'après que le demandeur a narré comment il étoit à bons et justes titres à déclarer en temps et lieux, possesseur de telle chose que le défendeur l'a spolié depuis an et jour en ça, conclura à ce qu'il soit réintégré en la possession et saisine d'icelle chose et à ses dépens et intérêts. Mais *n'est point nécessaire* que le demandeur prouve possession *d'an et jour* avant la spoliation ; ains seulement qu'il étoit possesseur au temps de la spoliation [1]. » Mais Argou renvoie également à l'ordonnance de 1667 et aux Pandectes; s'ensuit-il qu'il adopte les principes de ces deux législations souvent contradictoires ? Si l'on veut savoir ce qu'enseigne cet auteur sur la réintégrande, il faut abandonner les inductions et se reporter au chapitre où il en parle avec détails. « Si celui qui est troublé, dit-il, n'a pas été actuellement évincé de la possession, l'action qu'il intente, pour faire cesser le trouble, est appelée complainte en cas de saisine et de nouvelleté, et il doit conclure à être maintenu et gardé en la possession.

« Si, au contraire, il a été actuellement dépossédé, l'action est appelée réintégrande, et il doit conclure à être réintégré et remis en possession.

« Celui qui a été dépossédé par violence peut demander la réintégrande par *action civile* ou par *action criminelle* à

[1] Imbert, *Pratique judiciaire*, ch. XVII.

son choix; mais après qu'il a choisi l'une de ces deux actions, il ne peut plus revenir à l'autre, si ce n'est qu'en le deboutant de l'action criminelle, on ne lui eût réservé l'action civile.

« L'action pétitoire ne peut être poursuivie que la demande en complainte ou en réintégrande n'ait été terminée et la condamnation exécutée, ce *qui est observé à la rigueur en matière de réintégrande*, en punition de la violence qui a été commise; mais lorsqu'il ne s'agit que d'une complainte, et que le défendeur, de crainte de succomber au possessoire, justifie clairement et sans retardement qu'il est véritable propriétaire, on se dispense *quelquefois* de la rigueur de l'ordonnance et l'on juge le pétitoire pour ne pas faire essuyer aux parties deux procès pour un[1]; » et Boucher d'Argis, son commentateur, ajoute à ce passage : « Cela ne se pratique point, si ce n'est du consentement des deux parties[2]. »

Il ne faut pas perdre de vue que les juges, sous l'ancien régime, avaient une liberté d'appréciation et un pouvoir depuis longtemps enlevés à nos tribunaux; quoi qu'il en soit, ces explications, rapprochées du passage du même auteur cité par Belime, font comprendre, à ne pouvoir s'y méprendre, en quoi consistait la seule différence qu'Argou ait jamais songé à établir entre la complainte et la réintégrande.

Les autorités que l'on peut citer dans l'ancien droit pour prouver que le demandeur en réintégrande était dispensé de justifier de la possession annale se réduisent donc à une, à Imbert; si, après les avoir comptées, nous voulons les peser, l'avantage en notre faveur sera plus grand encore.

---

[1] Argou, liv. IV, ch. xi.
[2] Id. ibid.

Imbert, ainsi que Masuer, est assez souvent cité à propos des actions possessoires, sans que nous puissions nous rendre compte de la faveur qui s'attache, spécialement en cette matière, à ces deux auteurs; l'un et l'autre, en effet, ont écrit des espèces de manuels, qu'ils ont intitulés *Pratique*[1]; et ce sont de pauvres ouvrages, peu lus de nos jours, et méritant, à toutes sortes de titres, le complet abandon qu'ils ont encouru; le plan que ces auteurs avaient adopté les a forcés de s'occuper des actions possessoires, comme des autres matières de droit civil; ils l'ont fait d'une manière succincte et n'ont pu apporter des lumières nouvelles sur un sujet traité déjà par des jurisconsultes éminents.

L'opinion d'un auteur, dans tous les cas, quelque estimable qu'il soit, ne peut prévaloir contre un texte, ni même en tenir lieu. Belime, de nos jours, a répété l'assertion d'Imbert, et sans parler des autres avantages qu'il a sur cet auteur, son opinion n'est pas isolée; la question n'en reste pas moins indécise encore; il faut pour la trancher recourir aux actes législatifs, et jusqu'à l'Assemblée constituante, aucun, depuis 1667, ne s'est occupé de cette matière.

Dans l'ancienne jurisprudence, la complainte avait été soumise aux mêmes juges que l'action pétitoire. C'est peut-être l'une des causes auxquelles il faut attribuer ces lenteurs *immortelles* dont les anciennes ordonnances ont si souvent parlé. La loi du 24 août 1790, relative aux juges de paix, changea cet état de choses; elle décida que la connaissance des actions possessoires appartiendrait désormais à ces magistrats nouvellement créés. Ils devaient être juges en der-

---

[1] *Institutions forenses*, ou *Practique judiciaire*, etc. par Imbert. *Practica Forensis*, par Masuer, trad. franç. par A. Fontanon.

nier ressort jusqu'à la valeur de 50 livres; et à charge d'appel, à quelque valeur que la demande pût s'élever[1]. Conformément aux principes posés par l'Assemblée constituante[2], les tribunaux de district, devant lesquels l'appel était porté, formaient le dernier degré de juridiction. La cause était vidée à l'audience sommairement sur le simple exploit d'appel[3].

Ces différentes lois étaient muettes sur les principes mêmes des actions possessoires; le projet de code de procédure gardait le même silence[4]; il se contentait de les nommer à l'article 3.

La section de législation du Tribunat émit le vœu qu'il fût tracé : « Des règles spéciales sur la complainte et la réintégrande, à l'exemple de ce qui avait été fait dans l'ordonnance de 1667[5]; » et elle insista même sur ce point : « La section, dit Locré, persiste à demander qu'il y ait un titre sur la réintégrande. Il est indispensable d'expliquer quelle est la nature de la possession, qui seule peut donner lieu à l'action; si le pétitoire peut être cumulé avec le possessoire; si on peut recourir au possessoire après avoir commencé le pétitoire[6]. »

On fit droit à ces observations, et le titre VI sur le jugement des actions possessoires fut ajouté à la rédaction primitive.

Le texte de l'article 23 du Code de procédure civile, clair,

---

[1] Loi des 16-24 août 1790, tit. III, art. 10.
[2] Décret du 1ᵉʳ mai 1790.
[3] Loi des 16-24 août 1790, tit. III, art. 12.
[4] Locré, t. XXI, p. 189.
[5] Id. ibid. p. 378.
[6] Id. ibid.

mais trop concis peut-être, ne répondit pas au vœu du législateur ; une loi rendue sur la compétence des juges de paix parut une occasion favorable pour résoudre les difficultés dont on avait cru, à tort, avoir tari la source ; la loi du 25 mai 1838 porte : « Les juges de paix connaissent, en outre, à charge d'appel, 1°..... des dénonciations de nouvel œuvre, complaintes, actions en réintégrande et autres actions possessoires fondées sur des faits également commis dans l'année. »

L'exposé des motifs qui accompagnait cette loi disait : « Le législateur ne doit plus abandonner aux variations de la jurisprudence la solution de quelques questions controversées ou qui pourraient l'être. Dans ce dessein, le projet ajoute à la clarté de l'article 40 de la loi du 24 août 1790..., en classant formellement au nombre des actions possessoires les dénonciations de nouvel œuvre, la complainte, qui s'exerce en cas de trouble apporté à une possession acquise ; la réintégrande, qui suppose la spoliation du possesseur. »

Les intentions étaient louables sans doute ; mais il faut convenir que la tentative faite pour élucider ce que présentait d'obscur la matière des actions possessoires a été on ne peut plus malheureuse. La jurisprudence n'avait jamais été embarrassée, que nous sachions, pour « classer formellement au nombre des actions possessoires les dénonciations de nouvel œuvre, la complainte..., la réintégrande ; » les difficultés portaient sur les conditions d'exercice de ces actions. Loin de les résoudre, les rédacteurs de la loi de 1838 ont fourni un aliment nouveau aux controverses, en empruntant à la doctrine les diverses dénominations que le Code de procédure avait avec raison repoussées.

Mais au moins cette nomenclature aura-t-elle eu pour effet de fixer le nombre, si ce n'est le caractère, des actions possessoires? Non; ce résultat même n'a pas été obtenu; le législateur a eu soin de mettre *et autres actions possessoires*.

Est-ce sérieusement que l'on a pu prétendre qu'un législateur si bien instruit a tranché par sa négligente énumération, et sans même les aborder, les controverses qui avaient existé? Cet article de loi n'a pu changer l'état des choses; il les a laissées telles qu'il les a trouvées.

Quant à nous, nous n'admettons nullement, comme quatrième action possessoire, la *récréance*. Dans le dernier état de l'ancien droit, elle était exclusivement réservée, avons-nous dit, aux matières bénéficiales : « On nomme récréance, dit Denizart, un jugement qui intervient en matière bénéficiale et qui maintient ou envoie par provision en la jouissance d'un bénéfice litigieux celui des contendants qui a le droit le plus apparent. » En remontant à des temps anciens, on trouvera la récréance appliquée en matière civile, mais, dans tous les cas, telle que l'a définie Denizart. Ce n'est ni une action possessoire ni même une action; c'est une simple mesure provisionnelle prise par le juge, qui consulte les titres, ce qui est interdit de nos jours, et maintient ou envoie en possession, sans qu'il soit permis d'entendre même un seul témoin, celui des prétendants qui a le droit le plus apparent, à charge de tenir compte des fruits. Le juge ne se dessaisissait pas; il restait obligé à se prononcer sur la demande et à accorder ce qu'on appelait *le plein possessoire*. La récréance était l'équivalent du séquestre, anciennement prononcé en toutes circonstances, et fut introduite comme mesure plus équitable par l'ordonnance de 1453.

En admettant la récréance comme existant encore dans notre droit, supposition tout à fait sans fondement, elle ne serait donc encore que ce qu'elle a toujours été, un simple avant dire droit, qui ne finira rien.

Le législateur de 1838 aurait donc pu affirmer sans crainte que les seules actions possessoires admises en droit français se réduisaient à trois ; mieux éclairé, il eût préféré encore suivre le Code de procédure civile et s'abstenir de toute énumération ; la dénonciation de nouvel œuvre en effet et la réintégrande doivent être confondues avec la complainte.

Quelques auteurs ont voulu tracer des règles particulières pour la dénonciation de nouvel œuvre ; ils ne sont parvenus ou qu'à établir des différences tout à fait insignifiantes ; ou bien, en puisant dans le droit romain des formes appropriées à une situation où l'on ne se trouvait plus, ils ont créé des règles irrationnelles, dont quelques-unes étaient en opposition manifeste avec les principes essentiels des actions possessoires, au nombre desquelles désormais il faut bien ranger la dénonciation de nouvel œuvre [1], si l'on croit devoir la nommer.

La dénonciation de nouvel œuvre, telle qu'on l'entend encore de nos jours, est, dans certains cas, une véritable action pétitoire : « Si au lieu de fonder ma demande sur une possession d'an et jour, qui peut me manquer, quoique je sois propriétaire, dit M. Troplong, je la fonde sur un droit de propriété et sur mes titres, ma dénonciation de nouvel œuvre sera pétitoire; et comme il m'importe d'empêcher d'urgence la continuation de travaux qui peuvent m'être

---

[1] Voy. Alban d'Hauthuille, *Rev. de législ.* t. VI, p. 49 et s.; 278 et s.

préjudiciables, je m'adresserai au président du tribunal pour statuer par voie de référé, et ordonner provisoirement, et sans préjudicier au fond, la suspension du nouvel œuvre; ou bien l'on pourra suivre encore une autre marche, celle qu'indique M. Carré; on fera une demande pétitoire et l'on conclura incidemment et par provision à la suspension des travaux [1]. »

Dans le cas où la demande n'a pas le caractère d'une action pétitoire, elle ne peut être portée en justice qu'à une condition, c'est que le fait donnant lieu à la plainte constitue un trouble à une possession. L'article 23 du Code de procédure devient alors applicable, et il permet d'intenter la complainte; les termes dont il se sert sont généraux et s'appliquent à tous les cas.

Le mot de nouvel œuvre est resté, mais vide de sens juridique; la forme qu'emprunte le fait qui donne lieu à l'action en justice n'a aucune valeur, si les personnes qui peuvent intenter une pareille action, les conditions d'exercice, les effets qui doivent en résulter, ne changent pas. Le législateur de 1838, sans chercher à se rendre compte de la nature de cette action, l'a nommée; nous n'en sommes pas moins autorisé à répéter, après Merlin : « Peu importe que je qualifie mon action de nouvel œuvre, de complainte ou de toute autre manière; ce n'est pas à la dénomination que je lui donne, mais aux conclusions que je prends que la justice doit avoir égard. » Ces principes sont les vrais; mais il faut éviter que la loi, en paraissant établir des distinctions là où il n'y a pas lieu d'en faire, ne prête son appui aux chicanes que les plaideurs sont trop souvent disposés à élever.

---

[1] *Prescription*, n° 318.

L'action de réintégrande, nommée également dans la loi de 1838, a soulevé une controverse plus animée et qui avait pris naissance déjà sous l'empire de l'article 23 du Code de procédure.

Cet article est ainsi conçu : « Les actions possessoires ne seront recevables qu'autant qu'elles auront été formées dans l'année du trouble par ceux qui, depuis une année au moins, étaient en possession paisible par eux ou les leurs à titre non précaire. »

Ce texte, ainsi que l'a fait observer M. Troplong, semble avoir été écrit pour faire cesser toutes les divergences ; c'était en effet l'intention du législateur. M. Treilhard, dans l'exposé de motifs, s'exprimait ainsi : « Les dispositions de ce titre n'ont rien de contraire à celles de l'ordonnance de 1667, et n'offrent rien qui puisse être susceptible *du doute le plus léger* [1]. »

Dans le rapport fait au Corps législatif, l'orateur, M. Faure, disait : « Le Code supplée au silence de la loi de 1790. Il dit, comme l'ordonnance de 1667, que l'action possessoire doit être formée dans l'année du trouble ; mais il ajoute, ce que la jurisprudence seule avait établi, que celui qui forme cette action doit être en possession *depuis un an au moins*. La possession doit avoir été, durant cet intervalle, continue, non interrompue, paisible, publique, non équivoque et à titre de propriétaire [2]. »

Rien dans le texte de la loi, rien dans les commentaires officiels qui en ont été donnés, ne permet donc de croire qu'on ait voulu, dans certains cas, laisser l'action posses-

---

[1] Locré, t. XXI, p. 520.
[2] Id. ibid. p. 558.

soire sous l'empire de règles exceptionnelles qui ne seraient, du reste, écrites nulle part ; le législateur désire qu'aucune des dispositions de la loi ne soit susceptible du *doute le plus léger*.

Pour écarter les exceptions que néanmoins on a élevées à propos de l'action de réintégrande, M. Crémieu a posé ce syllogisme : « Toutes les actions possessoires, dit-il, exigent une possession annale (art. 23 du Code de procédure civile) ;

« Or la réintégrande est une action possessoire (loi de 1838, art. 6) :

« Donc la réintégrande exige une possession annale[1]. »

Pressés dans leurs derniers retranchements, nos adversaires ont essayé d'un dernier moyen : c'est de soutenir que la réintégrande constitue tout autre chose qu'une action possessoire. Belime, cité par nous si souvent comme l'un des auteurs qui ont soutenu avec le plus de force et de talent une opinion contraire à la nôtre, ne fait nulle difficulté d'adopter cette thèse, qui a, au moins, le mérite de la nouveauté. Le droit canonique, l'ordonnance de 1667, tous les auteurs sans exception, avaient classé la réintégrande parmi les actions possessoires : le Code de procédure, parce que ses termes sont inconciliables avec les règles que l'on a voulu établir, a-t-il changé cet état de choses ? S'il y avait doute à cet égard, la loi de 1838, sur laquelle on s'est appuyé quelquefois avec tant de complaisance, devrait au moins avoir cet effet certain de classer la réintégrande parmi les actions possessoires, au nombre desquelles elle avait toujours été comprise.

Sans essayer, au reste, de mettre d'accord sur la nature

---

[1] *Théorie des actions possessoires*, 3ᵉ partie, ch. 1ᵉʳ, sect. IV, nᵒ 252.

de cette action ceux qui s'en déclarent les partisans, nous dirons : de deux choses, l'une; ou la réintégrande est une action possessoire, et alors elle tombe sous l'application générale de l'article 23 du Code de procédure civile; ou ce n'est pas une action possessoire, et alors, sans doute, la personne dépouillée n'en conserve pas moins le droit de s'adresser à la justice ; mais l'action sera régie par les principes généraux, ou du droit criminel, ou du droit civil, et ne peut produire un effet exclusivement attribué à l'action possessoire, c'est-à-dire faire adjuger un immeuble par justice à celui qui ne prouve pas sa propriété. Nous ne saurions trop insister là-dessus. Les principes généraux protégent en toute occasion la paix publique; ils donnent les moyens de punir ceux qui l'ont enfreinte. A toute personne lésée par le fait d'un autre, ils ouvrent, en outre, un recours pour être indemnisée; en toute occasion, les intérêts légitimes sont garantis, sans qu'il soit nécessaire que la loi ait prévu le cas particulier qui se produit, ni déterminé la réparation qui sera faite; mais, quant aux règles particulières à certaines matières, elles ne peuvent être transportées d'un cas à un autre. S'il y a eu acte de violence, on n'appliquera pas plus les règles des actions possessoires, que s'il y a eu meurtre, par exemple, celles de la saisie immobilière : ce sont choses qui n'ont aucun rapport, et dont l'accouplement ne présente aucun sens. Sans doute on a senti de tout temps le besoin de réprimer la violence ; mais est-ce à l'aide du Code de procédure qu'on le doit faire ? Voilà toute la question.

Quant à l'article 2060 du Code civil, cité quelquefois parce qu'il a nommé la réintégrande sans la définir, il ne peut avoir eu pour effet de trancher la question de possession annale ; il n'a pu surtout créer d'avance une exception à des règles qui n'étaient pas encore posées, et enchaîner le législateur qui a jugé à propos de régler la matière des actions possessoires dans le Code de procédure promulgué plusieurs années après le Code civil.

On a prétendu, il est vrai, que l'article 23, sainement entendu, doit être restreint aux actions possessoires *ordinaires;* nous ignorions, et aucun texte n'a pu nous apprendre qu'il y en eût d'extraordinaires.

« Ces actions *ordinaires,* disait Henrion de Pansey, dans un arrêt rédigé avec soin, ont toujours été bien distinctes de l'action en réintégrande, et par leur nature, et par leurs effets : par leur nature, car les actions possessoires *ordinaires,* naissant d'un trouble quelconque et fondées sur une jouissance civile et légitime, doivent présenter une possession annale publique, paisible et à titre non précaire; tandis que l'action en réintégrande, naissant d'une dépossession par violence ou voie de fait et fondée sur une jouissance matérielle, ne doit présenter qu'une simple détention naturelle, au moment de la violence ou voie de fait : par leurs effets, car, à l'égard des premières, le jugement assure au possesseur une possession civile, légale, définitive et qui ne peut être renversée qu'au pétitoire; tandis qu'à l'égard de la seconde, le jugement ne rend au détenteur que sa jouissance momentanée, matérielle, provisoire, et qui peut être anéantie même au possessoire. »

En lisant ces distinctions si nettes, si bien tranchées, données par Henrion de Pansey, qui ne croirait avoir sous les yeux le commentaire d'une disposition précise de la loi? Les conditions pour agir sont formelles de part et d'autre, et nous ne dirons pas diverses, ce serait trop peu, mais opposées de tous points : malheureusement, si les unes sont établies par la loi, les autres ne le sont que par Henrion de Pansey. Il ne serait pas possible en effet de confondre les actions possessoires ordinaires avec la réintégrande, si, pour soutenir ce bel édifice de définitions et de distinctions, il y avait un seul mot dans la loi ; mais cet appui manque complétement. Rappelons, en terminant, que la réintégrande n'était accordée par le droit des décrétales qu'à celui qui avait eu *la possession juridique*, et que les auteurs qui veulent transplanter cette action dans notre droit l'accordent à celui *qui n'a et qui n'a jamais eu la possession juridique*. C'est une espèce de réintégrande de leur façon, faite de pièces et de morceaux pris un peu partout, et dont on ne retrouve les règles ni dans la législation française, ni dans aucune autre législation connue. Nous insistons sur cette considération. Ajoutons encore que, suivant Henrion de Pansey et ceux qui suivent son opinion, la réintégrande a pour but de faire accorder *juridiquement* une possession *qui peut être anéantie même au possessoire*. Est-ce dans le droit romain ou dans les décrétales qu'on a découvert une pareille singularité ? Nous mettons au défi d'y trouver la trace d'un principe aussi monstrueux.

Belime, en parlant des différences qui séparent, selon lui, la complainte de la réintégrande, a dit : « Ces règles paraîtront peu précises ; mais la matière ne le comporte pas, car il s'agit d'une de ces choses qui, d'après la remarque d'Ulpien, *melius sensu percipi quam ex locatione exprimi possunt*. C'est même un bien sans doute d'abandonner beaucoup à l'arbitraire du juge dans des questions qui gisent tout entières en fait[1]. » Quelle source de procès !

---

[1] Belime, n° 384.

Les conditions de possession ne sont pas les mêmes ; on établit aussi d'autres règles quant aux personnes : difficultés sur difficultés.

Des discussions peuvent s'élever pour savoir à quels caractères on doit reconnaître un acte de violence ; un arrêt fut obligé de rappeler ces paroles du droit romain : « Vim « putas esse solum si homines vulnerantur ? vis est quotiens « quis id quod deberi sibi putat, non per judicem reposuit. »

Toutefois, on a senti qu'on ne pouvait étendre indéfiniment cette action exorbitante : aussi a-t-on dit « qu'il faut toujours que l'acte de dépossession ou d'usurpation renferme une voie de fait grave, positive, telle qu'on n'a pu la commettre sans blesser la sécurité et la protection que chaque individu a droit d'attendre de la force des lois. » Ces principes sont fort sages assurément ; mais ils n'en sont pas plus clairs, et jusqu'à présent, au moins, ils ne sont écrits que dans un arrêt.

Il ne faut pas oublier encore que les auteurs enseignent que la voie de fait, réunît-elle les conditions indiquées plus haut, ne donne pas lieu à la réintégrande, si elle a été commise *sans mauvaise foi* : procès sur la bonne foi.

L'action sera-t-elle accordée, contrairement au droit romain, contre le tiers détenteur ? C'était la règle posée par les décrétales ; mais on ne sait où se retrouver entre ces règles diverses disséminées dans toutes les législations, sauf dans la seule qui soit obligatoire.

Nous n'en finirions pas si nous voulions énumérer toutes les difficultés dont on tarira la source en revenant aux vrais principes, à une seule action possessoire : c'est ce que nous proposons de la manière la plus formelle.

CHAPITRE XII.

Nos codes ont reconnu la possession comme le seul fondement de la propriété. Sous l'empire des règles tracées par le Code civil, leurs intérêts se confondent ; et si nos lois protégent la possession juridique, c'est à cause de sa liaison intime avec la propriété même, et de la présomption qu'elles attachent au seul fait de son existence : « La possession ne produit pas un seul effet, dit M. Troplong, qu'elle ne l'emprunte à la propriété, dont elle revêt provisoirement le manteau quand elle est annale, et qu'elle remplace définitivement quand elle est décennale ou trentenaire [1]. »

Cette appréciation nous paraît d'une irréprochable justesse : la maxime *beati possidentes* est justifiée, sans doute, par de nombreux avantages attachés à la possession. Quelques docteurs se sont plu à les énumérer, et en ont compté jusqu'à soixante et douze ; sans aller aussi loin, il serait assurément facile d'en faire ressortir un assez grand nombre : mais, quant à présent, le seul que nous tenions à constater, et pour tous, il est vrai, c'est le plus grand, consiste dans l'intime liaison de la possession avec la propriété, qui dé-

---

[1] *Prescription*, n° 232.

sormais n'a pas d'autre fondement : protéger l'une, c'est donc défendre l'autre.

A Rome, la possession était un droit complet par lui-même ; la possession n'avait rien de commun, le jurisconsulte l'a dit, avec la propriété : *Nil commune habet proprietas cum possessione ;* les actions créées pour la défendre devaient avoir un but spécial, une utilité restreinte et déterminée. Nous n'oublions pas que la possession conduisait à l'usucapion quelquefois ; mais elle devait être, dans ce cas, accompagnée de bonne foi. Le principe générateur du droit de propriété ne se présente pas avec un caractère de simplicité ; il s'obscurcit et devient incertain. De nos jours, la bonne foi produit sans doute certains priviléges ; elle mérite des égards qu'on s'empresse de lui rendre ; mais le principe qui fonde la propriété sur la seule possession, *animo domini,* subsiste néanmoins dans toute sa force et sa simplicité.

Les Germains restèrent complétement étrangers à cette idée de la possession romaine ; et arrivés depuis peu à admettre le droit de propriété quand ils s'établirent dans les Gaules, ils n'ont point dû penser que ce droit eût besoin d'être protégé à l'état même de simple présomption. L'occupation n'était qu'un fait, que la force maintenait, jusqu'au moment où, le délai si court fixé pour accomplir la prescription étant écoulé, ce fait devenait à l'instant, et sans transition, le droit complet de propriété. C'est le fondement du système que nos lois ont admis, mais en le perfectionnant.

Sous l'empire des règles que la féodalité fit prévaloir, la possession ne fut plus un droit particulier, ni un moyen pour arriver à se créer un titre par la prescription. La féodalité, toutefois, connut et admit quelque chose d'analogue à l'action possessoire. Quand le seigneur eut donné au vassal la saisine d'une terre, celui-ci dut, jusqu'à preuve contraire, être présumé propriétaire à raison même de cette saisine. Il y eut intérêt pour lui à ce que la saisine ne lui fût pas enlevée : on créa donc, pour protéger la saisine, une action possessoire ; mais l'action possessoire, restreinte à la saisine, était établie dans un intérêt purement féodal, et pour soutenir la prérogative éminente des seigneurs ; la propriété même, telle qu'elle existait sous le système alors en vigueur, était constituée de telle sorte, qu'elle n'avait nul besoin d'un surcroît de protection. Une action pour défendre la possession, lorsque la prescription n'existait plus, n'aurait pas eu de sens. La terre était indissolublement liée à la supériorité du seigneur, et tout concourait à soutenir, non la propriété, mais le système qui s'était, il est vrai, identifié avec elle.

La saisine de droit, qui fut attribuée à l'héritier, lorsque déjà le système féodal avait reçu quelques atteintes, ne lui était pas donnée parce qu'il joignait à sa possession celle de son auteur ; rien ne l'eût alors distinguée, il faut bien le reconnaître, de la saisine de fait : cette saisine de droit avait pour principe l'investiture effective donnée par le seigneur, et que la coutume autorisait le mort à transmettre au vivant : Blackstone lui-même ne reconnaissait encore comme titre de propriété que « celui de la saisine effective et de la descendance, titre plus permanent, et par conséquent plus susceptible de preuve que celui de la prescription [1]. » Le doute à cet égard n'est pas même permis, puisque nous voyons la

---

[1] Blackstone, liv. II, ch. XVII.

saisine de droit exister dans les Assises, qui certes n'admettent ni possession juridique ni prescription. Mais lorsque la saisine de fait fut arrivée à pouvoir, dans tous les cas, remplacer la saisine féodale, la différence ne fut-elle pas, dans l'ancien droit, entièrement nominale? De nos jours, n'a-t-elle pas complétement disparu?

La saisine, en droit féodal, donnait à celui qui l'avait obtenue la présomption de propriété : dans l'instance en revendication, il jouait donc le rôle de défendeur ; mais là s'arrêtaient les avantages qu'elle conférait : elle ne donnait pas la propriété, et n'était évidemment même pas nécessaire à l'ayant droit pour qu'il pût exercer l'action pétitoire qui lui appartenait. Nous avons vu mille exemples, dans Glanville, dans les *Olim,* dans les Assises mêmes, où la saisine est adjugée à l'une des parties, tandis que le droit est réservé à l'autre d'agir au pétitoire : la saisine féodale ne donnait donc que la présomption de propriété et l'action possessoire.

Quand cette saisine appartint de plein droit à l'héritier, elle resta ce qu'elle avait été.

Quand elle fut acquise enfin par la prescription annale, elle eut encore les mêmes priviléges.

La saisine a-t-elle de nos jours, pour l'héritier, une valeur plus grande? Entre lui, par exemple, et le légataire qui en est privé, n'y a-t-il aucune autre différence que la possession juridique attribuée au premier? Nous le croyons.

L'héritier, ensaisiné de plein droit, a contre tous ceux qui l'attaquent le privilége de défendeur et l'action possessoire. Cet avantage manque au légataire : celui-ci agit comme demandeur, et revendique contre l'héritier ; sous l'ancien droit, il eût revendiqué contre le seigneur, à qui, si la succession était déclarée vacante, à défaut d'héritier, la saisine eût appartenu.

Dans les deux hypothèses que nous venons de poser, si le fonds dépendant, soit de la succession déclarée vacante faute d'héritiers, soit des biens donnés au légataire, se trouve depuis un an et un jour entre les mains d'un tiers, contre qui agira l'ayant droit? Doit-il intenter deux actions successives contre celui qui a recueilli d'abord la saisine, au décès de l'ancien propriétaire, et contre le possesseur annal? Nous ne le pensons pas : il doit agir directement, en vertu de son droit, contre le possesseur.

La saisine ne peut appartenir à deux personnes en même temps ; si elle a, par prescription, passé au possesseur, le seigneur, dans le dernier état de l'ancien droit, l'héritier, dans le droit nouveau, en sont désormais privés. Cette longue lutte que nous avons racontée n'avait pas d'autre but, n'a pas eu d'autre effet que d'obtenir que cette saisine appartenant au seigneur, et qu'il pouvait seul conférer, lui fût enlevée par une possession annale ; cette possession devait évidemment avoir le même effet à l'égard de l'héritier : il ne peut en être autrement aujourd'hui. Que reste-t-il donc à l'héritier ? ni la possession acquise à un tiers par l'an et jour, ni la propriété que le testateur a transmise au légataire ; celui-ci doit donc être autorisé à agir directement contre le possesseur par l'action pétitoire, sans s'adresser à l'héritier : ou le droit de tester n'existe pas, ou le testateur a précisément transporté au légataire le droit de propriété qui eût appartenu à l'héritier, sauf la possession, qui est de fait, non de droit.

Nous ne parlons pas des cas prévus par l'article 1008 du Code civil : l'intervention du tribunal n'a d'autre but que de donner à un acte privé une forme authentique; ni des cas prévus par les articles 769 et 770, dont les dispositions n'ont été écrites qu'afin de sauvegarder, de la manière la plus complète possible, les droits des parents.

Si de nos jours des principes différents de ceux qui existaient à Rome, comme de ceux que nous avons vus au moyen âge, sont désormais admis, la transition ne s'est donc pas brusquement opérée; mais elle ne s'est tout entière accomplie que lorsque les derniers vestiges de la féodalité ont été renversés.

Nous ne reconnaissons pas dans nos lois la possession en tant que droit particulier, ayant sa valeur propre; mais elle est admise comme base de la propriété. Il est impossible qu'à ce titre elle soit privée de toute garantie; il est impossible que le possesseur n'ait aucun moyen pour se maintenir dans une position qui fait présumer la propriété, en attendant qu'elle en assure le bénéfice [1].

Il serait permis de s'étonner peut-être que le possesseur annal eût seul l'action possessoire; mais il ne faut pas ou-

---

[1] Lorsque cet ouvrage était déjà sous presse et près de voir le jour, M. Esquirou de Parieu a commencé, dans la Revue du droit français et étranger, la publication d'une série d'articles sous le titre d'*Études sur les actions possessoires*, dont nous n'avons pu, à notre grand regret, profiter ainsi que nous l'aurions voulu : presqu'à la fin de notre carrière, nous n'avons lu encore que les deux premiers de ces articles; nous signalerons particulièrement, à propos de l'objet que nous traitons dans cette page, des aperçus remarquables et pleins de justesse sur la possession considérée comme droit particulier et dans ses rapports avec la propriété; en d'autres termes, pour nous servir des expressions de M. de Parieu lui-même, sur la possession considérée en elle-même et dans ses avantages directs, et envisagée comme l'exercice et la manifestation d'un droit plus sacré.

blier que nos lois sont muettes sur l'occupation proprement dite ; elles n'ont pas réglé le droit de premier occupant : aux yeux de la loi française, toutes les terres sont présumées être déjà possédées. C'est à l'ancien possesseur du fonds que je détiens qu'appartient la complainte ; pendant le cours d'une année tout entière, le privilége et les effets de son ancienne possession lui seront conservés ; et, ce terme expiré, ils passent au nouveau possesseur.

Aux principes on peut ajouter les faits pour justifier le système des actions possessoires.

Les considérations politiques qui avaient donné naissance en France à la possession juridique et aux actions qui devaient la protéger avaient déjà bien perdu de leur force au XIVe siècle ; le rôle politique qu'a pu jouer l'action possessoire était terminé à cette époque. Si elle s'est maintenue dans le droit français, l'a-t-elle dû à l'utilité réelle qu'elle a présentée pour la défense et la protection de la propriété ?

Dans une organisation sociale où la propriété territoriale était peu morcelée, et souvent immobilisée entre les mains de son possesseur, le principal avantage de l'action possessoire devait être de régler le rôle des parties dans les instances en revendication ; mais les mêmes juges qui prononçaient sur l'action possessoire devaient connaître de l'action pétitoire ; ils étaient autorisés à consulter les titres ; ils le faisaient toujours pour accorder la récréance avant de statuer sur le plein possessoire. Il semble que la récréance devait suffire comme mesure provisoire, et qu'il y avait lieu de passer immédiatement à un jugement définitif : c'est ce qui existait en fait pour les matières bénéficiales. Cette opinion est appuyée par l'examen des faits nombreux constatés dans les documents officiels.

La plus ancienne ordonnance rendue sur la matière des actions possessoires constate déjà les abus auxquels elles donnaient lieu : « Ex quibus, dit l'ordonnance, lites quæ in « casu novitatis maxime deberent esse breves, efficiuntur « immortales [1]. »

Charles VIII disait encore le siècle suivant, malgré les mesures qui avaient été prises : « Combien que, selon droict et par les ordonnances, on doive procéder sommairement en matière de nouvelleté, toutesfois, par la subtilité des praticiens, lesdits procès, tant en matière prophane que ecclésiastique, sont immortels [2]. »

Les plaintes soulevées par l'action possessoire se représentent sous toutes les formes dans les documents nombreux qui existent depuis l'ordonnance de 1347 jusqu'à celle de 1667 ; nous en avons déjà parlé dans un chapitre précédent. En présence de pareils faits, et lorsqu'on se rappelle l'organisation de la propriété immobilière sous l'ancien régime, on reste convaincu que l'action possessoire a été une source d'abus que compensaient de bien faibles avantages. L'intérêt des praticiens à faire maintenir ce qui existait était évident ; mais leur influence n'eût pas suffi sans doute à obtenir un pareil résultat, s'ils n'avaient été appuyés par quelques restes du régime féodal, auquel était liée la saisine confondue avec la possession juridique ; par le souvenir des interdits romains, que l'on voulait assimiler aux actions possessoires ; et enfin par ce fait seul de leur existence déjà ancienne.

---

[1] Ordonnance de Philippe VI donnée au parlement de la Saint-Martin d'hiver de 1347.

[2] Ordonnance sur l'administration de la justice, juillet 1493, art. 48.

La révolution française a changé complétement, il faut le reconnaître, cette situation : d'un côté, l'état et l'organisation de la propriété foncière ont été profondément modifiés ; d'un autre côté, la juridiction et la procédure ne sont plus les mêmes. Une magistrature nouvelle a été créée : c'est celle des juges de paix ; elle présente des avantages tout à fait spéciaux, dont on chercherait en vain l'équivalent dans l'ancienne organisation judiciaire. La question se présente donc aujourd'hui sous une face nouvelle ; mais il est nécessaire d'en bien poser les termes.

La statistique indique, en 1841, 656,312 affaires portées devant les juges de paix ; sur ce nombre, 266,885 ont été terminées par arrangement. Les affaires possessoires jugées à l'audience entraient dans le nombre total pour un chiffre de 18,854.

991 jugements ont été frappés d'appel ;

8 portés en cassation.

En 1842, 659,937 affaires portées devant les juges de paix ;

276,593 terminées par arrangement. Les affaires possessoires sont au nombre de 18,857.

794 jugements ont été frappés d'appel ;

7 portés en cassation.

En 1843, 684,650 affaires portées devant les juges de paix.

266,198 terminées par arrangement. Les affaires possessoires sont comprises dans ce nombre pour un chiffre de 19,066.

909 jugements ont été frappés d'appel ;

6 portés en cassation.

Enfin, en 1844, 679,437 affaires portées devant les juges de paix.

251,943 terminées par arrangement. Les affaires possessoires entrent dans le nombre des causes pour un chiffre de 19,436.

799 jugements ont été frappés d'appel;

10 portés en cassation.

Il est à remarquer que les cours d'Amiens, de Dijon, de Nancy, de Paris, de Riom et de Toulouse absorbent à elles seules plus du tiers des affaires possessoires, quoiqu'elles ne forment presque que le sixième du nombre total des cours d'appel de France.

Les procès sur les actions possessoires sont nombreux sans doute, ainsi qu'on le voit, sans être hors de proportion avec la masse des causes portées devant les juges de paix : il faut probablement en déduire, pour arriver au véritable état des choses, les actions mal qualifiées; il en restera assez pour faire croire qu'elles répondent à un besoin réel. Dans le nombre considérable d'affaires arrangées annuellement à l'audience par les juges de paix, les affaires possessoires doivent entrer pour une part. Lorsque l'instance ne va pas au delà de la justice de paix, dans tous les cas elle ne peut être considérée comme bien onéreuse pour les plaideurs.

Nous manquons de renseignements pour connaître quel est le nombre des affaires pour lesquelles le jugement rendu au possessoire a été définitif et qui n'ont pas été engagées de nouveau au pétitoire.

Les causes possessoires doivent être divisées en deux classes.

Les unes sont provoquées par des usurpations de peu d'importance tentées ou consommées dans les campagnes avec d'autant plus de facilité que la mobilité de la propriété foncière de nos jours, et son excessif morcellement, ne permettent pas toujours de déterminer avec précision les limites de chaque héritage.

Ces empiétements, commis sans aucun droit, sont donc la plupart du temps dirigés contre des voisins qui seraient peut-être fort embarrassés pour prouver au pétitoire le tort qui leur a été fait. En laissant la possession à celui qui détient pendant qu'on engagerait l'action au pétitoire, on arriverait le plus souvent, avec beaucoup de frais, à consacrer une injustice. Supprimer l'action possessoire dans ces circonstances, ce serait substituer une justice rapprochée des parties, prompte, économique, éclairée, par une justice plus élevée sans doute, mais éloignée, lente, coûteuse, et qui dans une multitude de cas, où tout le procès se réduit à de simples questions de fait, devrait à coup sûr être moins bonne, parce qu'elle serait moins bien instruite.

S'il s'agit de vastes propriétés, au contraire, dont les limites sont bien fixées, les titres de nature à être discutés, appréciés, quelle si grande perte de temps et de frais amènera donc alors un procès devant le juge de paix? La simple possession, si elle avait été perdue, suffirait bien, à coup sûr, pour le justifier. Il ne faut pas oublier que des instances au pétitoire peuvent être longues; que le tribunal ne pourra savoir bien souvent celui qui détient au moment même où le procès s'engage, sans recourir aux moyens mêmes qu'emploie aujourd'hui le juge de paix; enfin, que cette doctrine doit exciter à employer la violence pour s'assurer la possession, et favoriser par là les injustices; tandis que la possession juridique, entourée des garanties qui lui servent d'appui, est une juste présomption de légitime propriété.

En ce qui concerne les propriétés urbaines, l'utilité de l'action possessoire est moins grande sans doute ; mais aussi l'emploi en est-il moins fréquent que dans les cantons ruraux; il serait plus rare et disparaîtrait, pour ainsi dire, si quelques réformes que nous allons proposer tout à l'heure étaient accomplies. Dans l'état actuel des choses, nous trouvons dans la statistique de 1844 des faits assez significatifs.

	VILLES.		CANTONS RURAUX.	
	Nombre d'habitants.	Nombre d'affaires.	Nombre d'habitants.	Nombre d'affaires.
Les cantons réunis de la ville de Toulouse, ayant..........	77,372	Néant.		
Dans le même département, le canton rural de Montrejean, ayant.....................			11,722	33
Les cantons réunis de la ville de Rouen.................	92,083	1		
Dans le même département, le canton rural de Grand-Couronne.			18,827	40
Les cantons réunis de la ville de Bordeaux................	98,705	2		
Dans le même département, le canton rural de Castelnau.....			14,973	54
Les cantons réunis de la ville de Lyon..................	150,814	3		
Dans le département de l'Ain, faisant partie du même ressort, le canton rural de Meximieux..			9,119	53
Enfin les douze cantons de Paris....................	909,126	2		
Dans le département de l'Aube, faisant partie du même ressort, le canton rural de Chaource....			12,149	152
Dans le département de la Marne, le canton rural de Heiltz-le-Maurupt.............			10,375	190

En présence de pareils chiffres, il faudra bien admettre

que là où les actions possessoires sont peu utiles, elles deviennent très-rares ; que, lorsque l'emploi en est fréquent, elles répondent à un besoin et rendent de véritables services. Il ne faut point attribuer, en effet, à une manie processive plus développée le nombre plus grand des instances possessoires ; il n'y a aucune induction à tirer de ce fait pour le nombre total d'affaires portées devant les tribunaux.

Dans l'état actuel des choses, il arrive quelquefois, il est vrai, qu'au lieu de deux procès, l'un au possessoire, l'autre au pétitoire, les parties ont dû, avant d'engager l'instance au fond, plaider d'abord pour fixer la juridiction. Il serait nécessaire, sans doute, que la loi fixât mieux qu'elle ne l'a fait la ligne qui sépare l'action pétitoire et l'action possessoire, et déterminât avec précision les limites des deux juridictions : c'est un vœu qu'ont émis tous ceux qui ont écrit sur notre Code de procédure ; toutefois, l'inconvénient que nous signalons se présente rarement. La statistique ne donne pas les moyens de démêler ces sortes de procès parmi les instances possessoires devant les tribunaux d'arrondissement ; mais nous les trouvons nettement indiquées devant les cours d'appel qui ont dû connaître des contestations élevées sur la compétence à propos d'actions possessoires : nous en trouvons 2 en 1840,
    3 en 1841,
    1 en 1842,
  néant en 1843,
    2 en 1844.

Avec de sages modifications introduites dans la loi, nul doute que le nombre de ces affaires ne diminuât : dès à présent, il est assez restreint. En effet, un procès engagé sur une pareille question dénote un esprit assez amateur de luttes judiciaires pour qu'il soit permis de croire que, toute proportion gardée, les appels dans ces sortes de causes doivent être plus fréquents que dans d'autres matières.

Nous devons faire connaître, pour compléter notre pensée, les réformes partielles qui nous semblent utiles.

Les meubles proprement dits ne peuvent plus, depuis longtemps, donner lieu à la complainte. L'ordonnance de 1667 contenait une exception expresse en faveur des universalités; dans le silence du Code de procédure, il y a eu controverse pour savoir si cette exception avait été maintenue.

Des difficultés d'exécution rendraient la complainte pour meubles à peu près impossible dans bien des cas. On peut ajouter qu'en fait la question présente peu d'intérêt; Bourjon, sous l'ancien droit, disait que c'était *vain examen, vaine curiosité plus que réalité*. Il serait mieux de déclarer toutefois d'une manière explicite que l'action possessoire pour meubles et pour universalité de meubles n'est pas recevable.

Les seuls objets auxquels puisse s'appliquer la complainte sont les immeubles; mais, en ce qui les concerne, il nous semble que la loi ne devrait admettre comme troubles donnant lieu à la complainte que les seuls actes susceptibles de faire acquérir une possession juridique, et, plus tard, de fonder la prescription; il en résulterait l'abrogation formelle encore de la complainte pour les troubles de droit. Dans les exemples cités par les auteurs eux-mêmes, comme constituant des troubles de droit, qui ne peuvent soulever pour leur qualification aucune difficulté, la procédure nous paraît abusive; mais bien souvent parties, juges et auteurs sont-ils embarrassés pour décider si l'acte dont on se plaint constitue ou non un trouble de droit. Que de fois les faits qui avaient été le prétexte d'une complainte ont-ils été considérés comme n'ayant nulle valeur? que de fois, au contraire, ces actes avaient-ils une gravité telle qu'ils portaient atteinte directement au droit de propriété même?

Nous pensons donc qu'il serait bien d'établir en principe que les troubles de droit sont insuffisants pour autoriser la complainte.

Quant aux troubles de fait, ils doivent donner lieu à quelques distinctions.

Suivant le Code civil, les biens sont immeubles ou par leur nature, ou par leur destination, ou par l'objet auquel ils s'appliquent.

Parmi les immeubles qui sont déclarés tels par leur nature, il en est qui sont essentiellement imprescriptibles et placés d'une manière absolue hors du commerce, tels que les routes, les édifices publics, etc.; la possession, dans ce cas, ne peut jamais être une présomption de propriété, et l'action possessoire, par conséquent, ne doit pas leur être applicable.

Les immeubles par destination ne peuvent donner lieu à aucune discussion ; ou ils sont attachés au sol, dont ils forment un accessoire; ou bien ils en sont séparés, et ils rentrent dans la classe des choses mobilières.

Enfin, les immeubles reconnus tels par l'objet auxquels ils s'appliquent sont : 1° les actions qui tendent à revendiquer un immeuble : l'action possessoire ne peut leur être appliquée ; 2° l'usufruit des choses immobilières : on ne peut établir des règles spéciales pour ces démembrements de la propriété ; 3° les servitudes ou services fonciers, qui donneront lieu de notre part à de sérieuses observations.

La matière des servitudes est une des plus difficiles du droit; les raisons à alléguer, quand on discute ces questions, sont toujours près de dégénérer en subtilités scolastiques; c'est un écueil qu'on ne peut éviter, parce que la nature même des choses y porte irrésistiblement. Lorsqu'au lieu de la propriété même, on ne raisonne que sur la possession, ces inconvénients sont plus marqués encore, en même temps que l'importance du litige s'amoindrit considérablement. C'est pour le coup que le juge de paix se trouvera en présence de difficultés capables d'embarrasser les jurisconsultes les plus consommés, et cela pour arriver à un résultat dont, à bon droit, l'utilité peut être contestée.

Les servitudes sont ou légales ou conventionnelles.

M. Crémieu a rappelé en fort bons termes que les droits résultant de la situation des lieux et de la volonté du législateur ne constituent pas des servitudes dans l'acception propre et technique du mot; elles sont une manière d'être de la propriété. Il n'y a pas deux droits distincts et pouvant être séparés, l'héritage et la servitude; il n'y a que la propriété étendue jusqu'à telle limite, modifiée de telle ou telle manière [1].

Si une opposition était faite à l'exercice de pareilles servitudes, ce n'est évidemment ni la possession, ni la propriété de ces servitudes qu'il y aurait lieu de prouver, mais la possession ou la propriété du fonds même enclavé (C. civ. art. 682), ou de celui d'où découlent les eaux (C. civ. art. 640); il ne peut exister pour ces servitudes d'autres

---

[1] M. Crémieu, *Théorie des actions possessoires*, n° 343.

titres que ceux de la propriété : il n'est pas possible qu'on vous reconnaisse possesseur ou propriétaire d'un immeuble placé dans les conditions prévues par la loi, et qu'on vous conteste la servitude que vous prétendez exercer.

Les servitudes légales doivent donc, en tout état de cause, être exceptées de l'action possessoire.

Les servitudes conventionnelles sont continues ou discontinues, apparentes ou non apparentes (C. civ. art. 688, 689).

Les servitudes discontinues ne peuvent s'établir que par titres ; il en est de même des servitudes non apparentes (C. civ. art. 691) : la possession, à leur égard, n'a donc aucune valeur ; elle ne peut conduire à la prescription, moins encore à la complainte.

Toutefois, quelque général que soit le principe, il n'en faut pas conclure que, dans l'état actuel de la législation, ces servitudes-là mêmes ne puissent être une source d'embarras judiciaires.

Une controverse assez vive, qui n'est pas près de prendre fin, existe pour savoir si ces servitudes deviennent prescriptibles *a die contradictionis*. Si la servitude devenait prescriptible, la complainte devrait être admise. De pareilles questions nous paraissent sortir tout à fait du cercle où les principes, présidant à l'institution des juges de paix, ont voulu renfermer ces magistrats.

S'il y a un titre, la question change d'aspect. « Lorsque celui qui a joui, dit Pothier, rapporte un titre en vertu duquel il a joui du passage ou de quelque autre espèce de servitude sur un héritage, quoique le propriétaire qui l'a troublé dans sa jouissance conteste sa validité, la jouissance qu'il a eue en vertu de ce titre ne passe plus pour une simple tolérance, et suffit pour qu'il puisse former la complainte et demander à être maintenu par provision dans la jouissance, jusqu'à ce qu'il ait été statué définitivement au pétitoire [1]. »

Cette opinion de Pothier était admise sans contestation dans l'ancien droit. Le juge du possessoire était juge aussi du pétitoire ; il consultait les titres dans toutes les occasions pour accorder la récréance. Il pouvait en prendre connaissance dans le cas qui nous occupe pour prononcer sur la possession, sans qu'il en résultât une irrégularité digne de remarque.

Sous l'empire de la nouvelle législation, les mêmes règles ont prévalu ; il ne nous est pas démontré qu'elles soient en harmonie parfaite avec le texte de la loi. Sans doute, le juge de paix, tout en appréciant le titre invoqué, ne statue pas cependant sur le fond ; sans doute, sa décision ne porte aucune atteinte aux droits du défendeur ; il n'en est pas moins certain que c'est le titre, et le titre seul, qui le décide à donner la possession ; il ne peut avoir aucune autre raison de décider.

Mais, ce principe une fois admis, le défendeur fera-t-il évanouir un droit qu'on prétend légitime, en contestant la validité du titre le mieux établi? Il faut ou répondre affirmativement ou constituer le juge de paix appréciateur de la validité.

Nous arrivons à une difficulté, non-seulement embarrassante, mais on peut dire inextricable. Tous les efforts des cours et des auteurs sont restés et resteront impuissants à établir un système contre lequel ne s'élèvent pas des objections péremptoires pour le faire rejeter.

---

[1] Pothier, *Traité de la Poss.* ch. VI, sect. 1re, § 2, n° 90.

On s'est accordé à peu près, pour en finir, à donner au juge de paix le droit de décider, au préalable, si le titre produit est ou non valide.

Dans le premier cas, il accorde l'action possessoire. Mais il n'est pas possible qu'un titre soit tout à la fois suffisant pour fonder la possession, et sans valeur pour fonder la propriété. La possession est un droit formel et certain de celui-là seul, dans le cas qui nous occupe, qui a un titre valable. Il faudra donc que le juge de paix, pour prononcer, l'apprécie exactement de la même manière que le fera le tribunal, à moins qu'on ne prétende que, pour la possession, il suffit au juge d'avoir un à peu près de conviction ; en ajoutant, ainsi que le dit Belime, que, s'il se trompe, la partie sera trop heureuse de payer les frais avec l'espérance de mieux réussir sur l'action en revendication.

Si le titre ne semble pas valable, le juge de paix devra, sans se dessaisir, renvoyer les parties à faire résoudre au pétitoire le point préjudiciel de la validité ; elles reviendront ensuite devant lui pour le jugement possessoire.

C'est la seule marche conforme aux principes ; mais elle est en opposition manifeste avec le bon sens. Quand les titres ont été appréciés par le tribunal, à quoi bon revenir devant le juge de paix ? La question n'est-elle pas résolue ? Le possessoire doit toujours précéder le pétitoire ; ici, la marche inverse serait suivie.

Il y aurait tout avantage évidemment à cumuler le possessoire et le pétitoire, et à renvoyer le tout devant le tribunal civil ; mais la cour suprême a jugé avec raison que la loi actuelle ne permettait pas d'agir ainsi.

Nous ne parlerons pas du cas où le titre émane *a non domino*, ce qui devient une source de nouvelles difficultés.

La prescription, impuissante à établir les servitudes discontinues, peut les éteindre.

Quelquefois ces sortes de servitudes ne s'exercent qu'à des intervalles plus longs que l'espace d'une année : deux, dix, vingt, vingt-cinq ans même, par exemple, lorsqu'elles existent en faveur d'un bois dont les coupes sont ainsi espacées. Quand le moment d'user de cette servitude sera venu, les titres peuvent être trop incontestablement clairs pour que le propriétaire servant ait chance de succès en attaquant le droit : il s'exposerait aux dépens et à des dommages-intérêts ; mais il peut être tenté d'intenter une action possessoire, qui ne sera qu'une pure chicane, et le juge de paix, fort embarrassé pour prononcer. Nous dirons ici comme à l'occasion de la dénonciation de nouvelle œuvre, s'il y a matière suffisante à un procès sérieux, qui, à coup sûr, dans ce cas, ne mourrait pas au possessoire, le tribunal saisi par demande incidente ou par référé, n'étant pas lié par les entraves qui arrêtent le juge de paix, pouvant consulter les titres les plus apparents dans une matière où les titres sont tout, où la possession n'est rien, rendra mieux une décision provisoire et urgente, si l'état des choses la rend nécessaire.

Pour les servitudes négatives non apparentes, lors même qu'il y a un titre, peut-il y avoir lieu à la complainte ?

Nous croyons devoir nous arrêter ; nous en avons assez dit pour justifier la proposition d'abroger d'une manière formelle l'action possessoire, dans tous les cas, pour les servitudes discontinues et non apparentes.

Il nous reste à parler des servitudes apparentes et continues.

On cite toujours, comme premier exemple des servitudes continues, le droit de vue. Pour en perdre la possession, faut-il qu'il y ait acte contraire émané du propriétaire du fonds servant? L'acte aurait-il la même valeur, s'il avait été fait par le propriétaire du fonds dominant?

Les règles seront-elles les mêmes, si les vues ont été murées; ou si la maison qui en jouissait a été détruite?

Après l'année écoulée, le propriétaire qui voudrait reconstruire sa maison détruite aurait perdu la possession juridique de ses vues.

« Celui qui reconstruit sa maison, dit Belime, sera dans une position assez embarrassante, puisque, s'il n'ouvre pas ses jours comme par le passé, il perdra son droit de servitude, et, s'il les ouvre, on les lui fera fermer sur l'action possessoire. » Voilà, il faut en convenir, un résultat bien utile que produit la complainte: est-ce pour arriver à un pareil but qu'elle a été inventée?

« Je répondrai, continue Belime, qu'il devra s'assurer des dispositions de son voisin, avant de reconstruire; que, s'il s'aperçoit qu'on entende lui contester son droit, il agira par l'action confessoire pour faire tenir sa servitude pour reconnue; que, si le propriétaire assujetti n'a pas de motifs sérieux pour s'opposer à la réouverture des jours, il ne soutiendra certes pas un procès qui n'aboutirait pour lui qu'à supporter les dépens. »

La position ne serait-elle pas plus simple et plus nette si l'action possessoire n'existait pas dans ce cas? Nous ne connaissons aucun moyen de s'assurer d'une manière juridique et certaine des dispositions d'un voisin; il faudra donc agir par action confessoire dans la prévision, non d'une attaque à la propriété, qui peut n'être, en aucune façon, à redouter; mais dans la prévision d'une action possessoire, qui n'aurait peut-être jamais elle-même été intentée!

Si un propriétaire n'a pas de motifs sérieux pour se croire autorisé à ouvrir des vues, c'est alors qu'il ne s'exposera pas à soutenir un procès, qui aboutirait, pour lui, non-seulement à supporter les dépens, mais encore à changer ce qu'il aurait construit.

Si ces motifs sérieux existent, le procès ne se serait pas arrêté assurément à l'instance possessoire.

La question se présenterait dans les mêmes termes, si un an s'était écoulé depuis le jour où j'aurais obtenu par contrat la permission d'ouvrir des jours.

Nous sommes donc amené à penser que la loi devrait interdire de la manière la plus générale l'action possessoire, quand il s'agit de servitudes.

Nous avons proposé jusqu'ici de larges réformes :

Abrogation formelle de la récréance, de la réintégrande, de la dénonciation de nouvel œuvre; toutes les actions possessoires réduites à la seule complainte;

L'action possessoire ne pourra plus être intentée pour meubles ou universalité de meubles;

Elle ne sera plus recevable pour trouble à la possession des servitudes, rurales ou urbaines, continues ou discontinues, apparentes ou non apparentes ;

Ni pour les simples troubles de droit.

Nous voudrions également que le juge de paix prononçât en dernier ressort sur toutes les demandes qualifiées possessoires, lorsque les dommages-intérêts accordés n'excéderaient pas le taux de sa compétence, tel qu'il est réglé par les lois de la matière.

Y aurait-il lieu d'adopter une mesure plus radicale que celles que nous avons proposées jusqu'ici, et de supprimer complétement les actions possessoires? Nous ne le pensons pas. Des abus existent; il en existerait sans doute encore après les réformes que nous avons indiquées; mais où donc n'y en a-t-il pas? C'est le mieux qu'il faut chercher, non le bien absolu.

APPENDICE.

EXTRAITS DES OLIM.

ENQUÊTES.

Louis IX, 1255.

Inquesta super usagio quod homines de Chavilla petunt pro animalibus suis in boscis Gervasii de Syevre, militis: probatum est quod ipsi homines habent usagium suum pro animalibus suis in ipsis boscis ; quantum ad saisinam dicitur. (T. I, p. 4; v.)

Louis IX, 1256.

Probatum est quod canonici Medii-Monasterii sunt in saisina non solvendi mestivam pro casale suo de Monia de Valonges; agetur tamen coram ballivo Bituricensi super proprietate. (T. I, p. 8; xvi.)

Louis IX, 1258.

Inquesta utrum homines de Meuduno habent usagium suum in nemoribus domini de Separa, ad pascendum animalia sua : Et determinatum est quod dicti homines debent habere saisinam dictarum pasturarum, salva proprietate eidem domino, si de hoc velit agere. (T. I, p. 50; xxix.)

Louis IX, 1259.

Inquesta facta inter burgenses Cauniaci, ex una parte, et episcopum Noviomensem, ex altera, super eo quod dicti burgenses dicebant quod usi sunt, a tanto tempore a quo non extat memoria, ducere vina de terra Suessionensi in navi, per aquam, apud Cauniacum, sine calumpnia, contradiccione et non petita licencia, solvendo tamen vinagium ad pontem Episcopi, de quolibet dolio antiquitus quatuor denarios et obolam et postmodum pluries sex denarios et obolam super quod dicunt sibi injuriam fieri. Dicebant eciam quod dissaisiti sunt isto usagio et maniamento per navem et vina que episcopus non permittit transire, et hoc offerunt se probaturos. Episcopus Noviomensis dicit in contrarium quod nec burgenses de Cauniaco, nec alii sunt nec fuerunt in saisina passandi vina cum navi ultra pontem episcopi, ascendendo aquam, sine licencia episcopi vel mandati sui. Dicit eciam episcopus, et vult probare quod si aliquis ibi transiit de Cauniaco vel de alibi, transiit per licenciam episcopi vel mandati sui, pro tali precio vel servicio quali placebat mandato episcopi. Dicit eciam idem episcopus, et vult probare quod aliqui de Cauniaco et aliumde voluerunt ibi transire et non potuerunt habere licenciam, immo opportuit eos dischargiare navem suam, et ducere vina per terram vel vendere in portu : non est probatum per hanc inquestam, quod episcopus Noviomensis spoliaverit dictos burgenses de Cauniaco de hiis de quibus dicebant se spoliatos ab ipso. (T. I, p. 92 ; III.)

Louis IX, 1259.

Inquesta facta per Arnulphum de Curia-Feraudi, militem,

ballivum Cadomi, utrum dominus Adam, dictus Cambellanus, erat in possessione seu saisina, tempore quo decessit, de quodam molendino apud Tor. Item de moltis ejusdem molendini. Item utrum habebat placita hominum suorum tenencium. Item utrum erat in possessione seu saisina, quando decessit, de summagio. Item utrum erat saisitus, tempore quo decessit, per Guillelmum de Tor, de triginta quarteriis avene. Item de viginti quarteriis frumenti. Item utrum erat saisitus per Richardum de Corceliis, de quatuor solidis et dimidio Turonensibus. Item de decem solidis Turonensibus per dominum Robertum de Burceio, seu per dominum Zachariam, patrem suum. Item utrum erat saisitus per Ranulphum de Tyberi, de uno niso mutato per manum hominis, seu de triginta solidis Turonensibus. Item utrum erat in possessione duorum feodorum militarium, apud Tor et Ostreham. Item utrum erat saisitus, tempore quo decessit per Radulphum Petri et ejus participes, adducendi molam molendini sui de Tor et merrenium ejusdem molendini. Item de custodia latronis sui capti super tenementum suum et eciam nampta sua. Item de eundo apud Bajocum, quesitum cibaria sua et vinum suum et necessaria comestioni. Item utrum similiter erat in saisina, tempore quo decessit, de uno cariagio adducendi boscum suum ad ardendum per homines suos de Tor semel in anno. Item utrum hec predicta pacifice possidet, ita quod aliquis non moveret erga ipsum questionem de dicta possessione. Item utrum fuit in dicta possessione per annum vel per plures, vel per quot annos. Item utrum de tempore seu anno quo decessit saisitus de predictis : Probatum est quod dictus Adam Cambellanus erat in saisina, tempore quo decessit, de quodam molendino apud Tor. Item de moltis ejusdem molendini. Item de placitis suorum hominum. Item de possessione seu saisina summagii. Item de uno niso, vel de triginta solidis, per Ranulphum de Tybery. (T. I, p. 98; XIV.)

Louis IX, 1266.

Contencione mota, coram Henrico de Cousanciis, senescallo Petragoricensi ; inter Bertrandum de Ciconiis, militem, ex una parte, et Almodiam, dominam de Argenciis, ex altera, super recuperanda possessione cujusdam terre, de qua agebatur inter eos, quam idem senescallus tenebat in manu sua, de mandato domini regis; idem Bertrandus proposuit quod usus est et consuetudo, in comitatu Engolismensi; et quod fuit, in dicto comitatu, ab aliquibus judicatum quod, quando aliquis videt novam eschaetam alicui possidere in qua debet succedere, ille, ad quem predicta nova eschaeta debet devenire, debet venire ad dominum, in cujus dominio nova eschaeta consistit, et, si novam eschaetam coram domino fundali applegiaverit, tunc dominus fundalis debet rem petitam ponere in manu sua ; et, dare partibus terminum coram se, tamen rem petitam semper tenente in manu sua ; et, presentibus partibus coram ipso, termino partibus assignato, si ille qui dicit quod proximior est illius cujus fuit nova eschaeta, infra annum et diem, novam eschaetam applegiaverit, et requisierit dominum fundalem, tunc tenentem saisinam nove eschaete habendam, et obtulerit domino fundali se facturum illud quod debet facere eidem pro nova eschaeta, tunc dominus fundalis qui rem applegiatam tenet in manu sua partibus presentibus coram se, debet tradere saisinam illi qui applegiaverit novam eschaetam, et qui proximior est illius cujus fuit res petita, si pars altera presens fuerit, et non contraapplegiaverit; que omnia dicta domina per juramentum suum negavit, ponens, dicta domina, per juramentum suum, quod consuetudo est et usus, et jus usitatum, in comitatu Engolismensi, quod, si aliquis est in saisina aliquarum rerum, de quibus fuerit saisitus per manum domini fundalis, quod ille qui possidet non debet amoveri de saisina sua sine juris cognicione, et quousque vocatus fuerit in judicium possessor, que saisina, si amota fuerit possidenti, debet restitui, antequam respondeat, alicui petenti rem quam possidebat; que dictus miles per juramentum suum negavit, videlicet quod in tali causa non debet restitui. Item proposuit dictus miles quod, si dicta domina fuit saisita de rebus de quibus agitur inter ipsum et dictam dominam, non fuit saisita per annum et diem; quod domina supradicta per juramentum suum recognovit, dicens quod ipsa vel alius, nomine suo, fuit in dicta saisina per decem dies tantum. Item quod ipsa non fuit saisita, si saisita fuit, per judicium, quod dicta domina recognovit. Item proposuit quod, si ipsa saisita fuit, ipsa non fuit saisita parte presente vel sciente; ad quod respondit quod, quando ipsa fuit saisita, per comitem Engolismensem, dictus dominus Bertrandus, nec ejus uxor, nec aliquis pro ipsis, presens fuit. Item proposuit quod, si ipsa applegiavit, ipsa non applegiavit parte sciente vel presente; ad quod respondit quod ipsa non applegiavit, nec contraapplegiavit : Tandem inquesta facta super hiis, de mandato domini Regis, tam per testes ipsius Bertrandi quam per pluria paria litterarum nobilium et aliorum, super hoc, eidem senescallo, ad instanciam ipsius militis, directarum, quam per aliquos eciam de testibus ipsius domine probatus est usus seu consuetudo, ab ipso

Bertrando propositus contra predictam dominam; pro ipsa vero domina, nichil probatur per quod dicte consuetudini, ex parte dicti Bertrandi proposite, derogetur. Precepit curia quod senescallus Petragoricensis saisinam istius terre de qua agitur, et quam tenet in manu sua, deliberet ipsi Bertrando. (T. I, p. 230; II.)

Philippe III, 1272.

Mortuo domino de Rolleboise, cum uxor ejus, corpore ipsius domini tradito sepulture, ad castrum de Rolleboise rediisset, et in possessione, tam ipsius castri quam ejus pertinenciarum esset, sicut dicebat, de dicto eciam castro ac ejus pertinenciis, tam ipsa in viduitate sua quam maritus suus quem postmodum duxit, fuissent in homagio domini de Ruppe-Guidonis, a quo movent predicta, domicella Yda de Mellento, que ipsius domini se heredem dicebat, dictam dominam dissaisivit de dicto castro et ejus pertinenciis. Conquerente itaque super hoc dicta domina de Rolleboise et ejus marito post ducto, petentibusque possessionem suam sibi restitui, quam se offerebant probaturos si ab altera parte negaretur; dicta domicella e contra dicente quod non debebant audiri, cum ipsa, tanquam heres, primo, post mortem dicti domini, intrasset saisinam castri de Rolleboise et ejus pertinenciarum, quod se offerebat similiter probaturum : Demum, inquesta facta super hoc, de mandato curie, et relata, quia visa inquesta ipsa, tam per testes dicte domine de Rolleboise quam per testes dicte domicelle, inventum est quod dicta domina, post mortem dicti viri sui, primo intravit et habuit possessionem castri de Rolleboise et pertinenciarum ejus, fere per annum [ante] quam dicta domicella, pronunciatum fuit quod dicte domine restituatur saisina sua, de qua fuerat per dictam domicellam violenter ejecta, salvo jure proprietatis dicte Yde. (T. I, p. 398; I.)

PHILIPPE III, 1272.

Sede Lemovicensi vacante per mortem Aymerici, quondam Lemovicensis episcopi, senescallus Petragoricensis, racione regalium Lemovicensium, cepit in manu sua, pro domino rege, villas de Lassac et de Voutezac, pertinentes ad episcopatum Lemovicensem. Vicecomes Comborniensis conquestus fuit super hoc, dicens quod regalia dictarum villarum non pertinebant ad dominum Regem, set ad ipsum, cum predecessores sui, a longo tempore citra, sint et fuerint in possessione tenendi dictas villas, et percipiendi fructus et redditus eorumdem locorum, nomine suo, dicta sede vacante : Tandem facta super hoc inquesta, de mandato domini Regis, quia inventa est super hoc saisina dicti vicecomitis ac predecessorum suorum, a quadraginta annis et amplius, pronunciatum fuit quod sibi restituatur saisina predictorum. (T. I, p. 399; II.)

ARRÊTS.

LOUIS IX, 1259.

Contencio erat inter dominum Imbertum de Pratellis, militem, ex una parte, et dominum Gaufridum de Dongonio, ex altera, super eo quod idem Imbertus petebat saisinam cujusdam terre que uxori sue obvenerat, ex morte sororis sue, que fuerat uxor dicti Gaufridi, et hanc saisinam petebat tanquam proximior heres et de hac terra finaverat cum domino feodali, et ei exinde fecerat homagium, maxime cum, per consuetudinem terre, mortuus debebat vivum saisire. Prefatus Gaufridus dicebat quod uxor sua predicta, ipsam terram, de qua agitur, donavit et legavit eidem, et de ipsa fuit in possessione per plures annos, post mortem uxoris sue predicte; propter quod petebat sibi restitui saisinam suam, quam ballivus Bituricensis sibi abstulerat de novo : Cum certum sit quod idem Imbertus sit proximior heres, racione uxoris sue, non obstante excepcione quam idem Gaufridus proponit de dono sibi facto, idem Imbertus habebit saisinam, et de proprietate fiat jus coram domino feodali. (T. I, p. 452; XVI.)

Louis IX, 1269.

Episcopus Belvacensis, Reginaldus, tenens ab abbate et conventu Cluniacensibus prioratum ipsorum de Alneto ad vitam suam, sub annua pensione, conquestus fuerat in hac curia de magistro Gaufrido de Bello-Monte, clerico, quod de furnagio, moltura, banno vini, justiciis et aliis ad prioratum ipsum in garda Regis existentem pertinentibus, ipsum dissaisiverat et in quibusdam possessionem suam ei turbaverat, propter quod petebat se resaisiri de predictis de quibus spoliatus fuerat, et de aliis turbacionem possessionis sue sibi amoveri, offerens se probaturum quod sibi sufficeret de premissis. Ad hoc respondebatur, pro dicto magistro Gaufrido, quod, cum dictus prioratus spectaret ad dictos abbatem et conventum, et dictus episcopus ipsum solummodo haberet ad vitam sub annua pensione, nec idem episcopus pretenderet litteras ipsorum abbatis et conventus per quas appareret quod haberet auctoritatem ab eis deducendi in judicium hereditatem eorum sine litteris eorum, non debebat audiri. E contra dicebat episcopus quod, non obstantibus premissis, sibi respondere debebat magister predictus, cum de dissaisina et turbacione possessionis solummodo ageretur : Tandem, auditis hinc inde propositis, et considerato quod non agebatur de nova dissaisina, set de jam diu facta, propter quod diem consilii et diem ostensionis dictus magister habuerat in hac causa, judicatum fuit quod in premissis, sine litteris dictorum abbatis et conventus, non erat idem episcopus audiendus. (T. I, p. 781; XXVI.)

Philippe III, 1273.

Orta questione inter Odonem de Pompinio, militem, et uxorem suam, ex una parte, et Imbertum de Bocagues, pro liberis suis, ex altera, super quodam castro movente de feodo episcopi Biterrensis; tandem consenserunt partes quod dominus Rex daret eis duos auditores de consilio suo qui, tam super possessione quam proprietate, audirent eos, et eis jus facerent, data tamen prius a dicto Imberto securitate bona coram senescallo Carcassonensi quod liberi sui ratum haberent, cum devenirent ad etatem legitimam, quicquid super hoc factum esset. Postmodum data securitate hujusmodi coram senescallo predicto, cum partes deberent procedere, proposuit dictus Imbertus quod super possessione tantum debebat procedere et non super proprietate, quia in hoc tantum consenserat, ut dicebat, dicto Odone et ejus uxore dicentibus e contrario quod expresse consenserat quod super possessario et petitorio procederetur et ideo petebant super utroque procedi ; quod ipse negabat : Tandem, partibus super hoc petentibus recordum curie, habito consilio, recordata est curia partes consensisse ab inicio quod super possessorio et petitorio procederetur, et ideo super utroque procedi precepit. (T. I, p. 923; v.)

Philippe IV, 1290.

Notum facimus quod cum dilectus et fidelis noster episcopus Parisiensis diceret se et predecessores suos episcopos Parisienses esse et fuisse in possessione, per longum tempus et per tantum temporis quod sufficit ad omnem saisinam acquirendam, venandi quociens sibi placuit in bosco suo Sancto-Clodoaldo ad cuniculos, lepores, wulptes et tessones et ad omnia alia animalia ad pedem clausum : Visa apprisia super hec facta ; quia inventum fuit probatum dictum episcopum intencionem suam sufficienter probavisse, pronunciatum fuit, per curie nostre judicium, dictum episcopum in saisina remanere debere. (T. II, p. 312 ; VIII.)

Philippe IV, 1290.

Quia dominus Rex est in saisina faciendi proclamari assisiam suam apud Carum Locum, dictum fuit quod dominus Rex in saisina hujusmodi remaneret ; et, si prior dicti loci velit super hoc agere, super proprietate, faciat suam peticionem et fiet ei jus. (T. II, p. 321 ; XXXII.)

Philippe IV, 1295.

Notum facimus quod, cum procurator abbatis et conventus Cadomensium, pro ipsis abbate et conventu et ipsorum nomine et monasterii sui predicti, nobis conquestus fuisset quod magister Laurencius Herout, clericus, pro nobis et nomine nostro, minus juste et sine causa racionabili, in suis silvis de Malo-Pertuso, de Torta-Valle, et de Faloignia et de Quesneto, saisinas fecerat, et impedimentum eis prestabat ne de dictis silvis á rege Guillelmo, suo fundatore, sibi datis, gaudere possent, juxta formam privilegii a suo jam dicto fundatore eisdem concessi, petens idem procurator, nomine quo supra, predictum magistrum Laurencium, ad hujusmodi saisinas amovendas et impedimenta tollenda, compelli, dictus magister Laurencius, pro nobis, proposuit, ex adverso, quod, cum idem suus fundator eisdem dictas silvas dedisset, sub certis condicionibus, videlicet retentis in suo dominio cervis, capreolis et apris silvestribus, et quod nullo tempore dicti monachi possent dictas silvas destruere seu destrui facere, propter ipsas terras colendas aut eciam inhabitandas, memorati religiosi silvam de Faloignia et alias predictas silvas, contra tenorem sui jam dicti privilegii, ac contra sui fundatoris voluntatem, destruxerant ibi, quod ibi nemus non recreverat et recrescere non valebat; procuratore dictorum religiosorum replicante quod, cum dictum nemus antiquum, pro utilitate et necessitate sua, scindi fecissent, et propter sui vetustatem recrescere nequiverit, de quo eisdem displicet, hoc eorum culpe non debet aliquatenus imputari : Demum auditis propositis hinc et inde, visoque quodam arresto, per curie nostre judicium facto, in quo continetur quod dicti monachi, visa carta eorum, vendere poterant, absque tercio et dangerio, boscos ipsos, pronunciatum fuit, per curie nostre judicium, dictas saisinas et impedimenta, per dictum magistrum Laurencium in dictis nemoribus apposita, fore tollenda. (T. II, p. 378; II.)

PHILIPPE IV, 1298.

Cum Guillelmus de Loisiaco, miles, peteret resaisiri de quibusdam possessionibus que fuerunt Stephani et Johannis Damisel, de quibus fuerant in homagio Regis, de quibus idem G. per ballivum Vitriaci, ut dicebat, sine cause cognicione, fuerat spoliatus, ballivo Vitriaci, pro domino Rege, ex adverso dicente quod dicte possessiones seu terre domino Regi ceciderant in commissum ex forisfactura dictorum Stephani et Johannis, diu est bannitorum, et, per octo annos et amplius, dominus Rex tenuerat et explectaverat dictas terras, et, de mandato Regis, in manu Regis reassumpserat dictas terras : Auditis hinc inde propositis, pronunciatum fuit quod dominus Rex de dictis terris remaneret saisitus, et dictus miles petat quod voluerit, et fiet sibi jus. (T. II, p. 425 ; xx.)

Philippe IV, 1299.

Cum Luca Pasque et ejus sorores de domo quadam, sita ad portam Baudoyer, contigua domui Guillelmi Potage, que quondam fuit deffuncte Aaledis Liete, amite earum, de qua se saisitas dicebant et in qua, propter debatum quod super ea vertebatur inter Johannem Nicholaum et Robertum dictos de Fossatis, fratres, ex una parte, et easdem sorores, ex altera, prepositus Parisiensis apposuerat manum nostram, et super qua domo dicte sorores, pro se, coram dicto Parisiensis preposito, sentenciam obtinuerant contra fratres predictos, dictam manum nostram peterent amoveri ; et e contra dictus prepositus assereret quod, licet ex causa predicta manum nostram ibidem apposuisset, quia tamen datum fuerat sibi intelligi nos habere jus in domo predicta, de quo jure nostro ipse reservacionem fecerat in probacione sentencie sue, quam super dicta domo tuleret pro sororibus antedictis, idcirco dicebat se non debere manum nostram inde amovere quousque de jure nostro super hoc cognovisset : Tandem, auditis dictarum parcium racionibus hinc et inde, per judicium curie nostre, dictum fuit et pronunciatum quod dictus prepositus de dicta domo amoveat manum nostram, et, si ipse in domo predicta vel ejus parte nos crediderit jus habere, illud nobis, per viam juris, illesum conservet, et dictas sorores super hoc per jus ducat. (T. II, p. 440; xxvii.)

Philippe IV, 1299.

Cum heredes defuncti magistri Petri de Monte-Germondi manum nostram, super eos appositam in bonis hereditariis que quondam fuerunt dicti defuncti, et in quorum saisina ac de eis in fide et homagio dominorum de quorum feodis hujus bona movent se esse dicebant, dicti heredes, tempore apposicionis manus nostre predicte, peterent amoveri; et e contra, pro parte nostra, plures fuissent proposite raciones ad illum finem quod manus nostra non deberet inde amoveri : Tandem, auditis parcium racionibus hinc et inde, per curie nostre judicium, dictum fuit quod dicti heredes in illo statu super hoc reponentur in quo ipsi erant tempore quo manus nostra fuit apposita in bonis predictis, salvo in eisdem bonis jure nostro per omnia, tam in possessione quam in proprietate, et salvo eciam super eis jure quolibet alieno. (T. II, p. 441 ; xxviii.)

Philippe IV, 1306.

Cum Droco de Melloto, miles, junior, dicens se esse heredem masculum proximiorem defuncti Gaufridi de Lesignam, quondam militis, instanter requireret quod dominus Rex ipsum ad homagium suum reciperet de feudis que dictus Gaufridus, tempore mortis sue, ab ipso domino Rege tenebat; et e contra comes Marchie, qui, ad defendendam requestam hujusmodi, fuerat ajornatus, exhibens curie quemdam litteram, facientem mencionem de quodam aplegiamento et contraaplegiamento super hoc facto inter ipsos, coram senescallo Pictavensi, quorum occasione, res predicte posite fuerant ad manum Regis, pluribus racionibus proponeret dictam requestam predicti Droconis non esse faciendam : Tandem, auditis hinc inde propositis, per arrestum curie dictum fuit quod dicta requesta predicti Droconis recipietur, et fiet in quantum tangit comitem predictum, salva super hoc ipsi comiti questione proprietatis. (T. II, p. 484 ; IV.)

Philippe IV, 1314.

Cum episcopus Bajocensis, dicens se esse et predecessores suos fuisse, a longo tempore, in bona saisina, nemus suum, quod dicitur parcum Nulliaci, absque nostra et predecessorum nostrorum licencia et absque tercio et dangerio, vendendi, conquestus fuisset ex eo quod, ut ipse dicebat, gentes carissimi genitoris nostri super hoc impediebant eundem injuste, et idem genitor noster, propter opposicionem gencium suarum, inquestam quandam super hoc fieri precepisset ; nos, ad requisicionem dicti episcopi, instanter requirentis se super hoc expediri, dilecto et fideli magistro Philippo Conversi, clerico nostro, precipimus quod ipse dictam inquestam diligenter videret, et, per gentes camere compotorum nostrorum Parisiensis ac inspectionem scriptorum dicte camere, que videri et sibi exhiberi propter hoc mandavimus, se super hoc plenius informaret ; qui magister Philippus nobis ea que super hoc invenerat reportavit ; cujus audito reporto, dilectis et fidelibus gentibus nostris presens tenentibus parlamentum, per litteras nostras mandavimus ut ipsi relacionem dicti magistri Philippi, utpote super hiis plenius informati, audirent, et, audita ipsius relacione, eundem episcopum super hoc celeriter expedirent : Audita igitur in dicto parlamento nostro secundum dicti mandati nostri tenorem, ejusdem magistri Philippi super hoc relacione, et negocio hujusmodi, secundum ipsius relacionem, ad consilium posito et diligenter examinato, per arrestum nostre curie dictum fuit quod impedimentum, eidem episcopo per gentes dicti genitoris nostri super hoc appositum, amovebitur, et remanebit idem episcopus in saisina dictum parcum suum, dumtaxat absque licencia nostra et absque tercio et dangerio, vendendi, salva nobis in hujusmodi questione proprietatis. (T. II, p. 615; IV.)

Philippe V, 1317.

Cum procurator decani et capituli ecclesie Senonensis, de speciali garda nostra existencium, dicens ipsos sub predicta garda et ressorto nostro immediato tenere et habere, et ab antiquissimo tempore, cujus memoria non existit hactenus, pacifice tenuisse immediate sub nobis ac predecessoribus nostris, qui pro tempore fuerunt, villam eorum de Brueurre, cum ejus pertinenciis, sitam in castellania de Gressibus, sub ressorto Senonensis ballivi, ex dono felicis recordacionis beati Luppi, quondam archiepiscopi Senonensis, septingentis annis et amplius elapsis a tempore donacionis predicte, longam saisinam et pacificam ab antiquissimis temporibus super hoc allegando; propter quod ipse dicebat nos non debere predictas res ponere extra specialem gardam nostram et ressortum nostrum immediatum; conquereretur ex eo quod commissarii, nuper a nobis deputati pro assidendo dotalicio Karissimis sororis nostre, regine Clemencie, gardam et ressortum dictarum rerum, pro certo precio, posuerunt in assisia dotalicii predicti, pluribus racionibus requirens factum hujusmodi dictorum commissariorum totaliter revocari, jus sibi fieri super hoc, cum instancia, postulando; procuratore dicte regine plures raciones e contrario proponente, ad illum finem quod teneat assisia predicta, et pro eo maxime quod dicti capituli procurator nullum privilegium pretendebat continens quod rex Francie predicta extra manum suam ponere non posset, nec dicebat dictam saisinam, quam ipse allegabat, contradictorio judicio obtentam fuisse, et finaliter concludente quod si, exigente justicia dicte assisie revocacionem, quantum ad res predictas in aliquo fieri contingat, sufficiens recompensacio super hoc fiat eidem regine : Tandem, auditis hinc inde propositis, et visis litteris ex parte procuratoris dicte regine exhibitis super promissione seu donacione dicti sui dotalicii confectis, deliberacioneque super hoc habita diligenti, per arrestum nostre curie dictum fuit quod, assisia ville predicte et ejus pertinenciarum, quantum ad dictam gardiam, non tenebit, immo remanebunt res predicte sub nostra gardia speciali. Quantum vero ad ressortum justicie dicti loci et ejus pertinenciarum, nos super hoc nostram faciemus voluntatem, dictum ressortum dimittendo in assisia predicta, vel illud nobis specialiter retinendo. (T. II, p. 646; II.)

Philippe V, 1318.

Philippus, Dei gracia, Francorum et Navarre rex, universis presentes litteras inspecturis, salutem : Notum facimus quod, cum mercatores ville Ambianensis dicentes se in bona saisina esse et per tantum tempus de cujus contrario non existit memoria, vel saltem, quod debet sufficere, ad bonam saisinam acquirendam fuisse in bona saisina ducendi qualescumque mercaturas suas per mare et terram de Flandria apud Ambianum, per quecumque loca placet eis, et de Ambiano in Franciam vel in Burgundiam, vel ad alias partes regni Francie, non transeundo per Bappalmas, nec per terram, nec solvendo in dictis locis transversum, solvendo tamen consuetudines locorum per que transeunt mercature predicte, requirerent impedimentum, quod super hiis apponebant eis indebite et de novo, ut ipse dicebant, pedagium de Bappalmis et de Peronna, amoveri, offerentes se paratos sufficienter probare saisinam suam predictam; et e contra dicti pedagiarii proponerent ipsos mercaturos ad probandum factum per eos propositum recipi non debere, maxime cum hujusmodi questio per antiquum registrum nostre curie valeat declarari et terminari, facta retencione de respondendo ad factum predictum, et de proponendo factum contrarium, si hoc nostre curie videretur; dictis mercatoribus pluribus racionibus ex adverso dicentibus dictum registrum non debere sibi prejudicare contra suam saisinam predictam, ymo se debere recipi ad eam probandam, facientibus tamen retencionem si ipsi non reciperentur ad dictam saisinam probandam, quod ipsi non renonciant in aliquo in hiis de quibus ipsi possunt se juvare ex registro predicto : Tandem auditis hinc inde propositis, et viso diligenter dicto registro, per arrestum nostre curie dictum fuit quod mercatores predicti ad dictam saisinam, prout eam proponunt, probandam non recipientur, et quod super hujusmodi questione stabitur dicto registro, cujus registri tenor sequitur in hec verba, videlicet quod omnia averia que transeant de terra Flandrie, sive in Franciam, sive in Burgundiam, sive in Campaniam, sive ultra montes, sive in Provinciam, debent pedagium apud Bappalmas; et omnia vina veniencia de Francia, vel de Burgundia, in Flandriam euncia, debent pedagium apud Bappalmas; omnes autem illi qui debent pedagium apud Bappalmas debent pedagia apud Peronnam, apud Royam, apud Compendium et Crispiacum; Ternenses vero et Banonienses, et Normani et Corbienses, Ambianenses, Pontivenses, Belvacenses, Tornacenses, Cameracenses et Falquenburgenses, omnes isti vadunt quo volunt reddendo suas rectas consuetudines; sed si ipsi asportarent averia de Flandria in terras predictas, ipsi redderent pedagium apud Bappalmas sicut alii, vel reportando vina, sicut supra dictum est. In cujus rei testimonium presentibus litteris nostrum fecimus apponi sigillum. (T. II, p. 684; VIII.)

Aux textes des *Olim* que nous venons de rapporter et qui avaient été cités par nous dans le chapitre v de cet ouvrage, nous en ajouterons quelques-uns encore pour faire mieux apprécier l'importance de ces précieux documents en ce qui concerne la question qui nous occupe.

La justice du Roi, qui sans cesse empiétait sur le pouvoir des seigneurs, s'était arrogé le droit, sans tenir compte ni de la prérogative féodale, ni même des degrés de parenté, d'accorder la saisine à la partie présente, en toute circonstance, lorsque l'adversaire avait deux fois fait défaut.

Louis IX, 1263.

Adjudicata fuit saisina domino Gileberto de Essartis, militi, de hiis que petebat contra Sycardum Alemannum et Petrum, vicecomitem Lautricensem, de hiis videlicet de quibus ipsi erant tenentes, et de quibus facta fuerat ostensio inter eos; et hoc factum est propter defectum eorum, quia ipsi defecerunt post diem ostensionis. (T. I, p. 559, XIX.)

APPENDICE.

Philippe III, 1272.

Viso diligenter per curiam recordo hominum curie Peronensis, facto de mandato curie, et per ballivum relato super erramentis habitis in causa que in assisia vertebatur inter dominum Radulphum de Tornella, militem, ex una parte, et dominam de Hardicuria, ex altera, et hinc inde propositis plenius intellectis, quia inventum est dictum Radulphum post diem peticionis et ostensionis defecisse, adjudicata est saisina pratorum de Plasmeau, de quibus inter eos agebatur, ipsi domine de Hardicuria. (T. I, p. 888; XXIII.)

Toutefois, nonobstant deux défauts, le parlement refusa d'adjuger la saisine dans les circonstances suivantes.

Louis IX, 1261.

Cum in causa que vertebatur inter regem Anglie, ex una parte, et Renaudum de Pontibus et ejus uxorem, ex altera, super facto Brageriaci et pertinenciarum ejusdem, cujus petit saysinam ydem Renaudus, rex Anglie habuisset diem consilii, postmodum in duobus pallamentis defecit idem Rex et modo in tercio pallamento peciit idem Rex diem ostensionis : Audita quadam compositione super hoc negocio confecta inter regem Anglie et regem Francie; auditis eciam aliis rationibus ipsius Renaudi, determinatum fuit quod rex Anglie non haberet diem ostensionis. Tunc dictus Renaudus, propter predictos duos defectus, peciit habere saysinam Brageriaci et pertinenciarum, vel jus. Procuratores regis Anglie responderunt quod, propter ipsos duos defectus, non debebat idem Renaudus habere dictam saysinam, secundum usus hujus curie, cum ante diem ostensionis facti fuerint. Renaudus dicebat e contrario quod ex vi littere super ipsa compositione confecte, et, per quedam alia erramenta, a principio amota fuit de jure dies ostensionis, cum de plano, sine dilacione vel strepitu judicii, debeat in hac causa procedi, et idcirco tantum operantur ipsi defectus quantum si fuissent facti post diem ostensionis : Demum, partibus petentibus super hoc jus, judicatum fuit quod idem Renaudus non haberet ad presens saysinam hujusmodi, propter predictos defectus. (T. I, p. 525; XVIII.)

Ces règles, suivies par le parlement, n'étaient pas absolument nouvelles; Glanville semble enseigner déjà que la personne citée, dans certains cas au moins, faute de comparaître, perdait la saisine (voy. ch. III, p. 67 et le passage de Glanville qui y est rapporté); mais, dans la procédure ordinaire des actions possessoires que Glanville a exposée avec détails (voy. même chapitre, p. 67, note 5), on se contente de passer outre au jugement, sans qu'il en résulte pour la partie adverse d'autre désavantage que celui de se voir jugée sans être entendue. Il en est autrement, il est vrai, dans le chapitre LXV des Établissements. Toutefois, même dans ce dernier document, il n'est question que de l'action de *dessesine;* de celle qui ne pouvait être intentée que par la personne dépossédée d'une saisine qu'elle avait régulièrement obtenue. Cette saisine ne faisait pas obstacle, nous l'avons dit bien souvent, à ce qu'un légitime propriétaire fît valoir un droit qui aurait été méconnu; mais il aurait introduit sa demande, dans ce cas, par action petitoire. Dans les *Olim,* quelquefois, il n'en est pas ainsi; c'est l'époque de transition : on invoque à la fois et la saisine conférée par le seigneur, et la saisine attribuée de plein droit au plus proche héritier, et la saisine de fait acquise par prescription; les principes ne sont pas bien fixés; les règles sont encore incertaines, et ce ne sera que dans la Coutume de Beauvoisis qu'un système bien défini sera clairement exposé. Dans les *Olim*, pour nous faire mieux comprendre, l'action n'est plus seulement *recuperandæ possessionis*, mais quelquefois aussi, à certains égards, *adipiscendæ possessionis*.

A défaut d'autre titre, et sans même invoquer la prescription, celui qui détenait, par cela seul, suivant la jurisprudence du parlement, obtenait et gardait la saisine si personne ne pouvait établir ses droits sur l'objet contesté. Nous pouvons en citer quelques exemples.

Louis IX, 1266.

Testes recepti, de mandato domini regis, per ballivum Senonensem, super eo quod prior de Lorriaco in Boscagio proposuit contra Stephanum de Paley, armigerum, quod aqua et ripparia que est circiter molendinum de Closellis, prope Lorriacum, et justicia ipsius aque est abbatis et conventus et monasterii Bone Vallis, et prioratus eorum de Lorriaco in Boscagio et domini Regis, et quod usi sunt dictis aqua et justicia, semper tanquam de sua. Dictus Stephanus hoc negavit, in contrarium asserens dictam aquam et justiciam esse suam. Procurator abbatis et conventus hoc negavit : Auditis attestacionibus parcium, et visa carta ipsius prioris, pro neutra parcium probatum est aliquid propter quod possessor rei, de qua agitur, removeatur a possessione sua; propter quod pronunciatum est quod ille qui possidet remanet in possessione sua. (T. I., p. 235; x.)

Louis IX, 1257.

Inquesta facta utrum monachi de Sancto Dyonisio levaverint, habuerint seu haberent furcas apud Trambleium, et fecerint justiciam apud Trambleium, quia propositi Parienses opponebant se pro Rege : Rex nichil probat; monachi habeant saisinam de furchis. (T. I, p. 27 ; 1.)

L'habitude de voir la saisine faire présumer l'existence d'un droit complet à la propriété, avait eu pour résultat de lui donner une valeur que n'a pas aujourd'hui la possession juridique; elle est parfois demandée comme paraissant consacrer, pour celui qui l'aurait obtenue, le droit d'aliéner. Le vendeur, cependant, n'aurait pu transmettre à l'acheteur plus de droits qu'il n'en avait lui-même, et la saisine ne suffisait pas pour le mettre à l'abri d'une revendication; mais, en fait probablement, l'éviction était peu à craindre dans de pareilles circonstances, faute de preuves établissant un droit contraire.

Louis IX, 1259.

Inquesta facta per Stephanum Taste Saveur, ballivum Senonensem, super eo quod Johannes de Villaribus, miles, intendit probare quod nemus de Boscho Galcheri, in Byeira, est liberorum suorum, racione uxoris sue, matris ipsorum liberorum, et quod potest vendere ipsum nemus, set non absque licencia domini Regis, et quod alias ipsum vendidit de mandato domine regine Blanche; forestarius verò Bierie contradixit scindi dictum nemus eo quod intellexerat quod dictus Johannes nichil habebat in ipso Bosco nisi usagium ad focum suum et ad domos suas reficiendas : Melius probatum est pro eodem milite quam pro domino

APPENDICE.

Rege; remaneat saisina ipsius nemoris eidem Johanni de Villaribus, racione liberorum suorum quorum est ex parte uxoris sue, matris ipsorum liberorum. (T. I, p. 101; IV.)

Louis IX, 1266.

Cum Falqueta, relictâ Henrici, quondam domini Branciduni, peteret saisinam castri de Corteveis et pertinenciarum ejus, sibi dati in dotem seu dotalicium ab ipso Henrico, sicut dicebat, quando contraxit matrimonium cum eadem; ad fundandam intencionem suam super hoc, multa proponens; Ansero de Serciaco, armigero, qui erat in saisina dicti castri, racionis uxore sue, sororis ipsius Henrici, cum qua fuerat, similiter cum ipso Ansero, super hoc mota questio, e contra dicente, pro se et Johanne filio suo ac dicte uxoris sue jam defuncte, quod ipsa domina Branciduni, pluribus racionibus, quas ipse super hoc proponebat, non debebat in hujusmodi peticione audiri : Tandem, auditis hinc inde propositis, et confessionibus parcium in jure factis, adjudicata fuit saisina dicti castri de Corteveis et pertinenciarum ejus ipsi domine Branciduni, racionis dotis seu dotalicii. (T. I, p. 234; VIII.)

Le droit de saisine, ainsi qu'on a pu déjà en juger, s'appliquait aux choses les plus diverses; nous en donnerons un nouvel exemple.

Philippe IV, 1292.

Cum dominus Guillelmus Crepin peteret amoveri impedimentum quod sibi fiebat per ballivum Gisorcii in saisina justicie sanguinis et plage sine morte et mehaignio cum clamore et sine clamore de harou, alias sibi adjudicata, ut dicebat, in terra sua de Estrepigniaco et de Danguto; gentibus nostris, pro parte nostra, se opponentibus; visis judiciis, graciis et recordis curie nostre, et intellectis diligenter, pro utraque parte propositis, pronunciatum fuit, per curie nostre judicium, quod nos in manu nostra saisinam dicte justicie cupiemus et retinebimus, et faciemus jus dicto Guillelmo super hiis que proponere voluerit coram nobis. (T. II, p. 341; xx.)

Un appendice joint au tome II des *Olim* contient le texte de la coutume de Saint-Dizier, qui remonte à l'an 1228. Par une disposition bizarre, la solution des difficultés de nature à embarrasser le tribunal de la commune était abandonnée aux magistrats de la ville d'Ypres, une des plus florissantes cités, à cette époque, de la Flandre. L'article LXVI de cette charte est ainsi conçu : « De aliis autem « rebus que dictis burgensibus vel domino judicando, « utendo vel declarando fuerint necessaria que per cartam « istam declarari non poterunt, recursum habebunt ad « legem et consuetudinem Ypre, et secundum istam legem « scabini judicabunt et utentur. » Parmi les décisions rendues par les échevins de la ville d'Ypres, qui furent souvent consultés, on en trouve une de 1345 qui porte : « Tenure vaut d'un an et un jour, en tel maniere que se cil qui tient est mis en possession par bailli et par eschevins, il ne serat pas desvestus, s'il l'a tenu un an. » (*Olim*, t. II, p. 840; CCLXXXV.) Il semble résulter des termes de cette décision que les échevins de la ville d'Ypres admettaient la saisine de fait acquise par la détention annale; mais lui donnaient pour condition la mise en possession par les autorités qui, dans cette ville libre, remplaçaient, à bien des égards, le seigneur. Nous avons trouvé dans les *Olim* quelques passages qui pouvaient faire supposer que quelque chose d'analogue a existé, comme transition peut-être, en France; mais de nombreuses décisions établissent d'une manière certaine que la détention seule, prolongée pendant un temps qui n'est pas, il est vrai, bien déterminé dans les *Olim,* donnait la saisine de fait.

Un très-ancien manuscrit remontant au xive siècle, intitulé *le Livre de jostice et de plet,* cité par Klimrath, dit : « Nos apelons veraie sesine, quant aucun remaint sesi an et jor come sires et par jostice à la veue et à la seue de celui qui demander puet et ne veaut demander et se test. » L'auteur, par *veraie sesine,* entend sans doute celle qui ne pouvait désormais être enlevée que par l'action de droit ou revendication. Ces anciens manuscrits, appelés du nom générique de *coutumiers,* n'ont aucun caractère officiel. Écrits par de simples particuliers, ce sont des ouvrages de doctrine qui peuvent tout aussi bien quelquefois indiquer une opinion de l'auteur que l'état de choses légal; il ne faut donc pas y attacher une importance exagérée, ni surtout les mettre sur la même ligne que les arrêts du parlement. Ce passage indique également comme suffisant, pour donner la saisine, le délai d'an et jour; et il semble exiger en même temps l'intervention de la justice. Nous répéterons que le parlement, dans les *Olim,* ne paraît pas avoir bien fixé encore le délai qui confère au simple détenteur la saisine de fait; mais il paraît hors de doute que si la saisine avait été conférée par justice, le parlement ne reconnaissait nullement dans ce cas la nécessité d'un délai pour la rendre inattaquable.

Il ne faut pas perdre de vue que nous ne parlons ici que de la saisine et non de la prescription annale, donnant la propriété, établie par les chartes des communes; nous avons eu soin de les bien distinguer dans le cours de cet ouvrage.

Disons, en terminant, qu'aucun problème historique se rattachant à l'époque du moyen âge ne pourra, sans doute, recevoir une solution si complète, qu'elle ne soit en opposition avec quelques faits isolés, avec quelques textes qu'une patiente investigation fera découvrir; mais si les règles générales données comme résultat peuvent parfois, en pareille matière, être contredites par des exceptions sans importance, elles n'en conservent pas moins leur force et leur autorité.

FIN.

TABLE

DES

TITRES DES OUVRAGES CITÉS[1].

ARGENTRÉ (D'). Commentarii in patrias Britonum leges, etc. 1 vol. in-f°.

ARGOU. Institution au droit français, éd. rev. par Boucher d'Argis, 2 vol. in-12.

ARTOIS (COUTUMES GÉNÉRALES D'), avec des notes par M. Adrien Maillart, 2 vol. in-f°. A cet ouvrage est joint le manuscrit comprenant les *Anciens usages d'Artois*.

ASSISES DE JÉRUSALEM ou Recueil des ouvrages de jurisprudence composés pendant le XIII° siècle dans les royaumes de Jérusalem et de Chypre, publiés par M. le comte Beugnot, Impr. roy. 1841, 2 vol. in-f°.

BALUZE. Capitularia regum Francorum, etc. 2 vol. in-f°.

BARBEYRAC. Voy. PUFFENDORF.

BEAUMANOIR. Les Coutumes du Beauvoisis, etc. publiées par M. le comte Beugnot, Paris, 1842, 2 vol. in-8°.

BELIME. Traité du droit de possession et des actions possessoires, 1 vol. in-8°.

---

[1] Les indications données dans le cours du volume, presque toujours très-abrégées, pourraient quelquefois paraître insuffisantes. Cette table n'a pas d'autre but que de rétablir les titres d'une manière assez complète, pour qu'il soit possible de reconnaître aisément les ouvrages cités.

Beugnot (M. le comte), membre de l'Institut. Voy. *Assises de Jérusalem;* Beaumanoir, *Coutumes du Beauvoisis; Olim.*

Blackstone. Commentaires sur les lois anglaises, trad. par Chompré, 6 vol. in-8°.

Bouquet (D. Martin). Recueil des historiens des Gaules et de la France, etc. Rerum Gallicarum et Francicarum scriptores, in-f°.

Boutheiller. Somme rural, ou le grand coustumier general de practique civil et canon, etc. annoté par Charondas le Caron, 1 vol. in-4°.

Bretagne (Coutumes, établissements et ordonnances du pays et duché de), 1 vol. in-8°, goth. C'est l'ouvrage connu sous le nom de *Très-ancienne coutume de Bretagne.*

Britton (Traité de). Voy. Houard, Traités sur les coutumes anglo-normandes, t. IV, p. 1.

Brussel. Nouvel examen de l'usage général des fiefs en France, pendant les XIe, XIIe, XIIIe et XIVe siècles, 2 vol. in-4°.

Canciani. Barbarorum leges antiquæ, 5 vol. in-f°. On trouve dans ce recueil la traduction italienne des *Assises de Jérusalem,* publiée par la république de Venise.

César. C. Julii Cæsaris Commentariorum de Bello Gallico.

Chiampionnière et Rigaud. Traité des droits d'enregistrement, contenant l'examen des principes du Code civil, etc. 5 vol. in-8°.

Clément V. Clementinæ constitutiones. Voy. *Corpus juris canonici.*

Coquille (Guy). Coutumes du pays et duché de Nivernois, avec les annotations et les commentaires, 1 vol. in-4°. Voy. également OEuvres de Guy Coquille, 2 vol. in-f°.

Corpus juris canonici, cum glossis diversorum, 3 vol. in-f°.

Corpus juris civilis Romani. Cet ouvrage comprend les L liv. du Digeste ou Pandectes, les XII liv. du Code, les Novelles et les Institutes.

Crémieu. Théorie des actions possessoires ou des moyens de faire valoir la possession en droit romain et en droit français, 1 vol. in-8°.

Denizart. Collection de décisions nouvelles et de notions relatives à la jurisprudence actuelle, 4 vol. in-4°.

Desmares. Coutumes notoires jugées au Châtelet; Décisions de Jean Desmares, Voy. la Coutume de Paris, commentée par J. Brodeau, 2 vol. in-f°.

Diplomata, chartæ, epistolæ, leges, aliaque instrumenta ad res Gallo-Francicas spectantia, prius collecta a W. C. C. de Brequigny et Laporte du Theil, nunc nova ratione ordinata, etc. edidit J. M. Pardessus. Lutetiæ Parisiorum ex typographeo regio, 1843, 2 vol. in-f°.

Duaren. Fr. Duareni opera omnia, 4 vol. in-f°.

Du Cange (Charles Dufresne, sieur). Glossarium ad scriptores mediæ et infimæ latinitatis, editio nova auctior et locupletior, etc. Paris, 1733, 6 vol. in-f°.

Durand de Maillane. Dictionnaire canonique, Lyon, 1770, 4 vol. in-4°.

Établissements et coutumes, assises et arrêts de l'Échiquier de Normandie au XIIIe siècle, publiés par M. Marnier, 1 vol. in-8°.

Ferrière. Nouveau commentaire sur la coutume de Paris, 2 vol. in-12.

Fleta. Voy. Houard. Traités sur les coutumes anglo-normandes, t. III, p. 1.

Fleury (L'abbé). Institution au droit ecclésiastique, 2 vol. in-12.

Formules de Marculfe, de Sirmond, de Bignon, de Mabillon. Voy. Baluze, D. Bouquet, Canciani et un grand nombre de recueils.

Gaïus. Gaii Institutionum Commentarii IV, etc. 1 vol. in-8°.

Gibbon. Histoire de la décadence et de la chute de l'empire romain, tr. de l'anglais.

Giraud (Charles). Theses pro duabus vice cathedris in Aquensi consultissima facultate vacantibus, tueri conabitur Carolus Giraud, juris doctor. (Die februarii decima, anni 1830.)

Recherches sur le droit de propriété chez les Romains, sous la République et sous l'Empire, 2 vol. in-8°.

Essai sur l'histoire du droit français au moyen âge, 3 vol. in-8°.

Glanvilla. Tractatus de legibus et et consuetudinibus regni anglie tempore regis Henrici II compositus. Voy. Houard. Traité sur les coutumes anglo-normandes, t. I, p. 373.

Glossaire du droit français. Voy. Laurière (Eusèbe de).

Glossarium ad scriptores mediæ et infimæ latinitatis. Voy. Du Cange.

Grand (Le) Coustumier de France et Instruction de pratique et manière de procéder, etc. 1 vol. in-8°, goth. Cet ouvrage est connu sous la désignation de *Grand Coutumier de Charles VI.*

Gratien (Décret de). Voy. *Corpus juris canonici.*

Grégoire IX. Liber decretalium. Voy. *Corpus juris canonici.*

Grotius. Hugonis Grotii de jure belli et pacis, 1 vol. in-4°.

Guérard. Polyptique de l'abbé Irminon, ou dénombrement des manses, des serfs et des revenus de l'abbaye de Saint-Germain-des-Prés, sous le règne de Charlemagne, publié avec des prolégomènes par M. B. Guérard, membre de l'Institut. Imprimerie royale, 1836-1844, 3 vol. in-4°.

Guizot. Histoire de la civilisation en Europe et en France, 5 vol. in-8°.

Guy Pape. Decisiones Gratianopolis parlamenti, 1 vol. in-fol. — D. V. Guidonis Papæ doc. clarissim. decisiones Grationopolitanæ, 1 vol. in-12.

Hallam. L'Europe au moyen âge, tr. de l'anglais par MM. Dudouit et Borghers, 4 vol. in-8.

Henrion de Pansey. De la compétence des juges de paix, 1 vol. in-8.

Historiens (Recueil des) des Gaules et de la France. V. Bouquet.

Houard. Anciennes lois des Français, conservées dans les coutumes angloises, recueillies par Littleton, avec des observations historiques et critiques, etc. par Houard, 2 vol. in-4°.

Traités sur les coutumes anglo-normandes publiées en Angleterre depuis le onzième jusqu'au quatorzième siècle, etc. 4 vol. in-4°.

Imbert (J.). Institutions forenses ou practique judiciaire, 1 vol. in-4°.

Klimratu. Travaux sur l'histoire du droit français, recueillis par M. Warnkœnig, 1843, 2 vol. in-8.

Laboulaye. Histoire du droit de propriété foncière en Occident, 1 vol. in-8°.

Laferrière. Histoire du droit civil de Rome et du droit français, 4 vol. in-8°.

Laurière (Eusèbe de). Glossaire du droit, contenant l'explication des mots difficiles, etc. revu, corrigé, augmenté de mots et remis dans un meilleur ordre, par M. Eusèbe de Laurière, 2 vol. in-4°.

Dissertation sur le ténement de cinq ans, 1 vol. in-12.

Institutes coutumières de Loysel, avec des notes de de Laurière, 2 vol. in-12.

Leges et consuetudines Burgorum, editæ per D. David, regem Scotiæ, ejus nominis primum. Voy. Houard. Traités sur les coutumes anglo-normandes, t. II, p. 361.

Lezardière (Mlle de la). Théorie des lois politiques de la monarchie française, Paris, 1844, 4 vol. in-8°.

Liber feudorum ou Consuetudines feudorum. Joint à quelques éditions anciennes du *Corpus juris civilis*.

Liber sextus. Voy. *Corpus juris canonici*.

Littleton. Voy. Houard. Anciennes lois des Français.

DES OUVRAGES CITÉS.   331

Locré. La législation civile, commerciale et criminelle de la France, ou commentaire et complément des Codes français, 31 vol. in 8°.

Loysel. Institutes coutumières avec des notes de de Laurière; nouv. éd. augm. par MM. Dupin et Laboulaye, membres de l'Institut, 2 vol. in-12.

Macé (Antonin). Des lois agraires chez les Romains, 1 volume in-8°.

Masuer. La practique de Masuer, traduite du latin en français, par Ant. Fontanon, 1 vol. in-4°.

Merlin. Répertoire universel et raisonné de jurisprudence civile, criminelle, canonique et bénéficiale, ouvrage de plusieurs jurisconsultes, Paris, 1784, 17 vol. in-4°. — Répertoire universel et raisonné de jurisprudence, 18 vol. in-4°.

Montaigne. Essais de Michel Montaigne.

Montesquieu. De l'esprit des lois, ou rapport que les lois doivent avoir avec la constitution de chaque gouvernement, etc.

Myrror (The) de justices ou Speculum justitiariorum. Voy. Houard. — Traités sur les coutumes anglo-normandes, t. IV, p. 465.

Normandie (La coutume de), 1 vol. in-4°.

Normandie (Le grant coustumier du pays et duché de), etc., avec la glose, 1 vol. in-8°.

Olim (Les) ou Registres des arrêts rendus par la cour du roi, sous les règnes de saint Louis, de Philippe le Hardi, de Philippe le Bel, de Louis le Hutin, et de Philippe le Long, publiés par M. Beugnot, 1839-1848, 4 vol. in-4°.

Ordonnances des rois de France de la troisième race, recueillies par ordre chronologique, 20 vol. in-f°.

Othon. Summa Othonis Senonensis de Interdictis, Juditiisque possessoriis et eorum libellis per Justinum Goblerum licentiatum jam primum restituta et evulgata, 1 vol. in-4°.

Papon. Recueil d'arrêts notables des Cours souveraines de France, 1 vol. in-4°.

Pardessus. Loi salique ou Recueil contenant les anciennes rédactions de cette loi et le texte connu sous le nom de *Lex Emendata* avec des notes et des dissertations, par J. M. Pardessus, membre de l'Institut; Impr. roy. 1843, 1 vol. in-4°.

Pasquier (Estienne). Recherches sur la France, 2 vol. in-f°.

Pithou (Fr.). Lex salica, in-8°.

Pothier. Ses œuvres.

Poullain Duparc. Principes du droit français, suivant les maximes de Bretagne, 12 vol. in-12.

PROUDHON. Qu'est-ce que la propriété? ou recherches sur le principe du droit et du gouvernement. Premier mémoire, Paris, 1841, 1 vol. in-18.

PUFFENDORF. Le droit de la nature et des gens, ou système général des principes les plus importants de la morale, de la politique et de la jurisprudence; trad. du latin par Jean Barbeyrac, avec des notes et une préface, 2 vol. in-4°.

REVUE de droit français et étranger, in-8°.

REVUE de législation et de jurisprudence, in-8°.

SAVIGNY. Traité de la possession en droit romain, trad. de l'allemand par Ch. Faivre d'Audelange, 1 vol. in-8°.

Histoire du droit romain au moyen âge, trad. de l'allemand par Guénoux, 3 vol. in-8°.

SIRMOND. Concilia antiqua Galliæ, tres in tomos digesta, cum epistolis pontificum, principum constitutionibus et aliis Gallicanæ rei ecclesiasticæ monumentis, 3 vol. in-f°.

SISMONDI. Études sur l'économie politique, 2 vol. in-8°.

TACITUS. Germania. Dans les œuvres complètes de cet auteur et dans un grand nombre d'éditions séparées.

THÉODOSE. Codex Theodosianus.

THIERRY (Augustin). Récits des temps mérovingiens, 2 vol. in-8°.

— Lettres sur l'histoire de France, 1 vol. in-8°.

TROPLONG. De la prescription, ou commentaires du titre XX du livre III du Code civil, 2 vol. in-8°.

WALTER. Manuel du droit ecclésiastique de toutes les confessions chrétiennes, trad. de l'allemand par Roquemont, 1 vol. in-8°.

WATEL. Le droit des gens, ou principes de la loi naturelle appliquée à la conduite et aux affaires des nations et des souverains, 2 vol. in-8°

FIN DE LA TABLE DES TITRES DES OUVRAGES CITÉS.

TABLE

ANALYTIQUE ET ALPHABÉTIQUE

DES MATIÈRES.

Actes écrits.

Les actes écrits n'étaient exigés, chez les Francs, ni pour la validité, ni pour la preuve des contrats, p. 11. — Actes authentiques, p. 12. — Actes privés, p. 13.

Action possessoire.

Voy. *Action possessoire mobilière; Action possessoire bénéficiale; Réintégrande; Dénonciation de nouvel œuvre; Interdits; Saisine.*

L'action possessoire n'a pas été admise par les législations barbares, p. 6, 30.—Avait-elle été conservée par la législation de l'Église et par les personnes vivant sous la loi romaine, p. 208. — L'action possessoire tire son origine des lois barbares pour la poursuite des crimes, p. 56.—Ces lois, tombées en désuétude en France, ont été rétablies par Rollon dans le duché de Normandie, p. 61. — Poursuite par clameur en Normandie, p. 62.—Le cri de *haro* est resté, dans cette province, la procédure usuelle et régulière des actions possessoires, p. 65. —Les Saxons avaient admis, comme les Francs, la poursuite des crimes par la clameur, p. 61, 65, 67. — La clameur s'appliquait chez les Saxons, dès les temps anciens, comme elle s'appliqua plus tard en Normandie à la poursuite de l'action possessoire, p. 70. — Glanville distingue l'action possessoire de l'action pétitoire, p. 66. — Il introduisit en Angleterre la procédure par assise suivie en Normandie, p. 72. — La clameur pouvait être poussée chez les Saxons par tout possesseur déjeté, p. 73. — Lorsque les Normands eurent introduit en Angleterre le système féodal, l'action possessoire n'appartint qu'à celui qui avait la saisine féodale, p. 73-277. — L'action possessoire est expliquée par tous les auteurs anglo-normands, p. 68. — Elle est restée dans le droit anglais, p. 69. — L'action possessoire était admise par les chrétiens d'Orient; la procédure en est réglée par les Assises, p. 122. — On trouve dans les *Olim*, pour la première fois, l'action possessoire donnée pour la saisine *de fait*, obtenue par prescription, p. 125. — L'action s'éteignait par prescription, p. 124-134. — Fausse interprétation donnée à un passage de Guy Pape sur l'action possessoire, p. 136. — Le chap. LXV du livre Ier des Établissements de saint Louis parle de cette action en termes ambigus, p. 137. — Elle est expliquée avec une clarté parfaite dans les Coutumes de Beauvoisis, p. 140. — Ordonnance sur les actions possessoires, aujourd'hui perdue, rappelée par le texte des Coutumes de Beauvoisis, p. 142. — Influence du droit romain sur les règles des actions possessoires; le Grand coutumier, p. 228. — La Somme rural, p. 233. — Summa Othonis, p. 235. — La très-ancienne coutume de Bretagne, p. 243. — Influence du droit canonique presque nulle, p. 247. — Au XVe siècle, le séquestre, prononcé jusqu'alors en toute circonstance, est remplacé par la récréance, p. 254. — La récréance, dans le dernier état de l'ancien droit, n'était plus usitée qu'en matière bénéficiale, p. 255. — Dispositions diverses des coutumes résumées, par Loysel, p. 255. — Ordonnance de 1667, p. 257. — Avantages et inconvénients de l'action possessoire sous l'ancien droit, p. 255-283. — Même appréciation dans le droit nouveau, p. 284. — Réformes qui pourraient être adoptées dans la législation actuelle, p. 289.

ACTION POSSESSOIRE BÉNÉFICIALE.

Voy. *Droit ecclésiastique; Réintégrande.*

Texte tiré des fausses décrétales inséré dans le décret de Gratien, p. 213. — Le droit canonique n'a réglé l'action possessoire qu'au XIIIe siècle, p. 216. — Caractère particulier de l'action possessoire en droit canonique, p. 212-222. — Les tribunaux ecclésiastiques sont dépossédés de toute participation au jugement des actions possessoires, p. 247.—En matière bénéficiale, la réserve faite en leur faveur, pour le jugement de l'action pétitoire, en fait, était illusoire, p. 250.— L'expression de réintégrande, particulière au droit canonique, employée plus tard en matière civile, p. 252. — La récréance exclusivement employée, en dernier lieu, en matière bénéficiale, p. 253-256.

Action possessoire mobilière.

La saisine appliquée aux meubles a fait naître l'action possessoire mobilière, p. 108. — L'action possessoire mobilière reçoit de nombreuses restrictions, p. 111. — Dispositions des coutumes analysées par M. Renaud, p. 112. — La coutume de Beauvoisis a parlé avec détail de l'action possessoire mobilière, p. 154.

Ager publicus.

Définition de l'*ager publicus*, p. 168. — Comment il fut fondé et augmenté, p. 169. — Comment il était distribué, p. 170. — Quels droits pouvaient exercer les possesseurs de ces terres, p. 171.

Alleu.

Alleu s'appliqua d'abord aux propres; plus tard, il désigna les terres libres par opposition aux bénéfices, p. 34. — Les alleus disparurent peu à peu, p. 37-91.

Amiens (Charte d'), p. 48.

Assise (Procédure par).

Elle était anciennement usitée en Normandie, p. 64. — Elle est introduite en Angleterre par Glanville, p. 66-72.

Bénéfices.

Voy. *Féodalité*.

Bénéfices ecclésiastiques.

Organisation des biens de l'Église dans les premiers temps du christianisme, p. 207.—Création des bénéfices ecclésiastiques, p. 208.

Celtique (Droit).

Le droit celtique n'a pu se maintenir, après la conquête romaine, ni dans les Gaules, ni dans l'Armorique, p. 2.— Il s'est maintenu dans les coutumes galloises, p. 29. — Ces coutumes admettent la prescription annale, mal à propos confondue avec la possession juridique, p. 30.

CENTAINES.

Établissement des divisions territoriales appelées *centaines* chez les Francs, et *hundred* en Angleterre, p. 56. — Rollon les adopte dans le duché de Normandie, p. 61. — Elles sont maintenues en Angleterre par Guillaume le Conquérant, p. 65.

CHAPELLE-LA-REINE (PRIVILÉGES DE), p. 11.

CHAUMONT (CHARTE DE), p. 47.

CHRISTIANISME.

Voy. *Action possessoire bénéficiale, droit ecclesiastique.*

Formation de l'Église de Jérusalem, p. 191. — L'organisation en est imitée par les églises fondées par les apôtres dans toute l'étendue de l'empire romain, p. 191. — Les évêques; leurs fonctions, p. 192. — Création des synodes provinciaux et de la dignité d'archevêque, p. 192. — La religion chrétienne persécutée par les empereurs, p. 193. — Conversion de Constantin; elle rend la paix à l'Église, p. 194. — L'Église ne comprend plus désormais que le clergé, p. 195. — Conversion des Barbares, p. 195. — Rome devenue capitale de la chrétienté, p. 196. — Scission entre les églises de Rome et de Constantinople, p. 197.

COMMUNES.

Principe des communes du moyen âge, p. 44. — Combats qu'elles eurent à soutenir, p. 46. — Caractère des garanties que leur assuraient les chartes, p. 45, 48.

COMPLAINTE.

Voy. *Action possessoire.*

CONTRATS USITÉS CHEZ LES FRANCS.

Presque tous les contrats pratiqués de nos jours étaient connus chez les Francs, p. 14.

DÉNONCIATION DE NOUVEL ŒUVRE.

La dénonciation de nouvel œuvre est empruntée au droit romain,

p. 238. — Elle est admise dans le droit français, p. 238. — Elle a été dénaturée par les glossateurs, p. 242. — Elle se confondit avec la complainte dans l'ancien droit, p. 243. — Elle ne doit pas être considérée comme une action possessoire particulière, p. 268.

Droit ecclésiastique.

Voy. *Action possessoire bénéficiale. Christianisme.*

Droit ecclésiastique primitif et lois des empereurs, p. 198. — Juridiction appartenant à l'Église, p. 199. — Les lois ecclésiastiques se compliquent des règles particulières à chaque nation, p. 200. — Fausses décrétales, p. 201. — Décret de Gratien, p. 201. — Collection des décrétales, par Grégoire IX, p. 202. — *Liber sextus*, les Clémentines, les Extravagantes, p. 203. — *Corpus juris canonici*, p. 203. — Le droit ecclésiastique reconnu et appliqué par les Mérovingiens et les Carlovingiens, p. 203. — Priviléges des ecclésiastiques et juridiction des tribunaux ecclésiastiques, p. 205. — Cette juridiction est toujours restée étrangère aux matières réelles, p. 206. — Influence du droit canonique sur les législations modernes, p. 246.

Église.

Voy. *Christianisme, droit ecclésiastique.*

Établissements de saint Louis.

Guy Pape, en parlant des Établissements a été mal compris, p. 136. — Le chapitre LXV du livre I traite de la dessaisine de force, p. 138. — Le chapitre VI du livre II ne dit pas que la possession sera rendue sans condition à toute personne dépouillée par violence, p. 166.

Féodalité.

Signification du mot *bénéfices*, p. 34. — Les alleus disparurent peu à peu, p. 37, 91. — Le vasselage se généralise en France, p. 38. — Conditions nouvelles imposées aux vassaux, p. 39. — Incompatibilité des règles féodales avec la prescription, p. 39, 73. — Entraves apportées à la libre disposition des biens donnés en fief, p. 49. — Nature des biens donnés en fief, p. 50, 52. — Formes usitées sous la féodalité pour la transmission des biens, p. 86. — Valeur et forme de l'investiture féodale, p. 89. — Première atteinte portée au principe des lois féodales, p. 93. — Importance du combat judiciaire dans le droit féodal, p. 40, 148.

HARO (CLAMEUR DE).

Son origine, p. 61. — Son usage, p. 62. — Le cri de *haro* est resté en Normandie la procédure usuelle et régulière des actions possessoires, p. 65.

HUNDRED.

Voy. *Centaines*.

HUTESIUM.

Son origine et sa signification, p. 61. — Maintenu en Angleterre par Guillaume-le-Conquérant, p. 65. — Procédure par clameur, p. 70. — Conditions exigées, p. 73.

INTERDITS.

Les interdits ont été créés pour assurer la jouissance paisible des choses publiques, p. 174. — Ils s'appliquèrent par extension aux possessions de l'*ager publicus* et prirent le nom d'interdits possessoires, p. 175. — Leur utilité dans le dernier état du droit, p. 176. — Interdits *Adipiscendæ possessionis*, p. 180. — Interdits *Retinendæ possessionis*, p. 181. — Interdits *Recuperandæ possessionis*, p. 183. — Procédure des interdits, p. 188. — Les interdits n'ont rien de commun avec nos actions possessoires, p. 189.

INVESTITURE.

Origine du mot *vestitura*, p. 85. — Formes de l'investiture, p. 86. — Valeur de l'investiture, p. 89. — Objets auxquels s'applique plus particulièremet le mot *investiture*, p. 92.

LOI SALIQUE.

La tribu des Francs saliens obéissait à un corps de coutumes connu sous le nom de *Loi salique*, p. 6. — Le titre XLVII, donné comme origine des actions possessoires, p. 6. — Explication inexacte donnée de ce texte, p. 8. — Lois du moyen âge auxquelles cette disposition de la Loi salique peut être rattachée, p. 10. — La Loi salique n'exige, en aucun cas, des actes écrits, p. 11. — Elle ne contient pas toutes les dispositions ayant force de loi chez les Francs, p. 23.

LOIS AGRAIRES.

Les lois agraires s'appliquaient exclusivement, à Rome, à l'*ager publicus*. p. 171.

DES MATIÈRES.

LORRIS (COUTUMES DE), p. 10.

MORT (LE) SAISIT LE VIF.

Origine de ce brocard et époque où il a pris naissance, p. 81, 94. — Il s'appliqua d'abord aux seuls héritiers directs, p. 93. — La règle qu'il établissait rencontra une vive opposition, p. 95. — Extension qui lui a été donnée, p. 96, 128. — Son effet dans les coutumes, p. 113.

NOYON (CHARTE DE), p. 47.

PERSONNALITÉ DES LOIS.

Chacun des peuples composant avec les Saliens l'empire des Francs, conserva ses lois particuliers, p. 5.

PONTOISE (CHARTE DE), p. 47.

POSSESSION.

Le droit de possession était inconnu chez les Francs, p. 32. — Ni les Saxons, ni aucun des peuples barbares ne l'ont admis, p. 73. — Il n'existait pas dans le droit féodal, p. 50. — La possession chez les Barbares était obtenue et conservée par la force, p. 145. — L'idée du droit de possession ou possession juridique a été empruntée au droit romain, p. 131. — Droit de possession à Rome, p. 179, 278. — A-t-il été conservé par l'église et les personnes vivant sous la loi romaine? p. 208. — La possession est admise par le Code civil comme le fondement de la propriété, p. 277.

PRESCRIPTION ANNALE.

Loi salique, p. 6, 16, 26. — Lois lombardes, p. 26. — Capitulaires de Charlemagne, de Pepin, de Lothaire, p. 27. — *Leges et consuetudines Burgorum*, p. 27. — Établissements et coutumes, assises et arrêts de l'échiquier de Normandie, p. 28. — Lois du moyen âge, p. 28. — Anciens usages d'Artois, p. 29. — Lois cambriennes ou droit celtique, p. 30. — Chartes de Noyon, de Chaumont, de Roye, de Pontoise, de Saint-Quentin, p. 47. — Charte d'Amiens, p. 48. — Coutume de Soest, p. 48. — Assises de la haute cour, p. 50, 53. — Assises de la cour des bourgeois, p. 51, 52.

PRESCRIPTION TRENTENAIRE.

Constitutio generalis de Clotaire, p. 17, 18. — *Decretum* de Childebert, p. 17, 18. — Formule de Marculfe, p. 17, 19. — Formule de Sirmond, p. 17, 19.—*Diplomata*, p. 17, 18.—Capitulaires, p. 20. — Cette prescription était spéciale, pendant la période barbare, aux personnes vivant sous la loi romaine, p. 22.

PREUVE ORALE.

La preuve orale était admise sans restriction chez les Francs en matière civile, p. 14.

RÉCRÉANCE.

Son ancienne acception, p. 252. — Elle est prononcée en matière possessoire, et remplace, au XVe siècle, le séquestre usité jusqu'alors, p. 253. — Elle n'était plus admise dans le dernier état de l'ancien droit qu'en matière bénéficiale, p. 255. — Elle n'existe plus dans le droit nouveau, p. 267.

RÉINTÉGRANDE.

On a attribué à Beaumanoir l'introduction dans le droit français des règles de la réintégrande, p. 150.— Texte de Beaumanoir, p. 151. — Les passages de cet auteur qui ont été donnés comme expliquant les règles de la réintégrande s'appliquent exclusivement à la complainte pour choses mobilières, p. 154. — La difficulté prévue par les SS 22 et 23 du chapitre XXXII de la coutume de Beauvoisis consiste à savoir s'il peut y avoir deux actions possessoires distinctes, l'une pour la récolte, l'autre pour la terre, et non si l'on peut intenter deux actions possessoires successives, la réintégrande et puis la complainte, sur le même objet et entre les mêmes personnes, p. 158. — Les Établissements de saint Louis sont étrangers à la réintégrande, p. 164. — Le chapitre VI du livre II des Établissements ne dit pas que la possession sera rendue sans condition à toute personne dépouillée par violence, p. 164. — Texte tiré des fausses décrétales et inséré dans le décret de Gratien, p. 213. — Il ne s'applique pas à la réintégrande, p. 215. — Il est question pour la première fois de la réintégrande dans le recueil des décrétales de Grégoire IX, publié en 1234, p. 216. — Modification aux règles de l'interdit *Unde vi*, apportée par la décrétale *Sæpe contingit*, p. 217.—Procès sur une demande en réintégrande jugée par la décrétale *Olim causam*, p. 218. — La personne qui avait conservé la possession juridique pouvait chasser, même par violence, l'usurpateur d'un fonds, p. 219. — Les règles du droit romain sur la possession étaient suivies par le droit canonique, p. 220. — Ces règles, de l'aveu de tous, sont différentes en droit français, p. 221. — Les formes de la réintégrande sont inséparables des règles sur la possession admises par le droit canonique, p. 221. — Caractère particulier de l'action possessoire en droit canonique, p. 212, 222. — La réintégrande, par exception, était soumise aux même règles que l'action possessoire civile, p. 223. — Cette différence, la seule qui distinguât la réintégrande, avait disparu dans le dernier état du droit canonique, p. 224. — La procédure introduite par Simon de Bucy pour les actions possessoires n'est qu'un retour aux anciens usages, p. 230. — Les coutumes n'ont pas parlé de la réintégrande, à l'exception de celle de Bretagne, p. 257. — Système particulier auquel ont donné lieu les règles enseignées par la coutume de Bretagne, p. 258. — L'ordonnance de 1667 a nommé la réintégrande, p. 259. — Règles particulières auxquelles elle l'a soumise, p. 260. — Controverse dans l'ancien droit, p. 260. — Lois de l'Assemblée constituante sur les actions possessoires; Code de procédure civile; loi du 25 mai 1838, p. 264. — L'exposé des motifs du Code de procédure et le rapport au corps législatif n'admettent pas de règles particulières pour la réintégrande, p. 270. — Belime a prétendu que ce n'était pas une action possessoire, p. 273. — Henrion de Pansey dit qu'elle ne doit pas être confondue avec les actions possessoires qu'il appelle *ordinaires*, p. 273. — L'action en réintégrande, telle qu'elle est admise par quelques auteurs et par la jurisprudence, ne s'appuie sur aucun texte ancien ou nouveau, ni du droit romain, ni du droit canonique, ni du droit français, p. 274. — Difficultés que soulève dans la pratique l'action en réintégrande, p. 275.

Romains.

Après la conquête de la Gaule par les Germains, le nom générique de Romain fut donné à tous les anciens habitants, p. 5. — Les Romains ne conservèrent l'usage que de leurs lois civiles sous la domination germanique, p. 5. — La prescription trentenaire, dont parlent les documents mérovingiens et les capitulaires, était spéciale aux personnes vivant sous la loi romaine, p. 18, 19, 22.

Roye (Charte de), p. 47.

SAINT-QUENTIN (CHARTE DE), p. 47.

SAISINE.

La saisine était inconnue dans le droit germanique, p. 77. — Origine du mot *saisine*, p. 84. — Valeur de la saisine en droit féodal, p. 90. — Objets auxquels s'appliquait plus particulièrement la saisine, p. 92. — La saisine appartient de plein droit aux héritiers directs, p. 93. — La maxime *le mort saisit le vif* s'étend aux collatéraux, p. 96, 128. — Saisine conférée au plus proche héritier, p. 96, 113, 125, 128. — Saisine donnée par justice, p. 97, 129, 318. — Saisine acquise par prescription, p. 97, 125, 130, 233, 324. — A défaut de toute espèce de titre, le possesseur obtenait la saisine, p. 129, 321. — Saisine et possession juridique employées comme synonymes, p. 131. — Saisine distinguée de la simple détention, p. 134. — Valeur attribuée par l'usage à la saisine, p. 322. — La saisine s'appliquait aux choses les plus diverses, 323. — La saisine n'a aucun rapport avec la propriété, ni dans Glanville, ni dans les Assises, ni dans les *Olim*, p. 66, 122, 124, 131. — La saisine confondue par de Laurière avec le ténement de 5 ans, p. 101. — La saisine confondue par Klimrath avec la prescription annale, p. 102. — La saisine confondue avec la propriété, p. 100, 104, 115. — La saisine n'a jamais donné que l'action possessoire, p. 116. — Sa signification de nos jours, p. 119. — La saisine *de droit* dans le droit ancien et dans le droit nouveau, p. 97, 278.

SAISINE MOBILIÈRE.

Voy. *Action possessoire mobilière.*

SÉAUS EN GÂTINOIS (COUTUMES DE), p. 11.

SENS (CHARTE DE LA VILLE DE), p. 11.

SERVITUDES.

Servitudes légales, p. 291. — Servitudes non apparentes, p. 292. Servitudes discontinues, p. 292. — Servitudes apparentes et continues, p. 295.

SIMPLE SAISINE.

Erreur de Klimrath sur la valeur de la simple saisine; sa signification et son but, p. 105, 231.

Soest (Coutume de), p. 48.

Ténement de cinq ans.

Il ne doit pas être confondu avec la saisine, p. 101.

Troubles de droit, p. 289.

Vasselage.

Voy. *Féodalité.*

FIN DE LA TABLE ANALYTIQUE ET ALPHABÉTIQUE DES MATIÈRES.

TABLE DES MATIÈRES.

INTRODUCTION . . . . Page 1

L'univers, a demandé Montaigne, a-t-il été créé pour l'homme? — Le monde est-il son domaine exclusif? — Si la terre lui appartient, comment doit-il en jouir; de quelle manière le partage doit-il en être fait? — Les Grecs, Cicéron, plusieurs philosophes modernes ont comparé le monde à un théâtre. — Puffendorff pense que la propriété a pour fondement un ancien pacte social. — Barbeyrac soutient que l'occupation seule est un titre légitime. — Il y ajoute comme condition que nul ne doit prendre au delà de ses besoins. — Erreur et dangers d'un pareil système. — La nature n'a pas établi la propriété des terres. — La propriété, pas plus que la liberté, l'égalité, la sûreté, n'est un droit naturel, imprescriptible, absolu. — La liberté n'est pas un droit absolu. — L'égalité n'est pas un droit naturel. — La sûreté n'est pas un droit imprescriptible; la sociabilité est le seul droit de l'homme naturel et nécessaire. — La propriété est la condition nécessaire d'un état social avancé. — Le travail, dans l'état social, n'est point le fondement de la propriété. — Le travail et l'occupation ne suffisent pas pour créer un droit exclusif à la terre. — Cette théorie est en opposition avec les règles de la prescription admise par les législations comme la patrone du genre humain. — L'intérêt social a demandé que l'appropriation des terres fût reconnue, et les lois civiles doivent seules établir les règles de la propriété. — Développements de cette théorie. — Les lois civiles peuvent également, par suite, établir les restrictions auxquelles ce droit sera soumis. — Les principes essentiels d'un bon état social sont posés par nos lois et acceptés par la conscience publique. — Caractère distinctif du xixᵉ siècle. — Droits respectifs de l'État et de la personnalité humaine. — L'histoire politique de la propriété est encore à faire. — Importance d'un pareil travail. — Relation des lois sur la propriété avec les formes politiques et sociales. — Antiquité. — Invasion des Barbares. — Condition des personnes et des propriétés. — Lois féodales. — Commencement de la lutte, terminée par la révolution française; les communes; les états généraux; affranchissement complet de la propriété et, par suite, des personnes.

CHAPITRE I.. Page 1

Les Gaulois soumis par les Romains. — Ils adoptent les lois, les usages et les goûts des vainqueurs. — L'ancien droit celtique qui les régissait n'a laissé aucune trace, même dans l'Armorique. — Colonies grecques. — Invasion des Germains. — Caractère des Francs. — Leur établissement dans les Gaules. — Terres partagées entre les compagnons de Clovis. — Peuples qui vinrent se fondre dans l'empire des Francs.—Législations diverses qui les régissaient.—Loi salique.—Le titre XLVII de cette loi donné comme origine de la complainte. — Examen de cette opinion. — Véritable caractère de cette disposition de la Loi salique. — Lois du moyen âge auxquelles les dispositions contenues dans ce titre peuvent être rattachées.—La Loi salique représente le droit germanique pur. — Elle est le point de départ des recherches renfermées dans cet ouvrage. — Les conventions entre particuliers n'avaient pas besoin d'être rédigées par écrit. — Les jugements eux-mêmes pouvaient n'être pas constatés par titres authentiques. — Dans quelles circonstances des actes écrits étaient-ils dressés. — Ces actes doivent être rangés en deux classes. — Quelle en était la valeur. — Presque tous les contrats connus de nos jours étaient usités chez les Francs. — La preuve orale était admise sans aucune restriction en matière civile. — Inconvénients de cet état de choses. — La prescription accomplie dans un délai très-court pouvait seule y remédier en partie. — Monuments juridiques de l'époque mérovingienne relatifs aux longues prescriptions. — Ces lois n'étaient applicables qu'aux individus soumis à la loi romaine. — Dispositions des capitulaires. — Les capitulaires n'ont point modifié les règles établies par les Mérovingiens. — Ces lois étaient nécessaires pour garantir aux Romains et

TABLE DES MATIÈRES. 347

à l'Église le bénéfice des dispositions écrites dans leur droit particulier. — Les Barbares pouvaient opposer la prescription d'an et jour.— Comment cette prescription dut s'établir parmi eux. — Cette proposition manque d'un texte précis pour l'appuyer. — Présomptions qui l'établissent d'une manière complète. — Lois cambriennes. — Elles n'admettaient pas l'action possessoire ; mais elles reconnaissent la prescription annale. — Les actions possessoires étaient inconnues chez les Barbares. — La prescription annale admise par eux servit de base, plus tard, à l'établissement de la possession juridique française. — Établissement du système féodal dans les divers États formés des débris de l'empire de Charlemagne.

CHAPITRE II.................................. Page 34

Distinction établie par les législations barbares entre les propres et les acquets. — Signification du mot alleu. — Distinction entre les alleus et les bénéfices. — Charges et avantages attachés à la concession des bénéfices. — Les devoirs des possesseurs de bénéfices n'ont été bien définis que lorsque la féodalité a été organisée. — Le vasselage était une institution ancienne chez les Germains. — Circonstances qui firent disparaître les alleus. — Le vasselage parut le seul remède contre l'anarchie. — Modifications qu'il eut à subir à mesure qu'il s'étendit. — La féodalité favorisée par les rois et par le peuple. — Les principes de droit qui découlèrent d'une pareille institution étaient incompatibles avec la prescription. — Polémique engagée dans l'ancien droit sur la question de l'imprescriptibilité des fiefs. — Influence du droit romain. — La prescription annale se maintient pour les propriétés non féodales. — Formation des communes du moyen âge. — Esprit qui les animait. — Chartes qui leur sont octroyées. — Les communes essayent de faire reconnaître le principe de la prescription d'une manière générale, en haine de la féodalité. — La prescription admise par les chartes est celle d'an et jour. — Cette prescription annale a été confondue à tort avec la possession juridique. — Textes des Assises concernant l'inaliénabilité des fiefs. — Les Assises reconnaissaient la prescription annale pour les propriétés non féodales. — Difficulté pour distinguer les propriétés féodales de celles qui n'avaient pas ce caractère. — Intérêt qu'il y avait pour les communes à ce que la prescription fût admise pour tous les biens.

CHAPITRE III.............................. Page 56

Divisions territoriales établies par les Francs après la conquête. — Établissement des *centaines* et de la loi de garantie ou de responsabilité mutuelle. — Des institutions analogues ont existé chez tous les peuples de race germanique, et particulièrement chez les Saxons. — Améliorations qu'y apportèrent les lois des successeurs de Clovis. — Ces lois tombèrent en désuétude, en France, au milieu des désordres publics. — Elles furent rétablies en Normandie, sous le gouvernement de Rollon. — Leur exécution donna lieu à la procédure connue sous le nom de *clameur de haro*. — La clameur de haro, appelée en Angleterre *Hutesium*, ne fut poussée d'abord que pour les crimes capitaux. — Plus tard, l'usage s'en étendit, et toute personne lésée, tout possesseur déjeté put y recourir. — Textes tirés des *Établissements et coutumes, assises et arrêts de l'échiquier de Normandie. — Le grand coustumier du pays et duché de Normandie.* — Possession et actions de dessaisine. — La clameur de haro est restée, en Normandie, la procédure usuelle et régulière des actions possessoires. — Guillaume le Conquérant maintint en Angleterre la procédure analogue qui y existait depuis les temps les plus reculés. — Glanville, sous le règne de Henri II, substitua aux anciennes formes le jugement par *assise*, qui était usité en Normandie. — Les anciens établissements de Normandie, Glanville et tous les auteurs anglo-normands, distinguent l'action possessoire de l'action pétitoire. — Les actions possessoires sont restées dans le droit anglais. — Définitions qu'en donne Blackstone. — Procédure par clameur; writ d'entrée; writ d'assise. — Guillaume, en introduisant en Angleterre le droit féodal, dut abolir la prescription et établir la saisine. — L'action possessoire qui, dans l'ancien droit saxon appartenait à tout possesseur déjeté, fut réservée désormais à celui qui avait la saisine.

CHAPITRE IV.............................. Page 77

L'histoire de la saisine est intimement liée au droit féodal. — *Gewere* des Germains. — Cérémonies symboliques qui, chez les Germains comme à Rome, accompagnaient toute mutation de propriété. — Privilége de l'héritier, de se mettre de plein droit en possession des biens composant l'hérédité. — La propriété chez les Germains était libre. — Son asservissement, sous le système féodal, donna naissance à la saisine.

— Origine du mot *saisine*. — Sa signification première. — Son acception juridique. — La saisine est synonyme de l'investiture féodale. L'avénement du droit féodal amena des modifications profondes dans les principes mêmes de la propriété; mais non dans les formes qui servaient à la transmettre. — Erreur grave où cette analogie dans les formes pourrait amener un observateur peu attentif. — Le fief à la mort du feudataire était censé revenir au seigneur. — Les priviléges qui lui étaient attribués n'allaient pas jusqu'à lui donner la propriété effective des biens de ses vassaux. — La saisine n'était pour le vassal que la reconnaissance d'une propriété présumée. — Elle sanctionnait le droit quand il existait; elle ne le créait pas. — Il vint un moment où il parut odieux de contraindre le fils à demander au seigneur d'être saisi des biens de son père. — Au lieu de la saisine effective on en créa une toute fictive en sa faveur. — Cette atteinte aux principes du droit féodal donna naissance au brocard *le mort saisit le vif.* — De ce moment il y eut deux saisines, l'une conférée, l'autre de plein droit. — A quelle époque cette saisine a-t-elle été créée? — Résistance du droit féodal à cette règle. — La saisine de droit n'appartint d'abord qu'aux héritiers en ligne directe. — Elle s'étendit plus tard aux collatéraux. — Saisine conférée par justice. — Saisine résultant de la simple détention prolongée pendant un an et un jour. — Cette dernière saisine, entièrement distincte de celle connue jusqu'alors, s'appela *saisine de fait* et introduisit en France le principe de la possession juridique. — Ce principe, qui était le renversement des règles fondamentales du droit féodal, restaura en France la prescription. — De Laurière a confondu la saisine avec la prescription. — Dissentiment avec Klimrath. — Il voit la saisine dans la possession d'an et jour dont parlent les chartes des communes. — Son erreur, à cet égard, et fausses conséquences dans lesquelles elle l'a conduit — Divisions et subdivisions de la saisine créées à tort par l'école allemande et adoptées par Klimrath. — Simple saisine; époque où elle a pris naissance, son but, sa signification. — La saisine de fait ou possession juridique s'étendit aux meubles. — Traces des anciens principes à cet égard. — Cette règle ne s'est pas maintenue dans l'ancien droit français. — L'héritier était-il tenu, pour avoir la saisine, de prouver qu'il était le parent *le plus proche?* — Successeurs que les coutumes assimilèrent aux héritiers. — Successions vacantes. — A quelles personnes appartenait la saisine dans le dernier état du droit. — La saisine à aucune époque n'a pu être confondue avec la propriété. — Erreur de Klimrath et de M. Renaud à cet égard. — Quelle valeur avait la saisine, et ce qu'elle est de nos jours.

CHAPITRE V . . . . Page 121

L'action possessoire, en cas de *dessaisine*, était usitée dans tous les pays soumis au droit féodal. — Assises de Jérusalem. — Procédure qu'elles indiquent pour l'action possessoire. — Les *Olim*. — La saisine est donnée au plus proche héritier, même collatéral. — Saisine obtenue par prescription. — Le délai n'est pas bien fixé. — Le Parlement maintient en toute occasion la distinction entre la saisine et la propriété. — Il la confond avec la possession. — Il la sépare de la simple détention. — L'action se prescrivait. — La possession devait être paisible. — Les actions possessoires étaient connues et usitées longtemps avant la date des Établissements de saint Louis. — Fausse interprétation donnée au texte de Guy Pape. — Le chapitre LXV des Établissements ne mentionne que la dessaisine de force. — Les notions que l'on y trouve sur les actions possessoires manquent de clarté et de précision. — *Coutumes de Beauvoisis*. — Beaumanoir divise en trois catégories les troubles qui peuvent être apportés à la possession. — Indice d'une ordonnance, aujourd'hui perdue, qui a dû régler en France la matière des actions possessoires.

CHAPITRE VI . . . . Page 145

La possession chez les Francs, lorsqu'elle était contestée, restait le partage du plus fort. — A la suite des institutions judiciaires fondées par les premiers Mérovingiens, on créa une procédure possessoire applicable à la simple détention. — Le combat formait la base de cette procédure. — La féodalité hérita de cet état de choses. — Des moyens purement juridiques furent introduits dans la procédure possessive et employés concurremment avec le combat. — L'action possessoire n'appartint plus qu'à celui qui avait obtenu la saisine. — L'emploi de la force avait été le seul moyen connu pour *enlever* la possession et le seul aussi, jusqu'au XIIIe siècle, par lequel on pût la *recouvrer*. — Les améliorations introduites par saint Louis et constatées par Beaumanoir firent disparaître la violence comme unique moyen de *recouvrer* la possession. — Mais on ne songea point à la punir quand elle avait été employée pour l'*enlever*. — Beaumanoir a été cité à tort comme venant à l'appui de cette opinion et admettant l'action de *réintégrande*. — Beaumanoir ne fait aucune différence entre la dépossession violente et la simple dessaisine. — Le § 15 du chapitre XXXII de la coutume de Beauvoisis, où l'on a vu jusqu'ici les règles de la réintégrande, ne parle que de l'action possessoire pour meubles. — Le texte de Beaumanoir prouve que cette action a existé. — Le § 22 et les suivants prévoient le cas de deux actions possessoires distinctes; l'une, pour la récolte, l'autre pour la terre sur laquelle elle est née, et non pas le cas de deux actions possessoires successives sur le même objet, entre les mêmes personnes. Le texte de Beaumanoir ne contient donc pas un seul mot qui s'applique à la réintégrande. — Les Établissements de saint Louis gardent le même silence. — Le chapitre VI du livre II ne peut être invoqué. — Il ne donne l'action possessoire qu'à celui qui peut réclamer la saisine.

CHAPITRE VII..........................Page 168

Les fonds de terre se divisaient à Rome en deux grandes classes représentées, l'une, par l'*ager privatus*, l'autre, par l'*ager publicus*. — Cette organisation remonte aux premiers temps de Rome. — Les conquêtes eurent pour effet d'accroître considérablement l'*ager publicus*. — De ces terres publiques, les unes faisaient parties de l'*ager romanus*, les autres étaient disséminées dans toutes les contrées où les Romains ont porté leurs armes. — Les premières donnèrent lieu aux lois agraires proprement dites; les autres reçurent les colonies. — Mode de distribution des terres publiques. — Les patriciens parvinrent à s'emparer de presque toutes les terres publiques. — Ils ne pouvaient en acquérir la propriété. — Priviléges que leur donnait la simple possession. — But et caractère des lois agraires nécessitées par cet état de choses. — Servius Tullius. — Spurius Cassius. — Lois agraires jusqu'aux rogations liciniennes. — Les Gracques. — César. — Terres données aux vétérans pendant les guerres civiles. — Le fisc impérial absorbe les derniers restes de l'*ager publicus*. — Le domaine de l'État comprenait, en outre des terres publiques, les routes, les fleuves et tous les objets dont l'usage, sous certains rapports, était commun à tous. — Les interdits furent créés pour garantir les citoyens contre le trouble qui serait apporté à la jouissance de ces choses communes. — Les moyens de protection créés en faveur de cette partie des domaines de l'État furent étendus aux terres publiques. — Ce fait a donné naissance aux interdits possessoires. — Extension que reçurent ces interdits. — Opinion de Nieburh et de Savigny. — M. Charles Giraud. — Droits divers de possession existant à Rome. — Division des interdits possessoires. — Interdits *Adipiscendæ possessionis.* — Interdits *Retinendæ possessionis.* — Interdits *Recuperandæ possessionis.* — Interdits *Tam adipiscendæ quam recuperandæ possessionis.* — Différences entre les interdits et les actions. — Procédure des interdits. — Dans le dernier état du droit, ils se confondent avec les actions. — Les interdits n'ont pas donné naissance aux actions possessoires du droit français.

CHAPITRE VIII... Page 191

Les chrétiens renfermés encore dans les murs de Jérusalem étaient déjà constitués en société distincte. — Les diverses églises successivement fondées par les apôtres imitèrent cette organisation et chacune d'elles reconnaissait un chef, qui prit le nom d'évêque. — Fonctions des évêques. — Origine de leur juridiction. — Les évêques se réunissent dans des assemblées provinciales. — Lois promulguées dans ces assemblées. — Archevêques ou métropolitains. — Hiérarchie, législation et organisation de l'Église. — Les chrétiens persécutés comme formant des associations prohibées. — Conversion de Constantin. — L'Église ne comprend désormais que les prêtres et non la totalité des fidèles. — Éléments nouveaux qui entrent dans la législation ecclésiastique. — Pouvoir civil; pouvoir religieux. — Conversion des Barbares. — Invasion des Arabes et leur défaite en Occident. — Les évêques de Rome rendent à cette ville son ancienne splendeur. — Fondation de la dignité de pape. — Les églises de Constantinople et de Rome se séparent. — Droit canonique primitif. — Lois des empereurs. — Juridiction distincte appartenant à l'Église. — Le corps des lois ecclésiastiques se complique des règles particulières à chaque nation. — Décret de Gratien. — Recueil de décrétales publié par Grégoire IX. — *Liber sextus.* — Les Clémentines. — Les Extravagantes. — Privilèges des ecclésiastiques dans l'empire franc. — Juridiction séparée. — Ses limites. — Bénéfices ecclésiastiques. — L'Église conserva-t-elle sous les Mérovingiens les dispositions du droit romain relatives aux interdits. — La féodalité. — Le recueil des fausses décrétales et le décret de Gratien n'ont point parlé des actions possessoires. — Elles ne sont mentionnées que dans le recueil publié par Grégoire IX, en 1234. — Modifications que le droit canonique fit subir au principe même des actions possessoires. — Réintégrande. — Décrétale *Olim causam*. — Il fallait, pour obtenir la réintégrande, prouver, non-seulement le fait de spoliation, mais encore qu'on avait eu la possession juridique. — Différence établie par le droit canonique entre le cas de force et la dépossession paisible. — Elle n'a pas été comprise. — Innocent IV abrogea en partie cette différence. — Dans le dernier état du droit ecclésiasique, elle avait complétement disparu.

CHAPITRE IX................................... Page 225

Législations diverses ayant force de loi en France au XVe siècle. — Renaissance de l'étude du droit romain. — Sa destinée différente en Italie et en France, expliquée par l'état politique des deux pays. — Cette étude est proscrite dans l'Université de Paris. — Motifs de l'opposition des papes à son développement. — Antagonisme des glossateurs et des décrétalistes. — Conciliation des deux écoles. — La faveur dont jouissait le droit romain a influé sur les règles des actions possessoires. — Le grand coutumier. — Changements introduits par Simon de Bucy. — Action de simple saisine. — Jean le Boutheiller appelle les actions possessoires *interdits* et leur applique les dénominations tirées du droit romain. — Sa nomenclature est fautive et incomplète. — Somme d'Othon sur les interdits et les jugements possessoires. — Les règles enseignées par cet ouvrage ne prévalurent pas. — La dénonciation de nouvel œuvre empruntée au droit romain et dénaturée par les glossateurs. — Elle se confondit avec la complainte.— L'influence du droit romain devait être récente encore au XIVe siècle ; on n'en trouve pas de trace dans la Très-ancienne coutume de Bretagne, écrite en 1330. — Cette coutume reconnaît la possession juridique ou saisine de fait.

CHAPITRE X.................................... Page 246

Influence du droit canonique sur les législations modernes. — Elle est peu sensible dans les actions possessoires.—Le clergé se réunit à la royauté pour lutter contre la noblesse.—La juridiction des tribunaux ecclésiastiques a été amoindrie par la justice royale. — Elle a été dépossédée complétement de toute participation au jugement des actions possessoires. — Le droit des juges ecclésiastiques maintenu en principe pour l'action pétitoire, en fait, a été également aboli. — Le droit civil emprunta au droit canonique le mot de *réintégrande*, et le droit canonique prit au droit civil la *récréance*, qui resta bientôt particulière aux matières bénéficiales. — Modifications introduites dans la procédure des actions possessoires. — Séquestre. — Récréance. — Difficultés qu'a soulevées, dans l'ancienne jurisprudence, le jugement des actions possessoires. — Résumé des dispositions contenues dans les coutumes sur cette matière. — Législation jusqu'à l'ordonnance de 1667.

CHAPITRE XI................................. Page 257

L'ordonnance de 1667 a réglé la matière des actions possessoires. — Elle n'a point parlé de l'annalité. — Elle a nommé la réintégrande. — Les coutumes ne l'avaient point mentionnée. — La coutume de Bretagne faisait seule exception. — Difficultés qu'a soulevées ce texte. — Système particulier auquel il a donné lieu. — Quel privilége accorde l'ordonnance de 1667 au possesseur dépouillé par violence. — Doctrine. — Jurisprudence. — Lois de l'assemblée constituante. — Code de procédure civile. — Loi du 25 mai 1838. — Cette loi n'a pas tenu ce qu'elle promettait. — La récréance a cessé d'exister dans le nouveau droit. — La dénonciation de nouvel œuvre doit être confondue avec la complainte. — La réintégrande n'est pas soumise, sous l'empire de la législation actuelle, à des règles différentes de celles de la complainte.

CHAPITRE XII................................. Page 276

La possession en droit français emprunte tous ses effets à la propriété. — Caractères de la possession à Rome, dans les législations barbares et sous la féodalité. — La saisine en droit féodal et dans la législation moderne. — Les actions possessoires ont-elles été utiles sous l'ancien droit pour la défense de la propriété? — Abus qu'elles ont entraîné. — Motifs qui les ont fait maintenir. — Changements apportés par le droit nouveau dans l'état et l'organisation de la propriété. — Statistiques des procès possessoires. — Motifs pour maintenir la complainte. — Réformes partielles utiles à introduire dans la loi. — Abrogation de l'action possessoire quant aux meubles. — Quant aux troubles de droit. — Quant aux immeubles imprescriptibles. — Quant aux servitudes.

APPENDICE.. Page 299

Textes des enquêtes et des arrêts extraits des *Olim*, dont il a été fait mention dans le chapitre v. — Autres textes établissant que le parlement, sans tenir compte ni de la prérogative féodale, ni même des degrés de parenté, accordait la saisine à la partie présente, après deux défauts. — Le parlement laissait la saisine au détenteur actuel, si personne ne pouvait justifier de son droit. — Droits conférés par la saisine. — La saisine s'appliquait aux choses les plus diverses. — La saisine conférée par justice était désormais inattaquable, si ce n'est par action pétitoire.

FIN DE LA TABLE DES MATIÈRES.

www.ingramcontent.com/pod-product-compliance
Lightning Source LLC
Chambersburg PA
CBHW060600170426
43201CB00009B/841